本书由吉林财经大学资助出版

社会心理学视角下的广告文案创作研究

高志强◎著

吉林大学出版社

·长春·

图书在版编目（CIP）数据

社会心理学视角下的广告文案创作研究 / 高志强著. --
长春：吉林大学出版社，2023.6
ISBN 978-7-5768-1904-5

Ⅰ.①社… Ⅱ.①高… Ⅲ.①广告 - 写作 - 研究
Ⅳ.①F713.8

中国国家版本馆CIP数据核字(2023)第137120号

书　　名：社会心理学视角下的广告文案创作研究
SHEHUI XINLIXUE SHIJIAO XIA DE GUANGGAO WEN'AN CHUANGZUO YANJIU

作　　者：高志强
策划编辑：黄国彬
责任编辑：付晶淼
责任校对：柳　燕
装帧设计：刘　丹
出版发行：吉林大学出版社
社　　址：长春市人民大街4059号
邮政编码：130021
发行电话：0431-89580028/29/21
网　　址：http://www.jlup.com.cn
电子邮箱：jldxcbs@sina.com
印　　刷：天津鑫恒彩印刷有限公司
开　　本：787mm×1092mm　　1/16
印　　张：15.5
字　　数：240千字
版　　次：2023年6月　第1版
印　　次：2023年6月　第1次
书　　号：ISBN 978-7-5768-1904-5
定　　价：78.00元

前　　言

　　本书是在笔者讲稿的基础上扩充丰富写成的，是一本尝试用社会心理学的知识透视广告活动目标人群心理，并为广告文案写作提供理论借鉴的著作。毕竟真正优秀的创作者，面对的都是具体、复杂的社会环境，并不仅仅是广告接受者的心理需求。但从广告创作发展的历程来看，能够清晰、准确地把握受众心理，对写好广告有非常明显的帮助，至少能减轻工作压力，缓解创作焦虑，提高工作效率，有助于广告人更轻松愉快地写出满足客户需求的广告作品。

　　本书共分为六章，笔者从文案创作者应具备的基本素养入手，从文案结构、广告人自我培养、广告策略、品牌管理和广告活动具体过程分析等六个方面进行研究。第一章运用社会心理学的自尊理论提出文案创作者应该树立未来生活蓝图的创造者的雄心，利用视觉冲击理论支持广告人倾力创作优秀的作品以应对新媒体时代传播者面临的新挑战；广告新人不仅要善于利用流行文化和经典作品培养自己的业务能力，锤炼自己的写作技巧，还要善于借用艺术作品的创作经验。第二章利用直觉理论重新梳理文案结构知识对创作新文案的帮助作用，在多元文化共存和传播情境多变的当下，熟练掌握传统知识，形成专业自觉是培养专业能力和形成从容心态的关键。第三章利用焦点效应理论分析文案写作者自我培养的关键，文案作者既要掌握专业关键词，学会讲有趣的故事，学会说服别人，学会转换成消费者视角，学会锦上添花，还要善于运用文体知识，才能迅速成为合格的文案作者。第四章利用说服理论，分析广告宣传的情感策略，文案作者要善于利用大众喜闻乐见的人生感悟，以情动人，学会合理利用恐惧诉求策略，提高传播效果，也要学会适度赞美品牌和产品，成功和消费者建立情感联系，与目标人群建立稳固的伙伴关系。第五章利用群体影响理论分析品牌管理与广告创作的关系，广告活动首先要确定有吸引力的品牌形象，要突出满足消费者心理需求的品牌功能，宣传符合消费者需求的品牌利益，才能达到品牌与消费者双赢的目标。第六章利用社会责任理论分析广告活动过程中广告人具体承担和分解社会责任的细节，在广告表现和媒体宣传上都要秉承未来生活蓝图制造者的理念，宣传有利于提升生活满意度和幸福感的商业信息，这也是广告人应该承担的责任。

因时间仓促，错漏之处难免，敬请海内外专家指正，也希望这本书能给专业人士和年轻读者提供帮助。

高志强

2022.7.9改定

目　　录

第一章 导论

　　迈尔斯在《社会心理学》中总结各家之言说，"自尊是对自我价值的整体认识，影响我们评价自己的特点和能力。我们的自我概念由很多因素所决定，包括我们扮演的角色，我们所做的比较，我们的社会同一性，我们如何知觉别人对我们的评价，以及成功和失败的经历"①。在生活中，那些具有"安全型自尊的人——不是因外在（例如成绩、长相、金钱和其他的赞美），而是因自己的内在特质而感觉良好的人——一直处于健康的状态"②。这就提醒我们作为精神严重焦虑和因工作压力大而极易陷入抑郁、狂躁的广告人，为了我们的身体和精神健康，要有目的地建立自己内在稳定的价值观，建立提高我们工作效能的工作态度和工作程序。社会心理学家研究也发现，"自我效能感较高的儿童和成人更有韧性，较少焦虑和抑郁。他们还生活得更健康，并且有更高的学业成就"③。如果我们能够建立起这样的工作原则，那么我们会建立有效的控制程序，让我们变成内部控制者，这三个内部控制点是"从长远来看，人们总有一天会得到他们在这个世界上应得的尊敬""我身上发生的事是由我自己导致的""一个普通人可能对政府决策有影响"。④这三个基点有助于我们把自己塑造成为可以控制自我情绪的现代工作者，帮助我们在广告事业上取得更高的成就。因为"那些自认为是内控型的个体更可能在学校表现优秀，在工作中更富创造性，赚钱更多，能够成功戒烟，保持健康体重，直截了当地处理婚姻问

① ［美］迈尔斯. 社会心理学 ［M］. 侯玉波，等译. 北京：北京：人民邮电出版社，2014：55.
② ［美］迈尔斯. 社会心理学 ［M］. 侯玉波，等译. 北京：北京：人民邮电出版社，2014：54.
③ ［美］迈尔斯. 社会心理学 ［M］. 侯玉波，等译. 北京：北京：人民邮电出版社，2014：56.
④ ［美］迈尔斯. 社会心理学 ［M］. 侯玉波，等译. 北京：北京：人民邮电出版社，2014：57.

题，更满意自己的生活，实现自己的长远目标"①。我们需要把自己培养成内控型的广告专业人士，擅长利用专业技巧提高自己的工作效能，这使我们不仅能在事业上取得成功，在生活上也同样可以更幸福。对广告人来说，事业上的成功，获得的回报是惊人的，但能否过上富裕而且幸福的生活则是对我们平衡职业压力和精神健康的能力的考验。把自己培养成内控型人才，可以让我们在物质和精神方面收获双重幸福。

这就要求我们对创作广告的初衷有清晰和理性的认知，我们要有高尚的目标，这个目标应该有助于提升我们的自尊，让我们内在的精神品质焕发出光彩。我们广告人在创作广告文案时，要有制造生活蓝图的自觉和激情。广告不仅销售产品、推荐品牌，它更应该引导和激励大众努力走上更文明和更幸福的生活道路。广告人应该是制造和引导未来生活蓝图的天使。

从广告发展历程来看，有些广告作品虽传播久远，服务的品牌却早已成为历史，比如我们都知道的"柯达一刻"。还有一些广告作品，比服务的品牌名声更大，比如戴比尔斯的"钻石恒久远，一颗永流传"。另外有一些广告作品，虽然不能引起我们的好感，甚至会影响我们的心情，却达到了提升销售额的目的，最典型的是脑白金的广告，"今年过节不送礼，送礼只送脑白金""今年过节不收礼，收礼只收脑白金"。脑白金的广告在各个电视台铺天盖地。在参加访谈时，史玉柱也亲口承认很多消费者对这个广告的传播形式产生了反感，但是作为长期关注广告投入与销售增长关系的品牌管理者，他重视的是广告宣传推动销售增长的结果。这种现象就是我们所面临的一个难题，很多专业人士对脑白金的广告嗤之以鼻，觉得它不够典雅，但不可否认它对销售的作用非常直接。我们不得不承认，像"怕上火喝王老吉""日丰管，管用五十年"这种广告人和普通观众都觉得好的作品确实不多。日丰管在品牌时代之前就给很多消费者留下了美好的回忆，因为它真的像自己的广告语一样经久耐用，而广告作品也被很多研究者奉为经典。

---

① [美]迈尔斯. 社会心理学 [M]. 侯玉波，等译. 北京: 北京: 人民邮电出版社，2014: 57.

从创作倾向上看，广告可分为两种：第一种是以提升销量为目的的销售广告，比如美国曾获得大奖的一个广告作品，是一个治疗便秘的药品广告。在一座喷泉前面，一个人穿着黄色雨衣，拿着马桶塞，浑身都湿淋淋的，所有的寓意都一目了然，如果排便像喷泉一样畅快，人生该是多么快乐。对便秘患者来说，像喷泉喷发那样顺畅地排便，是他们的人生快事，广告自然暗示观众吃了这种药品就会使得排便像喷泉一样畅快，这种药品可以解决他们的人生隐痛。但从广告艺术角度分析，这个作品无论是艺术效果还是表现方式，都是不合格的，它的画面很模糊，甚至看不清楚喷泉的形状，连人脸都模糊不清，画面处于失真的状态。从宣传策略上来讲，它没有直接宣传产品，而是把一个不相干的马桶塞放在画面的最前方，它并没有直接表现便秘的痛苦，没有表现药品的疗效，也没有用科学的语言分析药品的成分，单纯从广告创作技巧分析，这个广告是一个不合格的广告。但是它的市场反应非常好，因为它戳到了消费者的痛处，帮助消费者寻找到了解决问题的办法。从展示产品效果、展示产品解决问题能力的角度分析，广告借助夸张的形式完美地呈现了产品效果。几乎是直接展示社会特殊群体的隐痛和快感，虽然艺术水准并不优秀，却不影响这样的作品获得巨大成功，它不仅提升了产品销量，还获得了创作大奖，获得了专业和市场的双重肯定。

另一种广告体现了创作者深厚的人文素养和精神情怀，比如凯迪拉克的《出人头地的代价》，这一作品讲述了每一个行业领导者经历的精神上的痛苦或者说精神磨炼。据奥格威说，很多行业精英把这个作品装裱起来，挂在自己的办公室里，成为他们的座右铭或人生说明书。

广告文案创作者应该明白，摆在他面前的主要有两个发展倾向，一是以营销为目的的广告文案创作倾向，以营销为目的当然就要以迎合消费者的心理需求，以满足消费者的现实需求为出发点去创作文案。而另外一种以展现创作者的人文情怀为目的的创作，更多的是为了进行品牌文化宣扬和品牌形象的长期构建，体现出品牌和创作者共同的人文追求。相对而言，以营销为目的的文案创作更利于短期内提高产品的销量，而以展现品牌和创作者人文情怀为追求的文案创作，在短期内对销量的提升可能帮助不大，但对品牌形象的提升有着长期的价值。

　　一个优秀的文案作品，最好是既能够展现创作者的人文情怀，又能够提高品牌在消费者心中的排名、提高消费者的关注度和满意度，从而提高销量，使品牌的长期和短期利益获得双丰收。这样的文案应该有一个非常好的关注点。广告文案创作者应该明白，以展现品牌和创作者人文情怀为追求的文案，在短期内对销量的提升可能帮助不大。优秀的文案能提高销量，是能在消费者的现实需求和品牌的长期利益间寻找到一个非常好的平衡点。全世界的知名品牌，翻开它们的发展史，都会有经典的值得我们铭记的广告作品。所以有志于从事广告文案创作工作的作者，应该把自己的职业理想设立为"未来生活蓝图的创造者"。所有的品牌为了提升自己的品牌地位，都会在两个方面下功夫：一方面，在产品设计上跟上时代潮流，和政府等公众机构建立良好的关系，和消费者建立亲密的互动关系，提升进入这个行业的社会门槛；另一方面是把力量放在研发上，通过社会调查和管理者的洞察、透视或者准确预测未来的社会发展趋势，研发出满足消费者未来需求的优秀产品。无论是制造商还是广告人，都要面对消费者的心理需求这一现实问题。消费者的心理需求既有当下需求，也有未来需求，消费者对未来也有一个预期。准确把握消费者的心理需求，并把心理需求变为商机，是生产方的责任。而准确把握消费者的心理需求，并对消费者的心理需求给予社会化的表达，让消费者的心理需求变得合情合理，并且具有强大的社会能动性，是文案创作者的责任。

　　稍微深入研究，我们就会发现消费者、生产者和文案创作者会在社会心理学面前相遇，社会心理是三者的契合点。从亚里士多德开始，人们一直被灌输的一个概念就是人是社会动物，但是哲学的解释并不直接有助于解决我们面临的挑战，我们要借助社会心理学的知识帮我们描绘出社会性动物生活中的很多细节，在社会心理学和广告文案创作之间搭建一个沟通的桥梁，帮助社会读懂文案创作者的人文关怀，帮助广告创作者洞察广告接受者的群体心理。历史已经昭示，很多专业研究者，他们可以上下古今侃侃而谈，但是对邻居的日常生活却一无所知，对邻居的思想爱好当然也所知不多。很多文案创作者能够创作出经典文案，创作出受大众喜爱的作品，但是他对社会心理学的专业知识了解不多，虽然很多作品暗含了社会心理的需求，他只是感受到了大众的需求，并没有相应的理论。我们一方面要避免出现了解历史但不了解邻居的理论与现实脱节的现象，另一方面我们也应该打破广告人就是为了满足消费者需求而毫无社会理想的偏见。想实现这样的工作目标并不容易，但今天我们从头做起，只要抓住现实生活，在社会心理学的帮助下，我们广告人一定可以成为未来生活蓝图的制造者。

第一节　自尊与广告文案写作：未来生活蓝图的创造者

很多研究者曾乐观地认为广告文案可以在读图时代大放异彩，杜蕾斯热点传播和江小白走心文案的成功，让我们看到了这种趋势的可能性。但是随着自媒体时代的到来，视频传播成为新的热点，文案的影响力日益下降。奥格威和霍普金斯的经验告诉我们，和消费者产生共鸣的广告，能够取得营销的成功。在今天这个品牌为王的时代，无论是包装设计的推陈出新还是产地营销都证明了品牌是这个时代最大的影响元素，也是影响广告和销售的最关键的因素。现在每个著名品牌都形成了自己独特的宣传策略，这也决定了它们的营销风格和企业文化，间接决定了它们的广告表现和美学传达，大卫·阿波特为芝华士做的父亲节广告，决定了芝华士这一品牌的广告风格，后来尼尔·弗伦奇所推出的"翻页版，年轻人"的新风格引起了阿波特的不满，虽然这个广告在短期内促进了美国部分地区芝华士的销售，后来它的广告还是恢复到大卫·阿波特创立的温馨关爱的风格。在品牌主导的情况下，保守和继承成为广告创作的新风向。在这一新风向下，创造出更打动人心的画面、更动人的故事，成为时代的通常做法。相比于报纸杂志广告时期广告文案处于广告表现的重要位置，创作视频广告的工作重心转为画面、音乐和展示产品的方式，广告文案逐步转变为辅助的角色，当然这并不能因此轻视文案的作用，但是很多文案创作者还是难免会感到失落。

一、成功关键：视觉冲击和故事塑造

在我们所经历过的广告时代，媒体变迁对广告表现的影响并不大，对广告文案地位的影响也不像我们想象的那么大，无论是报纸广告、杂志广告，还是邮寄广告，都是文字和图片结合的形式，电视广告因为资费和时间的限制，广告口号的作用被明显突出，"巧妇用巧手""要想皮肤好，早晚用大宝"是那个时代给我们留下深刻印象的广告语。进入视频时代之后，这样的表现手法，已经不能满足消费者的需求，画面奇幻、故事精彩动人，才能引起关注的兴趣。泰国的一些在感人故事基础上创作的广告，时不时会成为中国网络传播热点，这也表明在全球化时代，随着多元世界互动日益频繁，品牌和故事成为支撑广告创作的主要基础。画面和故事情节使观众不需要完全了解对话内容也能够明确把握住故事的核心和广告的精髓。世界进入读图时代并不可怕，真正经历了才发现融媒体时代审美的变化更大，在多元信息传播的融媒体时代，吸引人的眼球、打动人的耳朵，让人凝视、关注，成为广告工作的最大挑战，而文案在广告创作工作中的地位进一步边缘化是融媒体时代广告工作内容变化的必然结果。

奥格威也曾经惊讶电视广告的推销能力确实比平面媒体要高一些，他认为相比电视节目收视率提高一倍，电视广告推销能力增加一倍更容易做到。电视广告的目的不是娱乐大众，而是向他们推销产品，观众对电视节目的喜爱与受电视广告影响而决定购买产品之间的关联并没有我们想象的那么大，奥格威认为广告片不能粗俗，应该有人情味儿，让人觉得它很亲切。奥格威也曾经犯了依靠语言来推销的错误，这是他在电视时代早期犯的错，他习惯了没有画面的广播，而现在电视是用画面来讲故事的，所以画面比声音更重要，语言和画面必须互相配合、互相扶持，语言的唯一功能是解释画面所表现的东西。[1]今天我们习以为常的创作广告的常识，恰恰是奥格威这样的广告大师早期从现实中摸索和总结出来的宝贵经验。从他的时代起语言与画面的地位就发生了掉转，现在以视频为王的时代更是如

---

① [美]奥格威.一个广告人的自白[M].林桦,译.北京:中信出版社,2008:165.

此。但既然奥格威能总结出画面和语言配合的办法，视频时代语言也自然应有一席之地，我们应该对文案是广告的基础报以乐观的态度，毕竟世界是由语言建构起来的。

二、点缀

广告文案从中心逐渐变为旁白，广告口号也变成视频结束时点缀品牌标识的注解，引起观众关注的是视频和画面的冲击力。随着玄幻风格的普及，游戏对广告的冲击也是我们应该正视的事实。消费者在关注品牌时，对广告的影响力已经产生了审美疲劳，戴比尔斯的"钻石恒久远，一颗永流传"并没有让它成为世界第一的品牌，卡地亚依然是消费者最认可的品牌。网络时代全球化思潮的影响，使得消费者的价值观更受流行思潮的影响，曾经稳定的价值观也在发生着变化。文案创作者曾经惯熟的创意工具成了过时的技艺，曾经以为的广告就是吆喝，在今天成了笑话，这种现象是我们始料未及的。

对广告公司来讲，它的组织模式也从曾经的创意部、文案部、美工部等传统模式，转换为以小组为主导的工作模式。广告成为大学学科之后，广告从业人员的专业素养普遍提高，创意不再是神秘和独特的才华，文案也不再是写作能力出众者的专利，所有从业者都具备独立完成全部广告活动的能力，都是综合性人才。他们的广告作品，尤其是文案写作，都很不错，都能达到专业水准，但我们追求的那一个，最为合适的作品依然不会轻易出现。一个作品能达到我们所追求的理想水平，需要投入精力，也需要专业分工，在全力追求后才能达到完美。

这种情况决定了现在的文案创作从属于广告创意，而不再引导创意的方向。其实这种情况并不突兀。奥格威给哈撒威衬衫做了一个非常出色的广告，虽然他只拿到了不多的费用，却给品牌带来了可观的利润。但这个广告的最成功之处不是模特的挺拔，也不是文案的精彩，而是眼罩这个点睛之笔。

在参加哈撒威牌衬衣全美广告创作活动时，奥格威已经决心要创造一套比毕扬罗凯公司为箭牌衬衫所创作的经典广告更好的广告。毕扬罗凯公司箭牌衬衫的广告费用为200万美元，而哈撒威衬衫的广告费用只有3万美元，这确实需要奇迹。奥格威的魔法就是给模特戴上一只眼罩。当时他们先是否决了这个创意，但在去摄影棚的路上，奥格威还是去一家药店花1.5美元买了一只眼罩。这个创意到底为何成功，奥格威直到晚年依然没有想通，但这个创意使得100多年来默默无闻的哈撒威衬衫一下子走红，而奥格威创造了以低廉的广告预算快速建立一个全国性品牌的著名案例，成为广告史上的佳话，当然也迅速成为广告作品的"抄袭"模仿对象。据奥格威讲，有几十个厂家把这个创意用到他们的广告上，仅在丹麦，他就见过五种不同的版本。这是一个阴湿的星期二早晨，他灵机一动想出来的创意。当然，奥格威也把这个戴眼罩的模特用于不同的场景，在卡内基大厅指挥纽约爱乐乐团演奏、临摹戈雅的画、开拖拉机、击剑等，半年之后一位波士顿的金融家高价收购了哈撒威公司，仅仅六个月，这个客户就盈利数百万美元，而奥格威只得到了6000美元的广告费。所以奥格威说只要你不怕麻烦，为你的广告找精彩的照片，你就不仅可以推销更多的商品，还能使广告人的公众声望提高。调查一再表明，照片比绘画更能促销，照片能吸引更多的读者，能传递更多的欲望诉求，能让人更好地记住，能吸引更多的回单，能售出更多的商品。照片代表的是真实，绘画代表的是想象。[①]
今天我们面对视频，它对读者欲望的满足更多元，虽然广告从来就是综合艺术，但面对如此多元的世界，它还是有些诚惶诚恐的。奥格威不同意把创作广告称为创造，认为它是实践艺术，需要我们从消费者对产品的欲求和艺术化的表达中找到契合点，在商业和艺术中平衡好大众需求。所以文案成为广告的点缀并不是从今天开始，而是自以平面媒体为王的时代，文案成为广告的中心后，打破广告文案对广告的统治力的革新运动就已经开始，很多广告人很早就说招牌的外观、产品的包装、消费者的心理排名等才是决定产品销量的关键。商场里巨大的明星照片和可爱的动物模型，比POP广告和华丽的品牌招牌更吸引人。所以我们应该乐观地接受文案成为点缀的新时代，在品牌时代，销量比广告人的自尊更重要。

① ［美］奥格威. 一个广告人的自白［M］. 林桦，译. 北京: 中信出版社，2008: 147-150.

三、接受模式的改变：从纸质媒体到电子媒体

在平面媒体时代，你可以拒绝欣赏广告，迅速翻页找到你喜欢的阅读内容，一个现代人总有过滤广告的办法，最简单的就是视而不见。很多人翻报纸的速度很快，不仅广告，所有不关注的内容都只读标题。广告人就把标题视为最重要的创作内容，广告口号成为吸引消费者的热点，即使到了20世纪90年代，耐克的"just do it"配上乡镇煤灰小道和身材修长的穿着卫衣戴着耳机的奔跑者，依然可以吸引消费者的目光。只要对生活有追求，广告都会替你把追求表达出来，而且以激动人心的方式。

很多科幻电影里展现的未来人的生活状态是吃着薯片这样的廉价快餐傻笑着看电视节目，没想到这样的现实在广告接受上提前变为现实。相比于之前广告人忧虑的理性和感性消费者的区别，融媒体时代消费者集体变为受广告播放频次影响的趋势已经明朗化了，播放频次最高的广告，播放媒体最权威的广告，推销产品的能力也最强，这样的变化让广告人有些气馁，本来以为更高水平的教育和更发达的媒体可以哺育出更理性的消费者，讽刺的是，事实并不如此，消费者的消费心理并没有变得更为成熟，而是更感性和更易受影响，这说明随着物质的丰富和制造水平的提升，消费者更难以区分产品的不同；而且消费者变得更忙碌，也更在意时间的使用对象，于是就形成了这样的悖论，一方面消费者变得更注意生活品质，另一方面对消费品品牌的选择却更随意，权威媒体和高频次广告就足以决定消费者的选择对象。

从1964年到1990年，宝洁公司一共有504集不同的心绵卫生纸广告面世，他们不断重复地做广告去招揽顾客，然而却收到了魔术般的效果。阿炮就是系列广告中创造出的一个虚拟人物，他并不是一个讨人喜欢的人物，作为创意阿炮系列还真算不上是什么好广告，但作为销售人员阿炮是成功的，卖出了几十亿卷卫生纸，同样它也是一个强有力的品牌形象，他让舒洁卫生纸让出了销售冠军的宝座。一位极具口才的英国人诺曼·贝里曾经说，看着那些凭借销量来评价广告好坏的人，让他感到震惊，只看重销量是不够的，虽然广告的目的之一是促销，但是一个能促销的制造出纯

粹的低级趣味或者低智商垃圾而实现销量的广告，不应该被鼓励；同样，那些攻击性很强、单调乏味、粗制滥造的广告不但不利于广告业的健康发展，对整个商业界也会产生不良影响。20世纪80年代，阿炮的形象活跃在所有传媒平台上，在传媒业发达的美国，当时主要是电视和平面媒体广告，网络的影响还不像今天这么大。当时对职业进行民意调查时发现，广告从业者和二手车销售员、国会议员一同排在最后。以至于有一个笑话说，一个人在求职的时候很犹豫要不要坦白他有个哥哥是做广告的。[①]

四、社会兴趣的转向：从阅读到视听

在平面媒体最出风头的时代，曾创造过广告成为人生座右铭的故事。1915年1月2日，美国《星期六晚间邮报》上刊登了凯迪拉克汽车公司的广告。这篇广告全是文字，而且篇幅很长——大约有400个英文单词，但这是一篇极好的广告。"出人头地的代价"得到的不是"公正无私的裁判"，而是竭力的"反对和疯狂的诋毁"，当一个人或一种产品被授予先进称号时，"赶超和妒忌便会接踵而至"。这篇广告运用了形象的语言分析了形成这些现象的原因，给出了令人信服的理由，并且表现出成功者的自信和强大。据奥格威讲，这则由麦克曼斯广告公司的西奥多·麦克曼斯撰写的广告，始终被很多人认为是最优秀的广告。受篇幅限制，只能欣赏一下这则广告的开头部分：

在人类活动的每一个领域，得了第一的人必须长期生活在世人公正无私的裁判之中。无论是一个人还是一种产品，当它被授予了先进称号后，赶超和妒忌便会接踵而至。在艺术界、文学界、音乐界和工业界，酬劳与惩罚总是一样的。报酬就是得到公认；而惩罚则是遭到反对和疯狂的诋毁。当一个人的工作得到世人的一致公认时，他也同时成了个别妒忌者攻击的目标。[②]

这种类型的优秀广告，在平面媒体时期自有它的优势，在融媒体时代

---

① ［美］路克·苏立文. 文案发烧［M］. 赵萌萌，译. 北京：中国人民大学出版社，2010：9-10.

② 引自网络：https://zhuanlan.zhihu.com/p/34574996

看来效果不够短平快，网络广告需要这样的广告，"找工作，直接跟老板谈"，这样质朴的风格，连许舜英创作的意识形态广告都抵挡不住它的影响力。时代变革就是这样，新的审美出现，曾经创作出的经典风格就可能被完全遗忘。"我叫小白兔，小朋友都喜欢我，请到百货商店来找我"，这样声情并茂的广告现在已经不多了。在快速和快感的时代，质朴和生活气息十足的广告确实不多见了。

第二节　广告文案的内容

一、狭义的广告文案

何辉教授提出广告文案就是用来支撑美工所提供的艺术作品或图片的文字，它是一种文字讯息，是用文字的方式传达广告创意，并充分体现广告作品的社会价值。[①]他认为，狭义的广告文案定义长期在广告界占据主流地位。在总结了吕尚彬的"广告文案在本质上是广告创意和策略的文字表达"，高志宏、徐智明的"广告文案是已经完成的广告作品的全部的语言文字部分"，夏晓鸣、钱正等的"狭义的广告文案又叫广告文或广告文稿，仅指广告作品中的语言文字部分，如报纸、杂志等印刷广告中的标题、正文、附文和标语，广播广告中播音员的广告词和人物对话，电视广告中的人物语言、歌词、旁白和字幕等，它不包括图画和图像"等观点之后，何辉提出狭义的广告文案是指广告作品的文字部分。"但是广告中的文字类型非常丰富，因此也常常有模糊地带出现，比如广告中的企业品牌、公司名称与地址、电话号码等信息，算不算是广告文案呢？对于这个问题，不同的广告人给出的答案也不尽相同。传统的创意广告人坚持认为只有广告中那些富有创造性的文字部分才是真正的广告文案。不过，现在广告界一般还是倾向于将企业品牌、公司名称与地址、电话号码等文字部分视为广告文案——尽管这依然还是一种狭义的定义。当然，这并无损于

---

① 何辉.广告文案 [M].北京：北京大学出版社，2009：1.

我们将写作广告文案的工作视为一种富有创造性的工作。"①

奥格威在谈到广告文案写作时只选取了两个观察点，一个是"标题"，一个是"正文"，从这里看，他似乎是"狭义"广告文案概念的支持者，但看他对写作长文案的具体指导时，你又会觉得他对广告文案的广和狭毫无概念。"①在大标题和正文之间插入副标题可以提高读者读下去的兴趣。②用大一些字号的字排正文第一个词的第一个字母一般能多吸引13%的读者。"②奥格威秉持的是为客户着想的原则，并不认为必须把广告写作限定在"狭义"或"广义"的范围内，只要有利于广告效果，广告文案的广狭没有任何实际意义。

狭义广告文案的支持者，主要是文案中心地位的支持者，因为简单写下商品名称、公司名称、联系电话、商店地址等信息可能会让他们觉得写作广告文案不够炫酷，但如果写出既卖产品又能打动人心、让人铭记的广告，文案的地位或定义的宽窄确实并不关键。我们总结狭义广告文案的定义有助于研究广告时称呼广告作品中体现创意的文字时有一个专业的词语，它主要指的是表现创造者人文理想和专业水准的文字，包括标题、广告口号和正文等内容。

二、广义的广告文案

路克·苏立文在谈到如何写作好的广告的时候，他说首先要在墙上写满你想出的好点子，在创作的过程中要给想法来个速写，要充满激情地去想点子，但修改时要理智和冷静，把重点放在写出更好的标题上，围绕着产品和品牌本身，在产品历史和生产地上多想主意。③他认为在消费方式上也要多想好点子，想写出好的广告题目可以先从写100个开始，如果写出100个题目，你就会慢慢地想到最关键的元素，然后把最关键的元素保留到最后；要去寻找非常有创意的图片，如果标题很棒，只用标题不用图片也可以达到传播的效果；在广告中一定要有主导元素，一定要在表现方法上

---

① 何辉. 广告文案[M]. 北京: 北京大学出版社, 2009: 1-2.

② [美]奥格威. 一个广告人的自白[M]. 林桦, 译. 北京: 中信出版社, 2008: 155-156.

③ [美]路克·苏立文. 文案发烧[M]. 赵萌萌, 译. 北京: 中国人民大学出版社, 2010: 87.

避开潮流，开发出一种与众不同的形象；可在广告中加入儿童元素；广告正文要像说话那样写作，用一种轻松、流畅、自然的方式写作；写作时遵守语法规则，别用太多的形容词，短句子最好，广告要像私人信件那样充满生活细节；写完广告词之后，自己还要大声朗读，仔细校对；一定要写好广告口号，让它铿锵有力；一定要保持一个客观的态度，无论是修改还是欣赏，都要从别人的角度考虑你写的内容是不是能够打动人心。[①]在真实的广告实践中，狭义广告或者广义广告文案的概念确实没有什么影响，人们从传播效果这一最关键的目标出发，通过各种方式寻找最有效的传播方法，吸引消费者的关注，让消费者轻松愉快地接受广告，达到销售的目的，这才是广告创作的最大目标。

纠结于广告创作专业分工的中国广告人，对广义广告的文案曾经痴迷不已。何辉教授认为，广义的广告文案定义无疑更能激发各种创意人员的创造力，并有利于促进他们彼此之间的协作，但广义的广告文案定义也模糊了广告创作人员之间的专业分工，有可能增加协作难度，因此何辉教授认为，研究广告文案应该把重点放在狭义的广告文案方面，即广告的文字部分。[②]当然在移动媒体时代，以狭义的定义去界定广告文案具有很大的局限性，所以要保持开放的视野，讨论广告文案创作的多种可能。

在广告实践中，标题和口号是最为关键的，我们要突破广义和狭义广告文案概念对我们创作广告文案的影响，创作出优秀的广告作品，创作出能提升销量的广告，比执着于广义和狭义的广告文案的概念更有实际意义。在创作广告时，我们可以总结和继承广告前辈们成功的创作经验，像一个好的标题或好的口号本身就可以实现传播目的，实现广告的目标；一个好的创意，自然会激发创作人员去寻找到适合的图片、视频和文字；在找到最好的创意之前，我们可以从寻找一个好的标题、一个很棒的广告口号来培养自己的创意；我们可以通过数量的累加达到质变的目的，一个最棒的创意早晚会从模糊中蓬勃而出；同理，如果好的创意先产生，好的标

---

① ［美］路克·苏立文. 文案发烧［M］. 赵萌萌，译. 北京: 中国人民大学出版社, 2010: 87-110.

② 何辉. 广告文案［M］. 北京: 北京大学出版社, 2009: 2.

题和好的广告口号也会随之产生；在凝练的过程中要遵循真实原则，包括不能使用虚拟人物、不能欺骗消费者、不能夸大事实等；写作广告正文时，要坚持自然流畅的写作风格，使消费者在亲切的氛围中阅读信息；品牌和品质是商品销售的关键，好的广告能促使消费者感受到品牌的力量，发现产品对生活的帮助，使消费者对产品和品牌产生信赖并保持忠诚。这样的内容看上去没有广义和狭义的广告文案的概念辨析那么"高大上"，那么"专业"，但更有实践的意义和价值。广告创作本身就是实践的艺术，追求的是实践的效果，所以我们还是从概念辨析中抽身出来，把精力用到创作优秀的广告作品上去吧。

第三节　广告文案与个人素养

正如乐剑峰所说，文字正以惊人的速度繁衍传播，包围着我们的生活，从杂志、报纸、电视、手机、互联网，文字组成了我们无法回避、纷乱嘈杂的大众传媒；从热门小说、流行歌词、影视剧本到网络段子、八卦新闻，甚至促销信息，文字为我们所阅读、体验、娱乐、消费，古典诗词焕发新时尚；民间语言大摇大摆、粉墨登场，新字词、新句型，持续井喷；新媒体让话语权不再是少数人的专利，你方唱罢我登场，语不惊人死不休；当然，伟大的作品需要伟大的作者，在今天高速运转的广告产业流水线上，同样有一群点石成金的创造者，就是文案撰稿人。他们凭借着脑袋和笔杆，和美术设计师一起担负着广告创作的重任，构思着广告的概念，用命名美化品牌，用标题刺激眼球，用口号鼓动消费，他们通过洞察人性解剖品牌贩卖梦想，无时无刻不在追求语言的说服力和鲜活度，并借此为广告注入强心剂。在贩卖产品的同时，他们创作的作品和形成的潮流，也在被记录，被流传。[①]文案创作能形成潮流，能打动人心，需要创作者不仅有写作才能，有创意，而且要有洞察人心的能力，有让文字揭示大众期待的能力。文案并不仅是写作，也能促成潮流，形成、塑造和改变人

---

① 　乐剑峰.广告文案[M].北京：中信出版社，2016：1.

们的认知，这也是客户付费做广告宣传产品和品牌的原因。

卡尔·霍夫兰和他的团队研究发现，在传播中学习和改变观点，动机因素最为重要；动机是通过学习，从后天习得的，而他们的满足感来源于人们所从属的群体，在强大的"改变"的压力下，群体身份的维系促使成员的观点和态度也随之发生改变。[①]我们来看一则瑞士银行广告的广告，"How to keep your head above water when the market takes a dive?"（市场崩溃时怎样能让你依然安全？），这则使用恐惧诉求创作手法的广告，完美地证明了霍夫兰团队的研究成果：当人们为了意外和烦恼担惊受怕时看到恐惧诉求的广告，广告效果是最卓著的。

但若广告都是恐惧诉求的风格，又会增加人们的生活焦虑，所以像可乐这样的产品就不会选择恐惧诉求，而是选择快乐的广告基调，这才能吸引低参与度的消费者被广告影响而采取行动——购买可乐。

为了吸引消费者关注，广告创作者确实煞费苦心，但如果巧借社会流行元素，则可能助他们事半功倍。

一、流行文化

广告是综合的艺术，对很多人来说广告就是把流行的视听内容综合成一个新的作品，这虽然有些想当然，但确实是广告文案创作成功的关键。"广告，是现代商业社会具有典型意义的传播行为。通过报纸、杂志、广播、电视、海报、招贴、网络等媒介载体传播有关商品或服务的各种信息。其传播对象是具有特定文化倾向的社会人，其传播效果影响着人们日常生活中的价值思考方式和行为准则。文化，是在群体经历中产生的代代相传的共同的思维与信仰方式，它是无形而抽象的。而流行文化指的是在一定时期内许多人实践和追随的一种普遍的思想、观念、情感、信仰和生活方式。广告是通过对流行的倡导和引领与流行文化产生互动的，同时流行文化又为广告的进行提供了素材。"[②]流行文化与广告的亲密度我们

---

① ［美］霍夫兰,等. 传播与劝服: 关于态度转变的心理学研究［M］. 张建中, 等译. 北京: 中国人民大学出版社, 2015: 3.

② 引自网络: http://blogsinacomcn/s/blog_5bf6530d0100ateyhtml

怎么想象都不过分，尤其在大众文化主导社会文化潮流的今天，人们的思维、习惯和生活方式已经被大众文化深刻影响，利用流行文化不仅有利于消费者接受广告，也有助于减轻创作人员的工作烦恼。

优乐美"暗恋的滋味——你是我的优乐美"广告作品的背景音乐是周杰伦的《蒲公英的约定》，这首歌不仅火爆了奶茶界，也是众多粉丝喜欢的一首流行歌曲。在慕思品牌"今晚睡好一点"主题发布会上，许巍演唱《我的爱》，里面有一段歌词"今宵宁静在心里，五色云霞在梦里，我的爱为你等待"，许巍低沉的嗓音与促进睡眠的主题相得益彰。很多人也因为这首歌提升了对睡眠的关注。在平安公司成立30周年的宣传片上，以"更懂你"作为主题李健创作了主题曲《懂得》。在和江小白商业推广合作中，周延推出了新歌《长河》，这首歌既写出了主创的心路历程，传递了他积极的人生态度，也展示出了江小白这个新品牌的年轻和活力。就像江小白一贯所坚持的那样，他们不仅关注产品本身，更关注消费者的所思所想，他们的生活和精神状态。美的空调联合音乐人Lindy Lin推出了《怕冷的女孩》，天猫和青岛啤酒联合定制了夜猫子啤酒，并且创作了一首《夜猫子的歌》。方太推出了一首由金志文作曲，张宇和黄小琥联合演唱的《勇敢说再见》。腾讯创新大赛和QQ音乐合作，推出了由知名音乐人方文山填词、张亚东作曲、易烊千玺演唱的《丹青千里》，这首歌还曾拿下亚洲新歌榜的第一名。网易云音乐推出《音乐的力量》，韩国宋慧乔为步步高演唱《我在那一角落患过伤风》，世界知名品牌兰蔻香水、鳄鱼T恤、NBA、绿箭口香糖、别克汽车、柯达胶卷等都曾经推出过脍炙人口的广告歌曲。

广告与影视的碰撞自然更加激烈，不仅有植入广告，而且许多导演亲自下场拍摄广告作品。《来自星星的你》热播时，OPPO手机联合全智贤推出了"充电五分钟，通话两小时"的广告，其场景几乎再现了剧中全智贤饰演的角色在拍片现场给都教授打电话的场景。

二、经典文学作品

人类的感情经过艺术加工，会使它显出独特的人生价值。如果不是

《简·爱》，我们不会如此理解女性的独立与爱的力量；如果不是《红楼梦》，我们觉得封建社会富家公子都是纨绔子弟，没想到他们的感情如此纯洁；如果不是《西游记》，我们不会相信中国古代士大夫们也有大闹天宫的精神；如果不是《三国演义》，我们不会相信民间对曹操的评价与正史如此相异；如果不是《水浒传》，我们不会相信一个小规模的农民起义在强大的大宋王朝背景下可以演绎得如此荡气回肠。如果说我们对世界和人类社会能有如此广泛的共识，大多是阅读文学经典的结果，不算夸张吧。

面对美国著名文案大师罗瑟·瑞夫斯的名言——"莎士比亚会是一位很糟糕的文案作者，海明威、陀思妥耶夫斯基或是托尔斯泰等人能叫出名字来的小说家都一样，如果让作家去搞文案创作，那么大都是不合格"，乐剑峰说妙趣横生、风格多变的广告作品总是给人一种错觉，会误认为写作过程相当轻松随意、充满乐趣，文笔好就能写文案，这一观点吸引了大量新人入行，直到真刀真枪地实战开始之后，他们才知道原来这是一场误会，因为文案撰稿人首先是商人，其次才是艺术家。文案承担着艰巨的任务——销售商品，文案的核心是完成承诺及让消费者从购买中得到好处。当然在写作上文案撰稿人在与文字工作者的共性之上有着更特殊的能力，即写出论述清晰、说服力强，并且能够促进传播、提升销售的文字。乐剑峰认为，文案撰稿人的工作更像是翻译，是把常识转换成具有销售力的文字，它的最高境界就是用尽可能低廉的费用，将一项信息灌输到最多数人的心中。①文学写作不会想到要消费者买单，当然作者心中有一个理想读者，这个理想读者也许是一个陌生人，也许是千年之前的人物，文学写作天马行空，思接千载。文案工作者不能这样，他应该把产品和品牌放在第一位，追求语言简洁、流畅、自然，谈论的问题也都是和消费者的日常生活关系密切的。虽然他有创作故事的能力，有写出文学经典的才华，甚至可能在文学创作上取得巨大成功，但在创作广告时，依然要控制自己文学创作的冲动，必须践行写作为销售服务的理念。

---

① 乐剑峰. 广告文案［M］. 北京: 中信出版社, 2016: 13-14.

　　多年成为诺贝尔文学奖候选人却屡屡陪跑的村上春树在中国有着广泛的知名度，他的作品也受到许多读者的喜爱。2012年村上春树与北海道札幌啤酒联合创作了一个广告文案，内容是"痛楚难以避免，磨难却可以选择"，这是一个以跑步为主题的广告。他的前辈川端康成喜欢每天散步，村上春树却选择跑步来锻炼身体，因为写作也是一个体力活，长期伏案工作，保持健康是作家的一个难题，对大多作家来说创作生涯长短也是能否取得成功的关键。自1982年村上春树开始写作生涯时，也开始了每天跑步十千米的生活，跑步完全成了他的日常。在2009年随笔集《当我跑步时我在谈些什么》中，他集结了一组以跑步为主题，挖掘跑步意义和价值的作品。这样的作品作为文学创作虽然显得主题有些单调，想象力也不够天马行空，但是放在"啤酒+跑步"为主题的背景下，村上春树能接受邀请执笔广告文案就显得顺理成章。从品牌管理的角度札幌啤酒选择村上春树创作广告文案，体现了管理团队的商业智慧和宣传上的大胆。而人头马洋酒联合香港著名音乐人黄霑推出的"人头马一开，好运自然来"的广告，不仅救活了一款洋酒，还救活了一类洋酒。

　　广告是工业艺术，它受经典文学作品的影响，而经典文学作品的影响不仅是广告，整个文化产业都印满了它的身影。经典文学作品不仅让我们体会到了情感的波澜、生活的变迁、情欲的对抗等情感世界的动荡，也看到了人间的尔虞我诈、世事无常。文学打开了很多人心灵的眼睛，帮他们了解到世事的沧桑，人间并不只是风和日丽，也有愁云惨淡，也有沧海横流。文学让人的情感世界变得丰富，让人的眼界变得开阔，让人心变得复杂，让人变得敏感，也让世界变得更加文明，让世界充满爱。广告能像文学一样影响人的行为和思想，但它承担的社会责任需要人们为之买单。

第四节 锤炼修辞技巧的诀窍

相比于新闻工作，文案写作更偏重写作者的社会洞察力，能写出简洁明了的故事，能让人在简洁的话语里感受到认同的力量。乐剑峰认为，广告文案还有新闻报道所没有的劝说功能，因为记者要去追求真相，无论是否喜欢，都要写出他看到的客观事实。但对文案写作者来说，单纯罗列客观事实是不够的，他固然也追求真实，但写作时不能单纯地罗列事实，要找到一个用最简单的事实说服消费者的办法。[①]这个办法也许是创造一种特殊的氛围，比如在一个喷泉面前，让一个面目模糊的中年男子举着马桶刷来宣传治疗便秘的药品；也许是展现产品的某种特性，比如尚格·云顿在两辆沃尔沃卡车上劈叉，来证明卡车的超级稳定性；也可能是展现生活中的某种悲剧，比如axe香水推出的《命运》广告，因为是否使用香水改变了三个年轻人的生活和未来。这些都是为了激发出消费者的某种欲望，让他们在广告中找到、说出并认可自己的欲望，认可甚至依赖产品，完成购买及重复购买。买回来之后他可能并没有真正使用，但不妨碍他再次购买甚至重复购买，他甚至觉得这些购买都物有所值。根据调查，很多人买回的商品，比如调料，并没有使用，只是放在柜子里面甚至直到过期，但是等他们下次去购物时还会不自觉地购买同样的产品。这种消费模式是厂商的福音，也是广告被诟病的原因之一。但能让消费者在消费时心安理得而不是焦虑到底买哪个好时，广告宣传就是成功的。

一、熟练运用修辞手法

"日丰管，管用五十年"，简单的顶针手法，就让这则广告语具有了独特的魅力，成为本土广告的典型案例，"华为，中华有为"这样翻新词语意义的手法，丰富了"华为"的词语内涵，使得"华为"从一个品牌名称变化为一个能够激发消费者多元联想的词语，把华为和中华民族联合起

---

① 乐剑峰.广告文案[M].北京:中信出版社,2016:14.

来，也特别符合华为的品牌定位和企业文化。

想成为一名优秀的文案工作者，首先要去观摩优秀的广告作品，不仅要认真学习、多次观看，还要调动丰富的语法知识去观察作品的修辞手法和艺术效果，不仅观看广告作品本身，还要观察普通消费者对广告的真实反应，把握修辞手法对消费者的刺激作用。在真实场景中去旁观一个消费者对广告作品的真实反应是一个非常独特的体验，它能帮助你更加了解消费者对广告修辞的反应。多次重复阅读广告经典案例，无论是在学校学习、在公司培训，还是日常工作时，重复阅读和集体学习优秀广告作品是有效的做法，可以更深入地理解广告修辞的作用和效果。所谓专业就是从多次揣摩经典广告积累的经验心得中培养出的眼界和能力。

也有很多作品没有获得专业大奖，但是在销售上取得了持续的成功，这也是我们应该重复阅读、多次观看的广告作品。它在广告表达，尤其是修辞上肯定有过人之处。在重复阅读和学习的过程中，要去把握创作这则广告的艺术手法。对广告从业者来说，挖掘产品特性、寻找品牌利益和消费者的真实联系，寻找到最能打动消费者的品牌利益，是成功的关键，但对新人来说，要从成功的广告作品中学习到最基本的创作手法，尤其是修辞手法，才是他们的最佳起点。

创作广告要重视视觉效果，自平面广告出现以来，印刷精美的广告画面就已经具有决定广告成败的力量，更何况今天的融媒体时代，但视觉画面的组合方式，视频剪辑的结构方式，也要符合修辞手法的规律，达到修辞追求的效果，也更能推动实现广告的传播效果。观众首先用眼睛接触广告，可以说画面决定一切，但我们观察的是画面的组合方式是否符合广告的修辞效果，是否符合表达的艺术程式。现在无论是平面还是视频广告，视觉效果都是成败的关键，这也是很多长相俊俏的明星能够获得更多广告代言的原因。当然，视频广告取代平面广告或广播广告也是因为它更能用综合的艺术手段吸引关注。再好的文字和朗诵，也不如一段优美的旋律和优美画面的相得益彰那么吸引眼球，同样水准的团队，符合艺术表达程式，也就是符合修辞规律的视频广告可以达到更理想的广告效果。

平面广告文案常用的艺术手法有很多，最常见的是移用，比如"车到山前必有路，有路必有丰田车"，是对"车到山前必有路，船到桥头自然直"这句话的改写和移用，像"日丰管，管用五十年"，这是顶真手法，"一品黄山，天高云淡" 使用了对偶的手法，"送你一颗奔腾的芯"，既是双关又是比喻。巧用各种艺术手法的文案举不胜举，它们既能打动消费者促进销售，也让优秀写手赢得尊重，风光无限。路克·苏立文总结了一则经典广告使用的修辞手法，马丁广告公司的两个主创人员做了一个非常棒的广告，画面也非常简洁明了。广告宣传的是一种杀虫剂，广告的全部道具，只有两个锤子和一张白色的桌子。一个锤子，看起来金灿灿的，似乎是金子做成的，另一个是铁做的，在锤子的两边，有两只虫子，这时旁白说，"你可以使用价格不菲的杀虫剂"，一只手拿起了金锤子，砸死了金锤子旁边的那只小虫子。然后又说，"然而，你也可以使用价格便宜的杀虫剂"，又出现一只手拿起了铁锤，砸死了铁锤旁边的虫子。这时画外音说，"所以，难道这两只虫子的死有什么区别吗？Ammo杀虫剂，杀虫到位价格不贵"。同样是砸死一只虫子，使用金锤子还是铁锤子的效果其实是一样的，最后都是砸死虫子。白色的桌子只是为了增强视觉效果，同时也提醒消费者我们就像这白色的桌面一样，追求的是简洁明了地用锤子砸死一只虫子，对桌子来说锤子是金还是铁做成的都没有意义，结果都一样，工具的材质毫无意义。在生活中我们追求的就是效果最佳、价格最低，即质优价廉。效果相同，那么价格高出的部分就没有任何意义，或者说我们购买的那些高价产品，钱被浪费掉了。这个广告的创意是在简洁的画面中，在白色的桌子上完成了对比，金色和黑色的对比展示了不同锤子的材质差异，但效用是同样的，因此这则广告的效果极具震撼力。它的震撼力来自金和铁、黄和黑、亮眼的金色和不起眼的铁色的对比，让我们看到了虚荣背后的毫无意义，我们不必迷恋高价产品，低价产品能取得同样效果，对消费者来说，这样的消费行为体现了生活的智慧。

二、善于借用艺术作品的创作经验

在广告中经常出现名画的身影，比如当汽车驶过时蒙娜丽莎扭头观看，或者一个产品让蒙娜丽莎发笑、惊吓甚至变胖；出现一些经典的影视剧情节，像杨过和小龙女的故事，被运用到各种商业广告的拍摄中；尤其在自媒体时代，很多经典作品的细节被移用过来成为视频创意的支点，也是广告与大众消费者达成共识的基础。广告作品过于经典也会让观众把它移作他用，比如一个牧师曾经联系大卫·奥格威，希望采用他的一个作品，因为他觉得奥格威制作的画面能够用来宣传自己的宗教理念，他的有些画面显示出了上帝的形象，显示了宗教的威严肃穆。

罗瑟·瑞夫斯为M&M巧克力豆拍广告时画面中有两只手，一只手举着融化的巧克力，一只手举着干净的巧克力豆。这种比较也是我们常在油画中看到的场景。李奥·贝纳为万宝路香烟做的"欢迎来到万宝路的世界"，那个精明强悍的牛仔男人形象充满了男子汉的气概，但这个照片无论是画面还是表现形式都与油画、电影宣传海报有着异曲同工之妙。大卫·奥格威为哈撒威衬衫所拍的模特戴着眼罩的广告，这个男人穿梭于各种各样的场景中，包括购买凡·高的画，逐渐成为大家认可的一个虚拟的人物形象。这个男人形象本身有着一种特立独行的气概，就像艺术带给我们的那种震撼，它具有强大的魅力和吸引力，甚至具有独特的人格魅力，这才有哈撒威衬衫的热销，使它从一个地方品牌变成了全国品牌。乔治·葛瑞宾为箭牌衬衫做的广告也值得我们学习。它的标题是《我的朋友乔·霍姆斯，他现在是一匹马了》（原来东西方都曾经相信人会转世，有来生），他创作了一个朋友死后转生成了一匹马的故事（广告也能创作出精彩的故事）。"我"的朋友乔·霍姆斯因为受不了普通衬衫领口过紧，最后窒息而死，死后他变成了一匹马，通过和"我"的对话，我们知道他死于领口过紧，"我"告诉他早知道这样就向他推荐箭牌衬衫了，因为箭牌衬衫的领口很舒适，不会发生致人窒息死亡的意外。这则故事虽然是一个美国式的笑话，但创意确实很新鲜，一百多年后的今天读起来依然很有吸引力，会让我们哈哈大笑。作者从文学和笑话的创意中找到了有效的广告创作方式，然后写成了一个非常成功的广告，这样的才华和能力，说明广告人也可以写出好故事、好笑话，还能让好故事、好笑话具有推销能力。

宝马公司曾推出一个"即使把它拆得七零八落，它依然是位美人"的广告，而雅阁的广告做得更加夸张。威登·肯尼迪与本田汽车联合拍摄的那个著名的汽车零件广告令人叫绝，当看到汽车零部件组合起来像多米诺骨牌一样无缝衔接，令人不可思议时，我们可以想象一下用这些零部件组成的本田汽车该是多么优秀。影视作品拍摄特定镜头时常会使用聚焦的方式，用长焦或短焦来特写某些动作行为发生的全过程，在这个广告片中，拍摄者使用了一个单镜头长焦距的摄像机，在一个布置好的房间里面，一遍又一遍地拍摄丰田雅阁汽车的零部件滚动所组成的多米诺骨牌传递——滑动、滚动、撞击。这个看似简单的小影片，虽然只有两分钟的时间，但是用了五个月的时间来进行设计和试生产，在经过了605次的尝试之后，又用了整整一周的时间进行拍摄，这才有现在我们看到的难以置信的成品。在我们看来，这个广告使用了单镜头长焦距摄像机进行拍摄，这是拍摄电影电视时经常使用的特写的拍摄方式。它的第二个创意，就是把汽车拆开之后让零部件之间产生连锁反应，像多米诺骨牌倒塌一样。这个广告颠覆了我们心中的汽车概念，汽车的零部件是那样的平凡又似乎那样的具有多米诺魔法，确实让我们耳目一新。这样的创意、这样的作品是在电影工业发展成熟之后才能够产生和拍摄出来的，因为有电影工业的技术作为基础，这样的创意才能实现。成熟的技术支撑着创意的实现，好的广告也需要好的创意和技术，影视与广告的关系确实值得我们关注，而游戏时代广告与游戏的关系也同样值得我们认真对待。

三、浸染亚文化，尊重非主流

谈起进化论，我们觉得是一个家喻户晓的常识，但据新闻报道，在美国有相当一部分人是不相信进化论的，这是一个非常有趣的中美差异。美国的广告人曾经用退化论的理念拍了一个广告，这个名字就是"Noitulove"，即退化，进化一词"evolution"倒过来拼写就成了这个广告词。这是健力士啤酒推出的一个广告，这个广告的主题是"好东西只留给那些愿意等待的人"，由天联广告公司执行。这个广告展现了健力士生啤能让人体会到原始快乐的滋味之美，因为健力士啤酒比较浓郁，而且泡沫比较多，所以从啤酒桶中接出来的时间要长一些，这就需要更长的等待时间,广告把这个等待的时间进行了夸张的处理。在一个酒吧里三个等着喝啤酒的男人经历了一场数千年的退化历程,从现代人往后倒退,一步一步回到了山顶洞人的原始状态,然后变成了猿猴,最后变成了三只原始生物,三只瞪大眼睛,像是跳跳鱼一样的原始生物,这三个原始生物瞪着眼睛对着摄像机,似乎在渴盼着健力士啤酒,焦急地等待着啤酒的到来。等待,横亘人类历史的耐心等待,变成了我们能够享受到美味啤酒的代价;退化,跨越人类历史进程的退化,只是为了回到最原始状态,喝到最原始纯真的味道。广告强调的倒退和等待,反衬出健力士啤酒的美味值得人们期待,而人类畅饮啤酒,和原始生物畅饮生命之水的甘甜一样,这也凸显出畅饮啤酒的美妙时刻亘古长存,激活了源自从原始生物开始就代代遗传的甘甜饮水的初始记忆。

中国广告人展现小众文化的时候,经常会选择滑板、小自行车等极限运动,而美国的广告界同行更重视以人为本的理念。吉麦·巴特雷和马克·温尼克为土星汽车所做的著名广告中,就使用了以人为本的理念,获得了美国同行的称赞。广告从一个非常奇怪的画面开始,一个男人倒退着跑出了车库,这个画面让我们产生一个疑问,这是为什么?或者会问自己和身边人,接下来会发生什么?这个男人一步一步地从车库退出,从马路上一步一步离开,其实是为了离开一个充满汽车的现代都市。生活在一个交通堵塞的现代城市里,整天为交通堵塞焦头烂额的现代人,突然看到这样的广告自然会觉得耳目一新。虽然土星是一个汽车公司的产品,但是他们希望展现自己以人为本的理念,希望人们生活在一个不被汽车困扰的城市里。这个汽车广告让我们看到了另外一种可能,当旁白解释说,"我们设计汽车时看到的不只是金属片,我们还看到了有一天可能会驾驶汽车的那个人",我们会觉得这是一个简洁的广告,也是一个非常优雅的广告,它给我们带来精神上的抚慰,它抚平了我们对生活的焦虑,让我们感受到了简洁和美好,于是我们对轿车、对生活有了共同的理想,就是我们既要拥有车,又不想被车绑架,这样的生活才是更理想的生活方式。人类的焦虑、欲望和理想被这个广告传达了出来。所以有人说它像一个钢琴乐谱,充满了美妙的音符,或者说它是一个非常优雅的广告,让我们感受到了生活的美好。各种各样的观点都证明，这是一个非常成功的广告，让我们重新思考生活的美。这个广告的成功之处就在于利用小众的亚文化理念，利用具有独特价值理念的世界观，提醒人们生活还可以有另外一种可能。

小众文化值得我们持久关注，它会在不经意间帮你创作出令人耳目一新的作品。小众文化会变成流行文化，比如滑板、探戈、交谊舞，流行有一天也会变成小众，比如马术、自行车等。所以关注小众文化，会让你体会到亚文化与挥洒生命激情的关系；关注另一种可能，精神世界也会变得丰富。

弗洛姆认为，人的思维存在两种模式：重占有和重存在，这取决于人们采取的记忆联结方式的不同。[①]重占有的大脑皮层的联结方式是机械的，比如想到阿司匹林就想到头痛，感觉到头痛就联想到阿司匹林，这样的联系完全是机械的，纯粹逻辑关系上的。（这是老派广告人的理想状态，如果我们感到口渴就想到娃哈哈，就想去买泉阳泉，那么这两种矿泉水的品牌就成功了，它成了人们日常生活的一部分。）重存在则激发记忆进入积极行动的状态，唤起"对话语、思想、外貌、图像和音乐的回忆"，把"单一事实"和"与此相关联的许多其他事实之间也建立起了联结"，这样建立起来的联系是"生动的"，"通过思维（或感觉）的一种创造性活动将概念互相联系起来"，与弗洛伊德的"自由联想"类似。[②]

相对于主流文化是权威理念，亚文化是年轻和激情的文化，是人们释放自我、展现自我追求的文化。权威是超我的内在冲动，但对本我和自我，这样的文化过于严肃，缺少生活的趣味和情调。亚文化则弥补了人追求自我、展现个性的需要，它能让生活多姿多彩，让世界充满挑战的乐趣，当然也是生命的冒险。与刻板的规定相比，打破常规的生活更充满乐趣。这样的文化用来创作广告，它对受众的吸引力是惊人的。有趣、通感是沟通的良药。亚文化是广告进入受众内心的最佳切入点之一。

---

① ［美］弗洛姆. 占有还是存在［M］. 李穆，等译. 北京：世界图书出版有限公司北京分公司，2018：
　　36.

② ［美］弗洛姆. 占有还是存在［M］. 李穆，等译. 北京：世界图书出版有限公司北京分公司，2018：
　　36-37.

　　泰国公益广告《孝道，使不可能变为可能》，利用的就是马拉松这种受部分人喜爱的比赛创作作品。一个腿部残疾的少女，为了照顾卧病在床的父亲，退学出去找工作，可是招聘广告上需要的刷碗工、销售人员等职位，都拒绝了她。偶然地看到一个马拉松的宣传广告，第一名奖金有3000泰铢，想着父亲只剩一片药，家里穷得快要揭不开锅了，她毅然报名参加。参加的人很多，连前冠军选手也来参赛了。众多选手看到挤到第一排、拄着拐杖的她，都露出不屑的目光。经过沙滩、公路，即使摔倒，想到父亲只剩一片药，她爬起来继续前行。这件事引起网友热议，最初全是嘲讽，当她一次次跌倒又爬起继续前行后，慢慢地，越来越多的人开始表达尊重，当她的情况被网友挖掘出来后，大家纷纷表示要捐钱捐物。那些曾经对她不屑的选手，都在停止线前等待，等她第一个越过终点，倒在终点线上，大家纷纷为她鼓掌。画面里父亲的眼泪、她的汗水，感动了所有人。她的事情引起了大家的关注，父亲也被送进医院，医生拍拍她的肩膀，怀有无限的尊重。坚毅、超越、挑战等精神，是运动培养的精神品质，但把这种精神和生活结合起来，组织成感人的故事，泰国广告界探索出一条生机无限的创作之路。聋哑人成为小提琴手，普通人善待周围的人和动物，充满牺牲和奉献精神的个体，都有合适的故事让他们的精神品质焕发出令人尊重的光芒。无论是小提琴，还是马拉松，都不是大众参与的项目，却有广泛的大众基础。泰国广告界同人利用这些有群众基础的亚文化，再结合亚文化运动蕴含的奋斗、抗争、追求自由、展现自我的精神，制作了我们眼中的神级广告。这些精彩的广告若没有这些亚文化和它蕴含的精神的吸引力，就是一个个重复的生活小故事，和好莱坞的叙述模式一样。画面和广告形式有变化，内在结构是稳定的。我们应该清楚利用亚文化拍摄广告时，需要尊重亚文化的独立精神，不要用自己的想象替代亚文化自身的特色，否则就真成了好莱坞叙事，反倒阻碍我们探索广告发展的可能。

第二章　直觉判断与广告文案的结构

品牌：斯坦威钢琴

标题/广告口号：不朽的乐器。

正文：音乐史上，唯独一种钢琴保持着无上的桂冠。无论是在李斯特、瓦格纳、鲁宾斯坦和柏辽兹的时代，还是时至今日，斯坦威的地位都从未动摇。它一如既往，和大师交相辉映——伟大的音乐因此被理解、被尊重。

配图：一架钢琴和一位倾情演奏者。

这是扬·罗必凯公司的雷·罗必凯为斯坦威钢琴做的一个经典广告。在扬·罗必凯这家现代广告公司提出创意流程工作程序之前，做好广告的基础就是在文案上多下功夫，雷·罗必凯在自己的公司——扬·罗必凯广告公司开始关注创意流程问题。经过拓展创意流程，他把广告从以文案为中心的工作模式中解救出来，使大家认识到创意应该成为广告工作的中心。雷·罗必凯更关注的是消费者在广告中所能够获得的利益，他雇佣西北大学的教授乔治·盖洛普调查分析广告的接受情况。在他看来，撰写广告之前，广告创作人员要进行市场调查，要与消费者进行直接对话，这在当时都是革命性的工作。当时，大家都觉得广告应该是通过创意宣传产品，而他又把广告往科学的道路上推进了一步：他把文案和美术指导组成团队，他还设立了一个非常著名的广告标准——"要行为得当"。他也认为，好的广告应该是值得赞叹的一件艺术品，他拒绝平凡。"Y&R创意工作计划"是他创造的一个理念，现在文案/美术指导、文本和视觉的互动是他开创的。到现在为止，他所设立的一些基本原则还在被尊重和使用。他提出"一个广告必须解决的问题的系统"，在这个系统中，第一步就要写清楚"Key fact"，即关键事实，就是消费者、广告制作者和品牌方都共同关注的关键事实，第二步是需要发现广告能帮消费者解决的问题，这些问题可以通过使用产品来解决；第三步，确定广告目标；第四步，制定广告创意策略；第五，必要情况下操控和限制策略。[①]这样的一个创意清单，把广告从文学创作的迷茫中解救出来，虽然广告是工业美术作品，但这个艺术品的目的是清晰的，是在理性控制下创作的一个推销商品的工艺品。

广告是宣传的艺术，需要广告人有审美直觉，能创作出消费者喜闻乐见的好作品。产品卖点、包装设计都追求最佳的艺术效果。广告提出的问题、广告口号等，都由广告人决定（品牌方也会参与但主要由广告人决定），而且是在市场检验之前进行，就有点像在白纸板上画一个必然要被大家喜欢的作品，难度确实很大。这时，我们需要直觉的帮助。

直觉判断也是社会心理学关注的一个重点。迈尔斯认为，在直觉判断的过程中，"自发引导我们的知觉和解释的"，是"心理概念或模板"，即"图式"，"不仅取决于他所说的词语，而且取决于我们对所听内容的自动解释"。参与者的"情绪反应通过是即刻的"，而且情绪反应早于"我们进行审慎思考"之前。人们只能"积累了足够多的专业知识"，他才可能"凭直觉获得问题的答案"，尤其是"当面临需要做决定却又缺乏专业知识快速做出决断时，我们的无意识思维会引导我们做出令人满意的选择"。[②]直觉判断可以帮助我们快速形成思维图式，并有针对性地产生情绪反应，因而可以在既有的专业知识基础上做出快速、正确的决断。当专业知识不够丰富时，直觉判断也会让我们做出不坏，甚至是最令人满意的选择，所以我们要善于利用直觉判断。但广告人在了解直觉判断的重要作用之后，更需要建构专业的知识体系，像福柯所说，我们最关键的是在知识系统内完成知识的重建。我们要掌握广告结构，在结构内戴着镣铐跳舞才更可能写出创造性十足的作品。

---

① 引自网络: https://zhuanlan.zhihu.com/p/362129459, 笔者根据掌握的知识进行了丰富和补充。

② ［美］迈尔斯. 社会心理学［M］. 侯玉波, 等译. 北京: 北京: 人民邮电出版社, 2014: 86-87.

第一节　传统文案结构

凯迪拉克的广告：

（一）标题：下个世纪谁将主宰汽车市场？

（二）副标题：凯迪拉克发出追问

（三）正文：2021年凯迪拉克将推出新能源全动力车，超越你的汽车新概念。不要着急，它将满足你所有的需求。

（四）附文：详情请致电或询问当地经销商。

（五）口号：新凯迪拉克，新概念能源车

"标题是大多数平面广告最重要的部分。它是决定读者会不会读正文的关键。读标题的人平均为读正文的人的5倍。换句话说，标题代表着一则广告所花费用的80%。如果你没有在标题里写点什么有推销力的东西，你就浪费了你的客户所花费用的80%。"[①]这是奥格威先生在谈到文案标题时提出的谆谆告诫。如果你以为这是全部，那么你就太小看奥格威先生对文案标题的重视程度了，之后他详细列举了十条创作广告标题的准则。[②]如果不是追求行文简洁流畅，我想这样的条款会延长至我们读到睡着。这十条准则更像是十条诫令，这样的告诫是奥格威在他长长的广告生涯中摸爬滚打出来的人生哲学。他的这本看上去薄薄的书，之所以成为广告人的入门必读书，就在于他把决定事业成败的经验倾囊相授，没有藏私，也没有掩饰，直接写出自己的成败心得。他不仅在文案写作中做到真诚，在自己的作品中也做到了。

传统文案的结构由标题、副标题、正文、口号、附文这五个部分组成。传统广告更重视标题的作用，如奥格威所提醒的，它凝练了广告商和广告公司创作、发布广告的全部意图。它引起读者注意，并区分目标人群和普通消费者，并把广告的重点，即销售产品的最大卖点展现给消费者。

---

① ［美］奥格威. 一个广告人的自白［M］. 林桦，译. 北京：中信出版社，2008：131.

② ［美］奥格威. 一个广告人的自白［M］. 林桦，译. 北京：中信出版社，2008：131-133.

但今天是以品牌为王的时代，大家更重视口号，一个好的slogan甚至可以成为一个广告和品牌成功的关键。比如"人头马一开，好运自然来""钻石恒久远，一颗永流传"，使人头马和戴比尔斯成为大家谈论广告时永不错过的焦点。

第二节　文案创作的重点

阅读一本又一本广告专著之后，你会发现广告文案写作入门容易，但写好难。"从事广告30年，一直追随广告先进摇旗呐喊过来，很想推动文案的整合工作，但见国外有关'文案'写作的书不断出版，而依台湾目前广告蓬勃发展之势，竟然所有有关'文案'方面的书，均还得仰赖翻译，此种现象不但对台湾广告文案士气打击甚大，更使有心从事文案工作的后来者，仍须依循隔靴搔痒的'翻译'文案，做中、西拼装或消化工作；或者必须自我摸索、自我启发，并从失败经验中，才能了解本土广告的特质；但待经验纯熟，时光已然匆匆数年过去，实乃最不合经济效益的人才培养方式！因此可见，台湾本土文案之路，委实艰难辛苦。"[1]

而霍普金斯的做法更加简单，但表面的简单，掩盖不了背后做的大量烦琐无聊却非常关键的工作。"对邮购广告的跟踪调查能够精确到一美分。每份回执的成本和每一元钱销售额的成本都能以相当精确的方式计算出来。把一种广告和另一种做比较，把一套方法和另一套做比较，标题、布局、大小、论点和图片都要做比较。对某些邮购广告来说，减少哪怕百

---

[1] 杨黎鹤. 广告文案传真·代序二: 是创举，也是创意[M]. 汕头: 汕头大学出版社, 2003: 11-12.这是时任联广广告公司董事长的赖东明举荐后辈的话，除此还有几句值得我们关注，"众所周知，文案乃企划、创意之灵魂，举凡广告概念、创作策略、消费者分析、创意之成型，均需以精确的文案表达。只可惜很多人还是停留在只要会写中文，人人可做广告文案的错误观念里。广告文案要写得好，除了中文用字遣词的讲究外，还必须有深厚的广告理论基础，并融合心理学、社会学、行销学、经济学、传播学等，才能形诸文字，使产品能透过'精确'又直入人心的文案，传达到消费者内心！所以一则好的广告文案，绝非只是卖弄文字，或成天玩文字游戏般的轻松。文案的培养，除了比别人多些天分外，还要更多的努力、再努力！所以一位优秀的广告文案人员，绝对是优秀的专业人员。"

分之一的成本都意味着节省一大笔资金，所以猜测是不允许的，你必须知道什么是最好。这样，邮购广告首先确立了我们的很多基本法则。在那些不可能直接看到结果的广告活动中，我们一个城市一个城市地做比较。很多广告手段也可以用这种方式做比较，用销售成本做衡量标准。但是，最常用的方法是使用优惠券。我们提供一件试用品、一本书、一袋免费产品或其他物品，引起人们的直接回应。这样，我们就可以查明每个广告能引起多大的反应。"[1]拿到数据之后工作还没有完成，因为可能有许多无效回应，最后把有效和无效的反馈合起来，可以知道每个顾客的成本，或者每个销售单位的成本，这就实现了销售成本的科学化和明确化。所以霍普金斯认为自己开展的广告活动是科学的广告，因为它可以重复，并且像科学实验一样能够精准到每份每美分的程度。

成功的广告需要考虑企业文化的影响力。

耐克在2006年所做的改变，就是开发了一款名为"Nike+"的游戏，这是一套基于移动定位技术，包含软件和硬件的解决方案。当用户佩戴"Nike+"设备出去跑步时，可以追踪自己的步数、卡路里的燃烧量以及跑步路线。然后，当用户将这些数据传输到电脑，可以获得更为丰富的体验。[2]

耐克已经不仅追求运动的精神，而且把运动快乐创造成企业文化，"Ekins所创建的一种欢乐文化"。

一个叫比尔·鲍尔曼（Bill Bowerman）的教练把橡胶浇注到他的华夫饼炉，尝试为他的运动员们做出更好的跑鞋，最终促成了耐克公司的创立（一次尝试最终为世界带来了耐克著名的"华夫鞋底"）……Ekins早已是耐克完美和谐企业文化的象征。耐克公司已经有了一个良好的开端。而且在今天，耐克品牌和为之工作的人们之间的默契是让人美慕的。这就是为什么，当你问Ekins（他们腿上都有耐克标志的文身为证）他们在耐克公司

---

[1]　［美］霍普金斯. 我的广告生涯和科学的广告［M］. 邱凯生，译. 北京：中国人民大学出版社，2007：152.

[2]　［美］盖布·兹彻曼，乔斯琳·林德. 游戏化革命：未来商业模式的驱动［M］. 应皓，译. 北京：中国人民大学出版社，2014：180-182.

的工作是什么时,他们会毫不犹豫地回答:"我的工作就是创造跑步的快乐文化!"然后,他们会回报以坚定的微笑表现出信心满满。①

一个好的广告的产生并不完全是文案创作者凭空产生的灵感,更多的是从企业文化中凝练出的企业精神,是企业文化的高度浓缩和精华部分。

让我们来总结一下各路广告创业人员提出的广告创作的重点:首先,标题和广告口号一定要重视,它是文案创作的灵感源泉。今天我们能想起的广告,画面表现力是一方面,尤其是平面文案,它的口号是关键。其次,广告口号一定要与广告战略和广告策略相符。广告活动是整体的、科学的活动,不是创作人员的个人创意后花园,它是系列活动的一个重要组成部分,从品牌管理和服务品牌的角度看,它是第二重要的活动。一个成功的广告口号可以成功吸引受众,对广告口号的辨别和坚持也是成败的关键。耐克的"just do it",它完全符合耐克的"快乐运动"的品牌理念,而且获得了员工和消费者的肯定。但锐步的选择也值得我们关注,在与耐克、阿迪的竞争中它逐步退出运动休闲市场,转向户外穿戴,"锐步,新一代的选择"成为它新的口号。相比之前大张旗鼓地挑战耐克阿迪,现在稳扎稳打,表面看是"甘居人后",但是,在竞争激烈的市场中能长期存活,维持住自己的忠诚客户,反而有一种避其锋芒、低调追求自我的无限可能,因为户外市场正逐步成为最受追捧的新热点。

---

① [美]盖布·兹彻曼,乔斯琳·林德. 游戏化革命:未来商业模式的驱动[M]. 应皓,译. 北京:中国人民大学出版社,2014:79-82.

第三章　焦点效应与广告写作的自我培养

焦点效应是社会心理学中非常重要的一个概念，我们总是过高/过低地估计我们的社会影响并产生身份焦虑，就是焦点效应心理导致的自我怀疑。"焦点效应意味着，人类往往会把自己看作一切的中心，并且直觉地高估别人对我们的关注程度。"①个人会过高估计自己在事件中的影响和作用，并且会激发自我图式，即构建一个可能自我的形象，这个自我包括可能成为的理想自我与恐惧成为的负面自我。我们在社会形象和自我图式中扮演角色，和周围人群在互动中建立文化即建立稳定而长久的关系。作为传媒人，作品直接接受社会评价，有正面的赞扬也有负面的贬低，我们需要建立稳定而强大的心理，才能应对社会舆论的评价和挑剔。

创作广告是对个人文化素养的考验，想在文案创作上取得成功，还要平衡感性和理性的作用。"左脑和身体右侧相连，右脑则相反。通常说，左脑是逻辑的、文本的、理性的、保守的，不喜欢冒险。右脑则不同。它是直觉的、视觉的、宽泛的、想象的。左脑帮助你阅读，右脑帮助你感觉。奥格威式的广告探求理由，主要由左脑负责。比尔·伯恩巴克式的则是给右脑惊喜。右脑带你欣赏音乐（当然，并不是绝对的）。左脑解决数学（不包括几何）。所以，两个半脑协力工作的话，那就对你更有帮助：你可以考虑接触目标是采用理性的好还是感性的好。想象，还是理由？解说，还是图像？或者二者兼有。要知道，即使做不到两方面都到位，人们接收信息的这种方式也是不会改变的。"②

---

① ［美］迈尔斯. 社会心理学［M］. 侯玉波，等译. 北京：北京：人民邮电出版社，2014：34.

② ［美］布鲁斯·本丁格尔. 广告文案训练手册［M］. 谢千帆，译. 北京：中国传媒大学出版社，2007：92.

奥格威对写作文案时平衡感性和理性提出过一个极具洞见的办法，"你坐下来写广告正文的时候，不妨假设你是在晚宴上和坐在你右手边的那位妇女交谈。她问你，'我考虑买一部新车，您推荐哪种牌子？'你呢，就好像在回答这个问题那样写你的广告文案。"这个情境既不是自我表演，也不是产品的夸张，而是对一个你尊重的人写出让他能读清楚并从中获益的创意文字。所以奥格威提出："不要旁敲侧击要直截了当。避免那些'差不多、也可以'等含糊其词的语言。盖洛普博士已经证明这种模棱两可的说法通常会被误解。"[①]

第一节　创作者必备的心理和文化素养

想成为合格的文案创作人，不仅要能平衡感性和理性，还要能把状态调适到恰当的写作情境中，即向一个值得你尊重、关爱的对象，推荐一个他能从中获益、能提高他的生活水平和幸福程度的产品。所以写作时不是以自己的表演为中心，而是以产品的性能、消费者所能获得的利益为中心，文案写作者的自我培养还是需要责任感的唤醒和散文写作的针对性训练的。

一、掌握专业关键词

作为广告人，在为新的品牌或产品服务创作新广告时，我们要以最的快速度熟悉行业和产品相关的专业词汇，即快速掌握核心关键词，并以风趣、幽默、可读性强的文字把核心意思传达出来。广告对外行或新用户来说是极其便捷的产品使用说明书，当然，对专业人士、忠诚客户、专业知识储备足够的读者来说，可能只是"有趣的废话"。最优秀的文案写作者大卫·阿波特的方法值得我们思考。"我涂画下在需要前就跃入我脑海里的想法和字句……我也在边上写下所有闪到我脑里的陈腔滥调和无聊'废

---

① ［美］奥格威. 一个广告人的自白［M］. 林桦，译. 北京: 中信出版社, 2007: 135-141. 之所以不厌其烦地引用如此长的部分，因为这段内容是奥格威多年实践经验的精华部分，相比其他意见，他对广告标题和正文写作的经验更值得我们吸取。

话'。我发现只有把它们写下来才能赶走它们。如果我只是努力把它们忘掉，它们就像青少年下巴上的青春痘一样冒个不停。我很少计划文案的形状。到了开始写的时候，论述的结构基本上会在脑子里形成。我花很多时间寻找事实，而且除非已有太多东西要说，绝不开始写……像许多其他的文案一样，我写文案时也大声念。朗诵出声有助于我检查文字的韵律，以及整篇文章的流畅……字词，对我而言，仅是论证的仆佣，而且总的来说我喜欢用字明白、简单、寻常。我相信自己是拿钱来做倡导者的，所以虽然我也从聪明的文字里得到乐趣，能动人的字语更教我倾心。文字游戏如果有助目标也无伤大雅，不过我很少用，或根本不用。"①在这篇写作经验总结中，阿波特就给我们展示了讲有趣"废话"的乐趣。其实他对写作的很多经验是可以正襟危坐地谈论的，可是他选择了轻松有趣的方式，包括他写作时把脚放在桌子上、开着门等"不良习惯"的展示，对词语运用原则的点到即止的介绍，对图片和文字结合原则的轻描淡写，所有的内容都围绕主题展开，却都能引起阅读的兴趣。当然，最值得关注的是，阿波特给我们留下的有趣的"废话"，里面蕴含着可以让文案妙趣横生的写作经验。

标题：我们没有发明车轮，但我们发明了纯粹的驾驶乐趣

内文：驾驶BMW325i，的确是一种感官上的享受。是什么让它如此难以抗拒？是高精度的灵活性？是踩动油门时一触即发的反应？或是顺畅平静的动力系统？一辆独特的运动型轿车，融合跑车的优点，更遗传了BMW独有的特质。无与伦比的传动系统配以直列6缸引擎，开创了全新的速度艺术。优质的MONTANA真皮和桃木内饰营造出高雅豪华的气质。精密的悬挂系统令车与路完美贴合。环境工程学的合理运用，使人与车合一的舒适境界成为现实。感受无与伦比的试驾体验，请致电联络。②

这个文案的标题就是有趣的"废话"，对消费者来说宝马轿车的易操作性是它的品牌卖点；没有发明车轮却发明了纯粹的驾驶乐趣，没有发

---

① ［瑞］克朗普顿. 全球一流文案：32位世界顶尖广告人的创意之道［M］. 邹熙，译. 北京：中信出版社，2013：1-2.

② 沈虹. 广告文案创意教程［M］. 北京：北京大学出版社，2008：314.

明车轮对宝马这个品牌来说属于自嘲，但发明纯粹的驾驶乐趣又是对自己的市场声誉似乎是不经意的强调。正文开头就提出让人心动的问题，也引起阅读的兴趣，到底是什么让我们对驾驶宝马轿车"不可抗拒"？后面"高精度的灵活性""踩动油门时一触即发的反应"和"顺畅平静的动力系统"都是汽车性能的详细叙述，与不可抗拒有关却也未必是我们选择宝马轿车的最关键因素，而且运动型轿车在宝马品牌中并不是主推的车型，在消费者心中也没有留下深刻的印象，也没有良好的口碑。后面"无与伦比的传动系统""真皮和桃木内饰""精密的悬挂系统"，尤其是"与路完美贴合"，令人忍俊不禁，再精密的悬挂系统，也达不到与路的完美贴合，所有的路都是崎岖不平的。该文案似乎想模仿奥格威"这辆车六十迈的时候最大噪声来自它的电子钟"，用的却是"与路完美贴合"这样不伦不类的话语，细读会觉得驴唇不对马嘴。但正是它有趣，所以如此多的"废话"结合在一起，反而形成独特的阅读体验，有趣、高端和华丽，令消费者体会到这辆车既有技术的进步又有材料上的提升，但这个文案的最大魅力不是新型轿车，不是材料和技术，而是品牌，是宝马这个品牌在吸引我们的注意力。

作为比较，我们来看阿波特为大众汽车写的一则广告：

假如他能使自己名声大噪的话，Volkswagen 也能

Feldmon先生，并非有意对你轻慢无礼。

但不会有人误认你为Gregary Peck（古罗马教皇）的，然而，你却把自己的名声搞得跟Gregary Peck一样如日中天。

就凭着你的智慧。

当你制造了一辆汽车，我们的疑虑顿时消失了。

Feldmon先生，Volkswagen车的外形并不美观，然而，它却是智慧的结晶。

它配有空调，夏天不闷热，冬天不冰冷。

它的发动机能让汽车一直开下去。我们知道有一个人，他开着Volkswagen车一直开了248000英里。

对于一辆小汽车来说，确实得聪明才能做到这样。

从车座到车顶的距离有37.5英寸，这保证驾驶员头部有足够空间。

Feldmon先生，就算你有6英尺7英寸高，你的头也不会碰到车顶。

因为车的前部没有发动机，你坐在前排的话可以伸展你的双腿。

车的后部也留有足够的空间，可容纳一张婴儿床。所以，你瞧，Feldmon先生，似乎一切都令人满意，不是吗？①

同样是列举汽车的优点，阿波特更关注它与消费者的关系，车头的空间让身高两米的驾驶员头部也有空间，坐在前排能伸开双腿，后面能容纳一张婴儿床，对读者来说可以直观了解车的内部空间的大小。第一个广告的优点是即使无聊的内容，也可以恰当运用比较、夸张、列数字等手法，做到流畅自然、可读性强，但还是阿波特写的这个广告更有生命力。

二、学会讲有趣的故事

路克·苏立文提醒大家可以"根据故事来思考"，他曾推荐罗伯特·麦基写的一本很棒的书《故事：材质、结构、风格和银幕创作的原理》，他认为麦基发现了一个让他惊喜的秘密，人类的大脑非常渴望故事，尤其是那种三幕的剧作结构般的故事，这种故事能提出出人意料的问题并能推导出合理的解决方案，这些都是大脑渴望获得的。苏立文认为，即使老套到看到开头就知道结局的故事也一样能吸引我们的注意，我们看故事的时间也比我们在电视上看老电影的时间长，这是令人不可思议的事实，虽然我们会倾向于认为老电影可能比故事更吸引我们。所以他提出我们广告人需要找到一张精彩的图片，让它讲述一个故事。②在制作广告时我们也试着让它讲故事，有开头、高潮和结尾，这样就能更吸引观众了。

有一些广告受媒体地位的影响，并没有引起广泛的关注，比如下面这则广告，它并没有引起广泛的关注，但不可否认它是一个优秀的广告：

主标题：我有我的混音天地

几个副标题在单张首页随意飞扬：新家伙530，尽情自我！砸混音师的

---

① 　[瑞]克朗普顿. 创意之道：32位全球顶尖广告人的创作之道 [M]. 英国设计与艺术指导协会，1995：7.

② 　[美]路克·苏立文. 文案发烧 [M]. 赵萌萌，译. 北京：中国人民大学出版社，2010：124-125.

饭碗！

内文：嘿！相信吗？我的手机能让耳朵兴奋！只要一拿起它，我就能摇身变成混音师！没错！我就是飞利浦530！它独特好玩的BeDJ混音功能，只要通过几个按键就能把音效、节拍、乐器混得像鸡尾酒一样炫。更过瘾的是，我能把几首爱死了的曲子串起来，加一段，删一段，节拍随意变！亲自混出来的音乐，不仅能作为天下无双的铃声，惊动所有人的耳朵，还能通过多媒体短信（MMS）发给死党们，让他们见识见识我的厉害！

有飞利浦530BeDJ混音天地，音乐怎么HIGH怎么混，耳朵当然爽到根喽！①

这是一个年轻、乐观，对新事物充满好奇的文案。作为手机混音代表性机型，飞利浦手机曾给我们留下了美好的回忆。今天虽然是苹果手机、华为手机、三星手机的时代，诺基亚、飞利浦这些品牌淡出了历史舞台，但这则广告则记录了这些品牌曾留下的印迹。每一个大品牌都有成功的广告给它们镀金，这则广告就是镀金广告，是成功的广告案例。虽然新手机只是增加了混音功能，但在作者眼中这不仅可以混音，还可以借助手机混音展现个人音乐才华，展现个人追求更高生活品质的决心和能力。年轻人可以借助手机展现对音乐的热爱、对友谊的渴望，这则广告表现了年轻一代的生活理想。

再看另一则广告：

如果焊接不牢固，这辆车就掉到了本文作者身上。

那就是我，神经高度紧张地躺在这辆崭新的Volvo740车下。

几年来，我一直在我的广告中吹嘘Volvo车的每一个焊点都非常牢固以至于足以承受整辆车的重量。

有人认为我应该用自己的身体来验证我所说的话。于是，我们把车悬挂起来，而我则爬到了车子底下。

当然，Volvo740不负所望，而我则得以活着出来把我的经历讲给大家听。

然而，本故事的要点却是告诉人们：Volvo 740外形独特，其发动机速

---

① 沈虹. 广告文案创意教程［M］. 北京: 北京大学出版社, 2008: 315.

度快、价格便宜，有着全新的内置和悬置系统。

然而，Volvo740却和以往的Volvo车没什么区别：它制造精良，你可以把自己的生命托付给它。

我明白这一点，而且也这么做了。[①]

这则广告迎合了消费者猎奇和渴求值得信赖这两个心理倾向，通过创作人员的亲身体验，增强优秀产品品质的值得信赖感；二是作者躺到被吊起来的车底下，还拍摄了清晰的照片，这样做有风险，但能充分满足消费者猎奇的心理，也让消费者看到似乎不可一世的广告人狼狈的一面，这样的冒险是值得的，因为读者欣赏了一个充满乐趣的故事，看着创作人员亲身冒险本身就是充满乐趣的故事，看到他似乎狼狈又冒着风险躺在吊起的车辆下面，这个画面本身就充满了吸引力。故事性的文案，比优美的文案更能打动消费者，他们也更信服广告展现的产品性能。

三、学会说服别人

正是通过说服不易被男性理解的女性群体，许多女性广告人得风气之先，在男性占主导的社会早早获得高薪职位，她们比其他行业的女性更早获得了职业上成功的机会。本丁格尔在梳理广告发展史时，发现了这一现象，广告是一个追求前卫而又保守的行业，创意很前卫，但广告执行却很保守。《商业广告》（*Profitable Advertising*）杂志曾经评选出40位在文案写作、美术指导、业务以及咨询顾问方面杰出的女性广告人，其中包括文案作家海伦伍德沃；扬·罗必凯公司的露易丝泰勒·戴维斯；在零售业屡创佳绩，曾为梅西百货写出"节俭有理"，为金贝尔百货写出"没人，绝对没人，会有更低的价格"的伯恩丽丝·菲茨杰本等。她们有的摸索出提升销售、提升顾客忠诚度的办法，有的是成功的广告公司的合伙人，大多数是两者的结合，既有好作品，能实现销售目标，又成功成为广告公司的合伙人。聪明、才华横溢的文案与同样聪明、野心勃勃的年轻客户主管一

---

① ［瑞］Alstair Crompton. 创意之道：32位全球顶尖广告人的创作之道［M］. 英国设计与艺术指导协会，1995：8.

起工作并共同努力创建了一系列充满活力的广告公司。20世纪初期，高中生海伦·兰斯顿（Helen Lansdowne）"刚刚写完毕业典礼告别辞，便在辛辛那提市开始了零售广告文案的写作"，在当地一家报社开始了自己的职业生涯，后来去了一家车身广告代理公司。与此同时，另一位年轻的广告主管在事业上也一帆风顺，他就是史坦利·雷瑟（Stanley Resor）。海伦受到史坦利的青睐，和他一起加入智威汤逊公司在辛辛那提新开的办事处。其时智威汤逊的很多客户都是女性用品生产商。"因此，海伦可谓是在恰当的时间、恰当的地方出现的一个恰当的人选——何况，脑子里还有着恰当的想法。""我的观点是从女性的角度出发"，她本人曾这么说，"审查广告的时候，我总要确保构思、遣词造句还有配图都能够抓住女性"。从那个时代起，洞察消费者需求的认识日臻成熟，从模糊的直觉开始程序化为科学的操作。"你那让人想要抚摸的肌肤"这句广告词的魅力之大，以至于该品牌香皂的销售量大为提高，据说达到了"百分之一千"。[①]

为了向女性客户销售产品，满屋子骄傲的男性广告创意人都要聆听她的意见。遗憾的是，工作出色、业绩同样可观的海伦并没有正式的职位，虽然她也不需要用总监、指导这样的称呼来证明自己的能力。在公司内部许多顶着创意总监、创意指导桂冠的男性广告人，在她面前也要自惭形秽，因为她的广告能够说服客户，尤其是女性客户购买产品。

说服客户和说服消费者的立脚点应该是相同的，应该从品牌、产品本身出发，寻找到三方利益的平衡点，即客户满意、消费者喜欢，广告执行人也有利可图。对广告人来说，广告执行能省时省力也是决定性因素。最成功的广告，是既能挖掘出产品特性又能打动人心的广告。广告传播时"最主要的问题是要激发出受众对传播内容的适当练习或实践，从而使得受众可以正确抓住——理解传播内容的基本点。"[②]比如下面这则广告，在渴望活力和略带叛逆的时代，一辆简单的家用型轿车，也可以在广告人手

①　［美］布鲁斯·本丁格尔.广告文案训练手册［M］.谢千帆，译.北京：中国传媒大学出版社，2007：26-27.

②　［美］霍夫兰等.传播与劝服：关于态度转变的心理学研究［M］.张建中，等译.北京：中国人民大学出版社，2015：233.

里展示它与众不同的冒险精神，在平凡的外表下追求内在的热情。

标题：在赛车之外，发现F1的精神

内文：与狂热的看台无关，与震耳的助威无关，与炫目的奖杯无关。F1的精神，是持续的能量激情，是绵延的力量巅峰。帕萨特18T涡轮增压，全程爆发犹如F1一般的冲击力和爆发力。让F1的精神，在赛场外淋漓展现……

当发动机在每分钟1759～4600转速范围内工作时，扭矩输出始终接近210牛顿/米的最高峰值，带给你随心所欲的能量供给和瞬间提速性。[①]

作为一个家用轿车品牌，帕萨特从来没有与赛车产生过联系，品牌联想也没有类似的引导。但在F1赛车越来越受欢迎的20世纪90年代和21世纪的头十年里，这样的文案可以吸引对赛车有热情的年轻消费者的关注，这也是借势营销的成功案例。可惜的是，这样的广告策略没有得到营销主管的认同，帕萨特最后还是回到它没有特点的家用轿车的广告风格，没有坚持与赛车建立联想的广告战略。

百事可乐从不起眼的地区广告活动中发现了巨大的品牌生机，使得它成长为与可口可乐鼎足而立的新生品牌，对有生命力的广告活动的积极认同态度，可能会给品牌发展提供一个全新的平台。百事可乐的盲试广告本来是一个社区的广告活动，在没有标识的杯子里倒上可乐，比较百事和可口两种可乐的口感，结果多数参赛者更喜欢百事的味道。这样的测试结果让人大为意外，活动的结果也顺利地在内部传播并得到上层的认同，并扩大了传播的范围，取得了意想不到的成功。观察很多品牌的日常管理，很多成功的地方小广告没能引起品牌管理者的支持并扩大成为营销战略，或者偶尔成功后没能一直坚持下去，而是跟着潮流随波逐流，因而失去了可以形成自我传播特色的机会，确实常常令人感觉遗憾，但这样的遗憾比比皆是。

---

① 沈虹.广告文案创意教程［M］.北京：北京大学出版社，2008：314.

41

四、学会转换成消费者视角

一般广告人需要同时服务的品牌数量经常多达几十个，个人的知识素养很难保证他对所有服务的品牌的认识都能达到专业水准，所以我们广告人特别强调保持学习的习惯。服务一个新的品牌，接触之后要尽快学习相关的专业知识，和厂商深入沟通，到生产第一线去参观，尽快熟悉这个品牌的市场、生产和管理等各方面的情况，理解企业文化、品牌利益等关键知识，尽快找到一个切入点，写出合格的广告。广告人的专业素养只有达到理解企业文化、了解品牌利益、熟知品牌的文化、市场地位和消费者细分，并有清晰的消费心理洞察，才能写出"冒充内行"的广告。

美国著名的广告人琼·贝文斯的经验值得我们关注。

如果我只是坐在那里拼命替澳洲医疗基金会想点子，我不会去拜访掌管该会乳癌筛检计划的Joan Kroll医师，她对乳癌防治业务的奉献发人深省，还有她慷慨仁慈拨出给我的一小时宝贵时间，以及更宝贵的那顺带一提："有一幅在现代医疗发现乳癌之前很久就描绘过乳癌的画，好像是达文西或者是梵谷画的，伦敦来的Michael Baum教授在他的讲座里面用到的。"

当天晚上拨给REYNE医院这位教授的电话说明那原来是林布兰的《浴室里的拔示巴》，"你当然知道了？"教授说道。我不知道。可是次日早晨，当我一见到这幅画，立刻就知道我的广告在这里了。拔示巴的表情，充满尊严地说出了关于这极富争议也极其重要，政府当时却仍缄口不言的议题所有该说的话。进一步的资料汇集揭露了拔示巴，尤其是画中模特儿韩德瑞各那悲伤表情后两个相隔许多世纪却同样动人的故事。这些都和我脑袋背后某处一个令人惊讶的事实连贯起来：去逛艺廊的澳洲人比（甚至）去看足球赛的人多。加起来，这些构成了一个想法，就是广告应该使人因之而富，而非因之而贫瘠。见鬼！应该是这样的。①

---

① ［瑞］克朗普顿. 全球一流文案：32位世界顶尖广告人的创意之道［M］. 邹熙，译. 北京：中信出版社，2013：9-12.

贝文斯的谦逊给我们留下了深刻的印象，他从来没有因作品格外成功而骄傲，虽然他其实是一名非常出色的广告写作人，他的文字细腻、流畅、自然、亲切。

我们先来看一则阿波特的经典广告。作为发现问题和融入感情派的代表人物，阿波特的文案总显得那么轻描淡写却又令人过目难忘，因为它在我们和商品间建立了稳定的情感关系。

标题：新甲壳虫，过目难忘

内文：当你钟情于一样东西，它是一切，一切是它。

新甲壳虫（NEW BEETLE），它的出现，将现代工业设计的瓶颈统统打破，它证明，炫目而极富个性的外表与过硬且实用的内在品质，完全能够理想地结合。

当你钟情于一条弧线，它就是光影，是笑脸，是海浪……[①]

贝文斯的文案则是另外一派风格，厚重、流畅、深入产品本身。与阿波特在法国长大使用英语时难以流畅自然使用俚语不同，贝文斯对口语的提炼让我们震惊。美国人粗犷、热情的特点被他挖掘得淋漓尽致。

动力十足的汽车寻求志趣相投的驾驶者。

像冲浪那样在Pikes Peak弯弯曲曲的爬坡赛道上疾驶，就像连续穿过1000个斧柄那样困难，你明白只要技术上哪怕有一点瑕疵，沙砾就会让你抛锚。[②]

再来看另一则令贝文斯感到骄傲的作品：

对一名艺术爱好者来说，这是一幅Rembrandt古典名画。

对一名医生来说，这是一个典型的乳腺癌病例。

你永远也不会忘记这幅名画。它说的是Bathsheba和David国王的故事，Rembrandt创作于1654年。

Bathsheba收到一封大卫王的来信，信中大卫王约她偷偷出来幽会，而对已婚的Bathsheba来说结局无疑是一场悲剧。画中还有另外一个更重要的

---

① 沈虹. 广告文案创意教程［M］. 北京：北京大学出版社，2008：317.

② ［瑞］Alstair Crompton. 创意之道：32位全球顶尖广告人的创作之道［M］. 英国设计与艺术指导协会，1995：12.

细节，直到最近才被发现，这个细节让我们重新解释了画中的Bathsheba为何如此忧郁：仔细观察画中模特的左乳房，你能看到有一处轻微凹陷，这个被Rembrandt无意中画下来的细节其实是晚期乳腺癌的症状。

这个模特后来怎样了？几年后她就离开了人世。

她就是Hendrickje Stoffels，未经正式仪式和Rembrandt结婚的妻子。在Rembrandt替她作画的一年时间里，她为他生了一个女儿（也许她在摆姿势的时候就已经怀孕了）。

在那个年代，不论是模特还是艺术家，任何一个人都未曾听说过乳腺癌。根据现代医学专家的推测，她极可能是死于乳腺癌。

早期检查和发现是保护妇女的最佳措施。

乳腺癌是妇女最常患的一种癌症。①

贝文斯总能找到现代人的焦虑，他优雅的文笔掩盖了他寻找现代焦虑的努力和勤奋。贝文斯"跑现场"的勤勉、文笔的优雅，都掩盖了他投入工作的疯狂程度，他与消费者一起正视生活压力，一起寻找解除生活苦闷的解决办法，用充满激情的方式挑战压力和苦闷，让解决办法也具有了激情，闪现着灵魂那坚强不屈的光彩。这不仅是广告，这是说出心中被压抑、被忽视的苦难，是和消费者一起向世界倾诉和呐喊，展现生命不屈服于命运的力量，消费者自然而然地与广告人达成一致，共同努力战胜生活的考验。

五、学会锦上添花

流行是一种不可阻挡的潮流，当年在辩论赛中一位中国辩手曾提出过石破天惊的一问："流行就好吗？流行病呢？"在2022年的今天重温类似的问题，我们依然会觉得流行是一种比疾病更可怕的东西，因为受流行思潮影响，很多人甚至觉得怪异的行为居然也可以接受。对广告人来说，面对时代潮流感到更多的是无奈和无力。流行的品牌，你只需说出它的名

---

① ［瑞］Alstair Crompton. 创意之道：32位全球顶尖广告人的创作之道［M］. 英国设计与艺术指导协会, 1995: 13.

字，消费者就会蜂拥而至。如果你有幸服务于这样的品牌，你需要做的，就是为既有的传播策略和广告作品增加新鲜的时代元素，这就是我们所说的锦上添花。

"消费者不是傻瓜。单靠欺骗、说教和重复是不会让他们乖乖地听信广告商的销售信息的。"伯恩巴克说。（他指导下创作的"柠檬"广告，是广告史上的经典。）"一张简单的黑白汽车照片，车前面没有站着迷人女郎做遮挡板，后面没有高楼阔墅做背景，只有一个醒目的简单标题'柠檬'。广告内容直白又简单：'这辆德国大众汽车没有赶上大批装货。因为汽车前置物箱镀铬边条上有个小瑕疵，需要更换。你可能没有注意到这个小地方，但是质检员库尔特·克朗纳帮你注意到了。'"①

锦上添花并不是写出华丽、空洞的文字，像"精密的悬挂系统令车与路完美贴合"这样的文字，而是寻找消费者对品牌充满信心的原因。一个品牌能够在市场上取得成功，流行固然重要，但能满足消费者的需求才是关键。海尔品牌能在中国市场取得成功，当年怒砸电冰箱的故事已经不为年轻一代所知，因为在重视品质的今天，无法相信粗制滥造曾是企业的顽疾，以为是他乡故事。而海尔在今天最吸引消费者的并不仅是品质，因为品质已经不是它追求的唯一目标，作为在欧洲市场能稳居前三的品牌，松下、倍科和海尔的竞争还在继续，但它的品质经得起世界市场的考验，已经能做到现代极致，这点令所有消费者放心。而中国市场的售后服务是所有品牌的软肋，海尔在中国市场所主打的，就是令消费者购买后无须担心。安心消费，是海尔在中国市场一直取得成功的秘诀。其他品牌在品质上也许可以和海尔竞争，但在售后服务上，则远落后于海尔的国际化、标准化和人性化服务水准。

---

① ［美］苏立文.文案发烧［M］.徐凤兰，译.北京：中国财政经济出版社，2004：14-15.

第二节　擅用文体

霍普金斯曾经用记叙文文体讲述过两个极其生动的故事，这样的故事充满了人生智慧和广告推销的原理，值得我们广告人仔细阅读和认真思考，它既能激励我们的工作热情，让我们相信只要找到对的方法，就可以赢得消费者的认可，也让我们知道好的办法其实极其简单，对的办法并不像我们想象得那么复杂。越是被包装得令人看不懂的所谓专业服务，越可能是个陷阱，我们要小心对待。我们不应该为复杂的办法庆幸，而应该为简单的办法雀跃，因为办法越简单，它越符合广告推销的工作需要。

有一件事，我记得是发生在匹兹堡。一家经营服装的企业快要破产了，他们找来鲍尔斯。他很快分析了一下形势，说："只有一个解决办法，那就是讲真话，告诉大家你们快要破产了，唯一的补救办法就是迅速地大量甩卖。"那些服装销售商们不同意，认为要是这么做了，所有的债主都会找上门来。可是鲍尔斯说："没关系。要么按我说的做，要么我走人。"

第二天，这些销售商就登出了一则类似这样的广告："我们快要破产了。我们欠了125万美元的债务，我们还不清这笔钱。这个消息会让我们的债主跑过来掐住我们的脖子，但是如果你们明天来我们这里买东西，我们就有钱给他们了。否则，我们就彻底完了。以下是我们为此给出的特别价格：……"

最后的结果是广告界的一个奇观。这条消息引起了人们的同情，成千上万的人们如潮水般涌去购物，这家公司得救了。

还有一次，有人请他给一批卖不出去的雨衣做广告。他问："这些雨衣怎么了？"货主说："我告诉你，你可别和别人说，这些雨衣烂掉了。当然，广告里可千万不能这么说，不过这是事实。"

第二天，鲍尔斯带着一则广告来了。广告上说："我们有1200件雨衣。它们几乎值不了多少钱了，可是按照我们的价格买还是合算的。来看看吧。如果你觉得还算值，那就买下吧。"货主一下子跳起来，简直想揍他一顿。"你什么意思，竟然登广告说我们的雨衣烂了。"他叫喊道，"我们以后还怎么把它们卖出去。""我只是把你告诉我的话写出来，"鲍尔斯说，"我只是把事实告诉大家。"在货主还没平静下来之前，所有的雨衣都卖光了。[①]

广告就是戴着镣铐跳舞，熟练掌握文体知识能帮助我们写出合格的广告，但我们应该知道，好的广告就是好的解决办法，是吸引目标人群的钥匙，只有找到真问题、真的解决办法，才能写出真正的好广告。在介绍文体知识之前，我们先来看看霍普金斯认为的推销的诀窍。

当时的吸尘器生意还处于初期阶段，用户少，销售额低。为了强化我的宣传册子的效果，我请求公司允许我为扩大需求尝试一次。圣诞节快到了，在晚上回家的路上，我突然想出一个主意，何不鼓动大家把吸尘器当作圣诞礼物呢？之前从没有人这样做过。我设计了一种展示产品的架子，还画了很多卡片："圣诞礼品的皇后。"然后跑到经理那里，请他允许我用信函的方式推销一些产品。

他嘲笑我一番。像我们所有其他主管一样，他以前也曾是推销员。他说："到大街上去卖你的吸尘器吧。不论你到哪儿，你都会发现它们会因无人理睬而蒙上灰尘，经销商们恨不得把它们白送出去。唯一能把吸尘器卖掉的方法，就是用枪把人逼到墙角让他签订单。如果你觉得靠写封信就能把东西卖给他，我只能觉得可笑。"

但是我写的那本宣传小册子赢得了他的尊重，他同意发几千封推销信试试。于是我写信告诉经销商我们的展架和卡片的事。圣诞节期间，我向他们免费提供这两样东西，不是作为礼物，而是一种奖励。不仅在那时候，而且以后我也没有让他们掏钱去买，那样做没有什么好处。我只是在提供服务。我只需要经销商和我签一份协议，在那个展架上展示我们的吸尘器和我设计的卡片，这使得他们反而要来求我。

我寄出了大约5000份推销信，由此得到了大约1000张订单，这可以说

---

① ［美］霍普金斯. 我的广告生涯和科学的广告［M］. 邱凯生，译. 北京：中国人民大学出版社，2007：31-32.

是我们第一次收到邮寄来的订单。我的这个新点子使我结束了在"花钱部门"的工作，转到"赚钱部门"。①

霍普金斯写的广告的效果能超越当地被公认最好的广告人，还能凭推销信就拿到1000份订单，你认为霍普金斯应该获得多少报酬？少到你不敢相信，你更不能相信的是此时他晚上还兼做记账工作，凌晨两点完成工作对他来说都是家常便饭。今天我们觉得写出好广告就有高额奖金是理所当然的事，看看书就能学到不少点石成金的诀窍，似乎这类事就是平常的事，其实它们是霍普金斯这些前辈总结的战胜各种困难而在商场上存活下来的经验，这些经验是他们战胜人生磨难的诀窍，我们要懂得它们的珍贵。

一、记叙文：故事与信赖

记叙文是我们从小就会写，也是所有文体中最易掌握的，只要你把素材完整排列，就可以写出一则合乎要求的广告。

1979年推出的"米恩·乔·格林"的广告是可口可乐历史上另一则著名的广告片，它所吸引的观众数目相当可观。广告讲述的是一个遭受伤痛挫败的运动员和小男孩之间的故事，受伤的橄榄球前卫格林从赛场下来，遇见一个12岁的球迷，格林正在气头上，男孩请格林喝他手中的可乐并向心中的英雄说："我只想让你知道，你永远是最棒的。"原本恼怒的格林接过可乐一饮而尽，最后冲男孩微笑，并把球衣留给男孩，广告歌曲唱道："一瓶可乐和一个微笑让我感觉不错，世界本该如此，我希望看见全世界向我微笑。"曾任可口可乐营销副总裁的毕·凡伦评价说："广告中两个人之间这种看起来真实和诚恳的交换，将一个过于敏感的人从伤感中拉出来，这种承诺并非言过其实。以往的广告让人们意识到可乐是一种带来清爽的软饮料，它不会改变世界或治好格林的伤口，但是它确实能够做到让运动员格林重新鼓舞精神，并最终展露笑容。""广告非常受人欢

---

① ［美］霍普金斯. 我的广告生涯和科学的广告［M］. 邱凯生，译. 北京：中国人民大学出版社，2007：32-33.

迎，信件如潮水般涌向可口可乐公司。它获得1979年全球最高广告奖项之一——克里奥（CLIO）广告奖。"①

类似记叙文体创作的带有黑色幽默的经典广告案例比比皆是，带有恐惧气氛的故事氛围，生活中我们常犯的各种低级错误如约而至，烤焦食品、马桶堵塞、牙疼、头疼、摔倒、出糗等各种不愉快的事件让我们脸红，让我们"社死"，让我们无地自容。广告既要教会消费者购买产品解决问题的办法，还要教会他们专业的知识来防止再犯类似错误，因而对产品产生依赖，这类广告完美地展示了产品解决烦恼的能力，实现了广告的目的，所以我们总认为当你发现一个真实的烦恼，可以自信地向消费者推荐产品，记叙文体总是不错的选择。当我们找到消费者的焦虑和烦恼，而我们推荐的产品正好可以从容应对、轻松解决消费者的烦恼时，记叙文体的广告则可以帮助消费者穿越黑暗迎来光明，我们不仅推荐了令消费者满意的产品，而且会赢得他们的信赖，消费者也更可能对品牌保持忠诚。

作为善于利用记叙文体创作广告的广告人，霍普金斯回忆人生过程时也充满了故事。当他初到芝加哥时，正好遇到斯威夫特公司招聘一个广告经理，职位类似我们今天的品牌管理人员，他们公司的广告计划是成为当时美国最大的广告主之一，这说明公司的前景可喜。

于是我试图要获得这个在芝加哥的职位。我一点也不怀疑我做这份工作的能力，我在密歇根的时候就是个呼风唤雨的人物，我从没想过其他权威人物会像对待奴才那样对待我。

我去了芝加哥，然后又去了好几处牲畜饲养场。我被引见给里奇（I H Rich）先生，他是人造黄油部的主管，也正是那个极力主张公司大登广告的人。

"里奇先生，"我说，"我是来应征那个职位的。"

他慈祥地对我笑着，询问了我的姓名和地址，然后在一张纸上写下了我的名字，那张纸上在我的名字前面已经列了好多人。

"这些名字是什么人？"我问。

---

① 钟静编著.经典广告案例新编［M］.北京：经济管理出版社，2007：21.

"怎么了？他们是其他的申请人。"里奇先生对我说，"一共有105人，你是第106个。"我被吓住了。居然有106个人认为自己适合这个高级职位，真是不知道天高地厚！

我回过头对里奇先生说："我到这里来主要是想来看看我在广告圈所处的位置在哪。我并不是真的对这个职位志在必得。我还是很想念大激流市，我觉得我在那里很快乐。但现在这是种挑战，我会向你证明我是最适合这个职位的人选。"

里奇先生又笑了，他说："那就来吧，上帝保佑你。我们也希望你能证明自己的实力。"简短地交谈了一会儿，他就让我走了。①

记叙文体在写作广告和总结经验时都能给文案创作人员以灵感，在故事的基础上创作出能够打动消费者的广告，除了故事本身的吸引力之外，叙述语言的亲切、流畅也能拉近与消费者的距离，让消费者忽略广告的宣传和推销的功利目的。

模仿能力超强的市场，能使任何创新迅速变成普通产品，模仿时间已经从三年缩减到三个月，甚至三周或三天的时间；另一方面，当你向消费者推荐最新产品时，消费者总是打着呵欠说这产品根本不能改变我的生活。现在焦虑的不是消费者，而是厂商。在杜森伯里参加比稿时，他的创意还没有达到后来的高度，等他们寻找到为HBO宣传的定位之后，也即当他们洞见到HBO与众不同的点之后，他们开始了自己独特的、长达几十年的广告宣传，以至于后来仅凭借广告片而获得了艾美奖。

于是我们回到了原先的思路上来，集中精力于那个推门而入的洞见：HBO独一无二。事实上，我们比稿方案中的主题广告语或多或少地由此演变而来："HBO与众不同。"②

从杜森伯里为HBO服务几十年的经验总结中可以看出，即使大品牌也难以逃脱市场同质化带来的伤害，幸运的是广告人总能为大品牌找到异质

---

① ［美］霍普金斯. 我的广告生涯和科学的广告［M］. 邱凯生，译. 北京：中国人民大学出版社，2007：39-42.

② ［美］杜森伯里. "洞"人心弦：一个广告人的洞见与事件［M］. 宋洁，译. 上海：上海远东出版社，2007：37-38.

化的道路，因为它的"大"就是与众不同的，它有自己独特的市场地位，仅靠它的服务本身就能吸引消费者的关注，哪怕只是罗列一下使用该品牌的著名人物，也足够吸引普通消费者维持品牌的忠诚度。如果我们想在任何领域，为任何品牌找到它的特质，又想找到能够真诚打动消费者的办法，那么采取叙述文体，叙述一个动人的故事，与消费者建立真实可靠的关系，是很有效的办法。因为消费者希望被品牌重视，而叙述消费者与品牌的关系，就能让消费者感觉到自己被品牌重视因此保持忠诚了。

二、议论文：别开生面

当需要与顾客建立亲密关系时，我们可以选择记叙文展示与消费者的亲密关系，当竞争激烈，需要脱颖而出，需要从同类产品中体现区别时，我们可以使用议论文，它能向消费者展示品牌独特的一面。议论文独有的阅读效果值得我们关注，它能帮助我们展示品牌的独特性，尤其对一些偏爱理性思考的顾客来说，这样的文体会使广告和产品更具说服力。

来看这样一则小广告：

你需要不会让你难堪的鞋子和服装

像耐克这样透气、低跟的健身鞋

它有跑步时需要的鞋垫

你做增氧健身运动时需要的柔韧性

你进运动场地时需要的耐久性

无论你要到哪里去

它都能让你感到适脚舒服

文案的议论并不像议论文那样论点、论据和论证等要素齐全，它更像我们生活中自言自语的说服过程，兼具理性认知和感性升华的自言自语。当然文案辩证说服的力量主要在提出问题或说服消费者认同的关键时刻。我们来看琼·贝文斯这则长文案，在开头和关键部分他熟练使用了议论文的优势，使得文案整体具有亲密和说服力极强的特点。

在这里"臆想狂"只是一个字典里的词。

在新西兰的皇后城，一家房子的门上挂着一块牌子。

上面写着：

"请小心狗。"

的确是这样几个字，请小心狗。

这是怎样的一种恐吓呢？请小心狗？

为什么新西兰不像我们在雪梨（悉尼）所看到的那样在牌子上写着："入侵者将遭枪击，未毙命者将被指控"（确实有一个房子前挂着这样的牌子——原作者注）呢？

"你知道吗？"你会对同伴们说："这儿的人们互相信任。"

这是奇中之奇。

在这样一个满是人间奇景的地方——温泉、冰川，甚至还有一种完全不同的绿色——这奇中之奇就是人们之间的相互信赖。

……

信任。清洁的空气。洁净的水。

北美印第安人说过：我们的土地不是从父母那儿继承来的，而是从子孙那儿借来的。而唯一印证这些话的地方仿佛就是那儿——新西兰 。[①]

这样的文案让我们的抵触心理全部瓦解，它不仅在宣传自己的产品，还在告诉我们信任是生活幸福的秘诀，信任是对精神迷茫的现代人最大的情感抚慰。淳朴又互相信任的地方，有现代城市最缺乏的生活氛围，虽然现代都市花费了大量资金在绿化上，追求建设一个青山绿水的城市，但淳朴而且互相信任的生活氛围，是永远无法追求得到的城市美梦吧！在一个纯净的环境里，过一过人与人完全信任彼此的生活，会不会抚慰城市人孤独和疏离的内心伤痛？贝文斯的文案，永远会抚慰我们的心灵，因为他说出了我们的焦虑、失望和梦想。

---

① [瑞]Alstair Crompton. 创意之道：32位全球顶尖广告人的创作之道[M]. 英国设计与艺术指导协会, 1995: 17.

三、独白：代入感

性感烹饪学：

①收放自如，任心有猛虎，一样细嗅蔷薇。

②内有乾坤，井井有条之下是步步为营，所有的怦然心动都是蓄谋已久。

③食色性也，可以有食欲也可以有情趣。

④进退有度，欲望可以被收藏，也可以尽情释放。

⑤举重若轻，无论爱有多重，都能安之若素。

⑥我们的厨房，放得下你和我，还有我们的天雷地火。

⑦舌尖和指尖都能抵达的内心，总有些触感，让你一触即发。

⑧以人为本，最人性的空间，会让你听从人性的召唤。

"性感烹饪学"是法国司米整体橱柜做的一个系列平面广告的主题，就像"最人性的空间，会让你听从人性的召唤"这样的口号所展现的，文案的基调是性感、私密，这样的基调当然适合以独白的形式展现自己的情感追求。它把我们心中最隐秘的情感逐一展露，生活中不是缺少情趣，不是缺少冲动，而是需要优雅地展现我们的情趣和冲动。我们要优雅地生活，环境也要优雅才匹配，在优雅的环境中一切都变得优雅、温暖和从容。

这则广告的文案让所有读者都体会到自己在现代世界感受到的情感物化，我们把自我客体化为生活中的细节，与古典时代追求宏大、崇高、神圣化不同，我们把某些细微的情感，比如性感、陪伴这样的情感置入周围的环境中。博尔赫斯曾发现美国诗人居然讴歌瓷器在灯光下的闪闪发光，而且居然在这微弱的反光中感悟到天神的存在，这是之前的诗歌中绝对不会出现的对现代工业制造品的讴歌，它竟在美国诗歌界出现，而且还大张旗鼓，成为文艺的潮流。要知道之前我们推崇的是月光下树林中、大海上的世界里的灵光，在奔向家时我们心中默念的我们还有四英里路要赶的急切，现在诗歌开始歌颂工业品中蕴含的人类情感，这说明时代在发展，人类的审美也在变化。广告作为对现代工业产品的赞美诗，我们不仅要展现世界的物质文明，也要展现现代人精神上和物质文明的情感联系。

细细咀嚼这一系列文案，它歌颂的是我们在隐私空间诗意的栖居。我们曾梦想过诗意地栖居在草原、森林、牧场、荒野或瓦尔登湖畔，现在我们足不出户，就可以在现代工业创造的隐私空间里畅享我们私密的情感。只要内心充盈，心中有诗，在原始、古典或工业世界中，都可以寻找到诗意栖居的空间，只不过我们曾以为这个空间应该是大地、草原、森林等外界空间，现在我们知道这是卧室、阁楼、抽屉等私密的空间。

我们来看下面一个系列广告，虽然只是一个广告策划，它适用的范围主要限定在房地产等大宗投资领域，但是它向我们展示了代入感的区分能力。经过区分我们可以精准找到客户。

（一）

主标题：今天，天气晴，出太阳

副标题：太阳升起方位：银族新贵极品活跃天地

文案内容：台湾60岁以上"董"字级银发族同时收到英雄帖。

（二）

主标题：今天，天气晴，出太阳

副标题：太阳直射方位：银族新贵极品活跃天地

文案内容：台湾60岁以上"董"字级银发族群密商大事中（限额359位）。

（三）

主标题：今天，天气晴，出太阳

副标题：太阳燃烧方位：银族新贵极品活跃天地

文案内容：台湾60岁以上"董"字级银发族群奔驰引擎发动中。

（四）

主标题：今天，天气晴，出太阳

副标题：太阳炙热方位：银族新贵极品活跃天地

文案内容：今天起，台湾60岁以上"董"字级银发族群只有359位，从此被尊誉为"银族新贵"。

系列稿（一）功成名就篇

主标题：做了一辈子董事长，现在总算可以做自己了！

副标题：精铸版银族新贵极品活跃天地，仅供极少数一生尊荣的人士独享！

文案内容：运筹帷幄，决胜千里，是您征战商场一甲子的丰功伟业！曾几何时，董事长的尊称，已是您的专有名词，数十年来，成就事业，壮大群体，却忙得没有自己的生活，如今交棒既出，总算可以脱下严肃的西装领带，穿上热情洋溢的劲装，尽情地在银族新贵极品活跃天地里享受阳光、大地，做自己的主人，过自己一生最向往的日子了！

系列稿（二）儿女情长篇

主标题：儿女有成数十载，现在该是宠自己的时候了！

副标题：精铸版银族新贵极品活跃天地，专为儿女有成的您，另创一片新生活！

文案内容：人生数十载，养儿育女，教忠教孝，宠疼爱护，在您丰润的羽翼下，如今儿女已能成就另一番天地，过属于自己的黄金岁月！现在，该是您放下重担，为自己而活，宠爱自己的时刻了！换下严肃的父母面孔，穿上活力四射的银族新贵劲装，加入银族新贵活跃天地行列，自由自在任遨游，做自己的主人，宠自己下半辈子！

系列稿（三）桃园结义篇

主标题：肝胆相照半世纪，咱龙虎兄弟一块上桃园结义去！

副标题：精铸版银族新贵极品活跃天地，欢迎极少数事业有成，活力无限的龙虎兄弟结伴共创另一人生高峰！

文案内容：征战商场半世纪，知交满天下，平日共商大事、共理经纬的龙虎兄弟，如今事业有成、功成身退，正好结伴上桃园石门水库旁的精铸版银族新贵极品活跃天地，做个活力无限、热力四射的银族新贵，迎接每一个充满生气的明天！

系列稿（四）快意人生篇

主标题：飞了半个地球，现在总算可以不带公事包，尽情遨游世界了！

副标题：精铸版银族新贵极品活跃天地，专为极少数尊贵银发族安排多彩多姿的黄金时光。

文案内容：您事业忙碌，拓展世界版图的一生，虽名利双收，但每次出差，总是带公事包，来去匆匆，无暇尽兴赏玩景致，如今坐拥江山，神清气定，加入尊贵高级的银族新贵行列，多彩多姿的活动安排，不仅能充分享受怡然自得的人生，更可悠游自在尽兴环游世界了！

系列稿（五）休闲天地篇

主标题：转战商场一甲子，现在，总算可以好好研究金庸武侠小说了！

副标题：精铸版银族新贵极品活跃天地，专为银发族安排充实的休闲生活！

文案内容：商场尔虞我诈一辈子，在公文卷宗的岁月中，自行探索制胜之道，连脍炙人口的金庸武侠小说，都无暇细读，如今功勋彪炳，功成名就，愉快地加入精致贵族享受的银族新贵行列，自由自在地浸淫在金庸神奇的武侠世界，与自己一生辉煌成就相互对照呼应！①

独白的文案的创作过程特别适合使用詹姆斯五步法的创作方法。20世纪40年代，詹姆斯·韦伯·杨写下了5条至今仍在使用的原则，笔者把它重新总结为以下5条：①尽可能多地收集资料，阅读资料分类和同类合并，画出重点，找出问题，访问厂商和参观生产线。②探讨解决文案。③阅读资料、参观生产线、访问厂商、访问销售现场、与消费者交谈，让你的潜意识继续工作。④"啊，这就是答案？"灵光乍现。交稿截止期迫在眉睫或已经过了。⑤建构计划，落实和执行。这五步走的创作方法，在实践的过程中特别适合独白的文案，一个人搜集资料，发现问题寻找解决办法，然后走访厂商、柜台、经销商和消费者，慢慢建立起认知体系，最后是建立广告结构和内容，画出草图，写出文案，记下设想的理想的广告执行过程。沿着这条创作路径走下去，独白体的广告就自然而然产生了，没有一点违和。虽然创意千变万化，但找到优秀创意的途径还真的就这么简单，就是这样简陋的一条小道。科技能现代化，人类的情感也会变化，但寻找创意的办法就是这样简单，甚至可能简陋，也许它产生在不同的历史时期，可能是远古时期，也可能是现代时期，只要它还有用，还能帮助我们找到优秀的创意，就说明这个方法还有生命力，还是我们工作的好帮手。

---

① 杨黎鹤. 广告文案传真 [M]. 汕头：汕头大学出版社，2002：48-51.

第四章 说服与广告宣传的情感策略

　　研究者认为，我们如果想在广告宣传中提高广告传播效果，就要根据不同的对象采取不同的说服办法。有良好教育背景或者善于分析思辨的人更容易接受理性说服；有思想和积极参与的说服对象可以采取中心路径，他们对理性强的论点回应最好；而对产品并不十分感兴趣的说服对象要采取外周路径，感性说服的办法效果更好，他们更可能受说服者自身态度影响。在态度形成的过程中，要根据对象态度形成的初始原因，如果初始态度是感性的，则采取情感诉求的说服办法。同理，如果初始态度是理智主导的，那么理性的说服效果更显著。与对象自身安全相关的信息，可适当采取唤起恐惧情绪的说服办法，吸烟、交通安全、健康等问题，采取适度的恐惧诉求的方法更有效果。当然恐惧信息应该是精心准备的，要能唤起对象的关注和情绪反应，但又不能造成心理恐惧，否则对象会启动自我保护机制，反而会抵消恐惧诉求的传播效果。[①]

　　广告应该从宣传产品开始，还是从讨好消费者开始？不，从晓之以理开始。作为广告文案创作者，你不可能真的认为产品完美无瑕，消费者愿意用性命与之交换；你也不可能认为消费者就是你的牵线木偶，你只需把广告送到他们面前，他们就会像被输入购买程序的机器人一样立即到商店购买产品；你当然也不会认为自己就是魔术师，只需要用文案就可以保证读者、厂商和市场完全满意。你应该明白，不满是向上的车轮，不满是人的本能。你的广告别人连看一眼的兴趣都没有，哪怕你发视频跪地哀求，他们也不会给予更多的理解，反而再踩你一脚，说你制造的只是可怜的垃

---

① ［美］迈尔斯. 社会心理学［M］. 侯玉波, 等译. 北京: 北京: 人民邮电出版社, 2014: 233-235.

圾，击碎你最后的自尊。同样，当你的作品引起了大家的兴趣，人们在啧啧称赞时，你公开宣称说这只是体现了你的魅力，他们可能因嫉妒或厌恶你这个人转身离去，留你一个人在风中凌乱。那些称赞你广告做得不错的，一般来自广告界，广告公司对你的称赞或许有一部分是真心的，但他们需要的是你写出更好的作品，找到更低廉的执行策略，从你制作的广告中分得更多的利润；那些后辈对你的称赞或许有一部分真心，但真诚并不改变一个现实，他们希望的是有一天能取代你的位置，能写出让你的广告被遗忘的作品。所以，广告人最应该做的除了寻找创意，还要寻找最好的宣传策略，市场的认可能让你和你的作品的生命力更久远一些。"江山代有才人出"，我们且让我们精彩的时间能更长一些。

（创意）这种思索并不是漫无边际的天马行空，也不是脑中想象的狂乱的现代舞，而是像作家约瑟夫·海拉说的："有节制的白日梦，有指挥的幻想曲。"它是为实现一个商业目标切实有序地发挥想象力。

创意的核心必须是一种承诺。一定要让消费者从中得到某种好处。因策划苹果电脑"1984 篇"而出名的史蒂文·海登说："如果你想当个收入丰厚的撰稿人，你就去讨好客户。如果你想当一个得奖撰稿人，就讨好你自己。如果你想当一个伟大的撰稿人，就去讨好消费者。硬功夫在这儿。你必须让读者满意，而且还必须在几秒钟之内让读者满意。"[①]

创意是狡猾的灵感，我们可用这一首诗来形容它的无迹可循，"花非花，雾非雾。夜半来，天明去。来如春梦不多时？去似朝云无觅处。"白居易这首短诗的主题就像李商隐的《无题》组诗的主题一样令人不可捉摸，用它来形容广告人的苦恼倒也合适。因为我们服务的品牌种类多、数量大，工作又很琐碎，查资料、座谈、参观工厂和生产线，到商场去和销售人员、顾客交谈，回来还要继续查阅资料，连网上的黑粉也要追着看个不停，心灵在无数次破碎后还要依然像赞美春花秋月一样赞叹现代产品的优秀品质，赞美它对消费者的价值。所以，我们需要多读一些无主题的诗歌，让我们的心湿润起来，不会被现代工业压榨成压缩饼干。

---

① ［美］苏立文. 文案发烧［M］. 徐凤兰，译. 北京：中国财政经济出版社，2004：24-25.

第一节　人生真谛

要在人与人之间建立有效的沟通，仅仅谈论哲学是不行的，哲学家也喜欢讲故事。对普通人来说，灌心灵鸡汤听人生感悟不如约几个好友到隔壁酒吧喝啤酒撸串有趣。哲人整天忧郁，普通人酒肉朋友遍天下知心朋友没几个，普通人却还是天天打电话发微信约朋友去喝酒吃肉，似乎俗气的生活才是正常的日常生活。其实同理，人与人之间沟通的第一步，都是从关注身边的事儿开始的，比如"今天天气不错"或"吃了没"。

我和我妻子在长岛萨格港（Sag Harbor）有一个周末之家。有一次我走进了那里一家我最喜欢的酒铺。老板正在看一本书，名字叫《砰》（Bang）。这引起了我的兴趣，因为这是我的朋友琳达·卡普兰·泰勒写的。

……

"你为什么看这个？"我问。

"我想我可以学到一点东西。每个企业都可以偶尔'砰'一下。"他说。①

广告人面对的就是这每天为生活奔忙的世界，这个世界很庸俗，不那么诗意，尤其当你追求情感价值时，它更会成为你"飞仙"的累赘。我们不能"飞升"，也不能脱离庸常的生活，无论我们的精神是庸俗还是脱俗，都是俗世培育出的心灵之花，它或娇艳或平常，在不同人的眼中有不同的价值。但我们不能自我否定，以为只有高雅才是生活，才值得追求，俗世中自得其乐，所谓大隐隐于世，也是快乐。如果说这个世界有不同，那也是因个人的才情、才华、价值的不同限定的等级和层次的差异。再高尚的理想，若没有人知道，照样会与青山同寂，不能留下影响的痕迹，就像许多隐士一样。一个人若真与世无关，一个人寂寞地在无人知晓的山洞里离开人世，如果他没有留下一卷书，在洞壁上留下文字，我们能知道

---

① ［美］杜森伯里. "洞"人心弦：一个广告人的洞见与事件［M］. 宋洁，译. 上海：上海远东出版社，2007：41-42.

的，也不过是一个人孤独地生，有所追求，但也是独自默默离开。广告不是隐士的赞歌，广告是俗世的诗，充满沧桑的人生感悟，充满了岁月打磨的痕迹和智慧，正如苏轼《定风波·莫听穿林打叶声》所说，"何妨吟啸且徐行"。

三月七日，沙湖道中遇雨，雨具先去，同行皆狼狈，余独不觉。已而遂晴，故作此词。

莫听穿林打叶声，何妨吟啸且徐行。竹杖芒鞋轻胜马，谁怕？一蓑烟雨任平生。料峭春风吹酒醒，微冷，山头斜照却相迎。回首向来萧瑟处，归去，也无风雨也无晴。

所以，当一个又一个广告人忠告我们把焦点对准俗世悲欢时，我们就已经明白小悲伤的商业价值，人们真诚地为自己的悲欢而感动，生命的价值在这感动中绽放光彩，广告是生命价值绽放光彩的记录者。一个人对世界来说也许是一粒微尘，但对个体自己却是全部，把所有人的悲喜记录下来，是广告为社会健康发展做的一件善举。

一、人生难免小悲伤：不满足的微痛

每个人都应该被这个世界善待，每一个人在精神层面上都应该是平等的，应该被平等对待。但生活中我们总感觉自己被贬低、被错待，世界没有按理应的那样对待我们。这样的心理是心理学特别关注的一种社会现象：公正世界现象。反面的案例是一个人被生活伤害后却受到了周围人的指责，对不幸者落井下石是公正世界假象的典型。有心理学家指出，人都有一个强烈的心理需求，即"我是一个公正的人，生活在一个公正的世界，这个世界的人们得到他们应得的东西""善有善报，恶有恶报"。人只要努力工作，就会换来奖赏，而"懒惰和不道德则不会有好结果。由此我们很容易进一步认定春风得意的人必然是好人，而可怜之人必有可恨之处"。这就是心理学领域众所周知的公正世界现象。[①]这一心理过于强烈

---

① [美]戴维·迈尔斯. 从玫瑰到枪炮：心理学实证研究社会关系[M]. 侯玉波，等译. 北京：人民邮电出版社，2020：48.

反而使得我们对不幸者不能寄予同情，而是指责他犯了错误，强调他的责任。这其实是人类的自我保护机制在起作用，通过指责和强调不幸者的错误和责任，把他从世界和自我生活隔离开来，让自己生活在自以为依然公正的世界中。

但当我们为自己的遭遇愤愤不平时，我们又会从公正世界现象变成反公正或世界公正假象，认为自己没有受到该有的对待，甚至强求世界优待自己。这种不满足用弗洛姆的观点来看应是主动去爱的力量不足，对普通人来说更可能是生活欲求未得满足。

你写PPT时，阿拉斯加的鳕鱼正跃出水面……

你看报表时，梅里雪山的金丝猴刚好爬上树尖……

你挤进地铁时，西藏的山鹰一直盘旋云端……

你在回忆中吵架时，尼泊尔的背包客一起端起酒杯坐在火堆旁……

总有一些高跟鞋走不到的路，

总有一些喷着香水闻不到的空气，

总有一些在写字楼里却永远遇不见的人

——淘宝女装店"步履不停"。

这是优秀广告人独立完成作品的最高水准，它写出了时代的哀伤，也引起了时代的共鸣。当广告人与世界脱节时，他难以写出优秀的作品，因为文案里面没有他内心的哀伤。只有让自己的灵魂也一起颤抖的作品，才能引起读者的共鸣，消费者也愿意为之买单。

托尼·布里纳尔提醒我们不要忘记我们是为了解决问题而坐下来写广告的。奥格威认为，当你向一个你尊重的异性推销产品时你会写出真诚的广告。布里纳尔说我们应该有自己的声音，但不是我们广告人为了自己发出的声音，而是写出消费者内心的声音。

我认为每个公司也应该有自己的声音，文案写作要能传达出这一点。

显然，这意味着你必须非常了解客户，那么就花点时间去拜访他们（绕过那些保护伞似的客户总监和规划师），问他们几个刁钻的问题：

支持什么？目标为何？为了钱什么都愿意做吗？怎样对待员工？怎样对待顾客？最看重什么——是利润、名誉，还是职业操守？

一幅图景、一个声音逐渐变得清晰。

静静地写下来，你就能把它传递给读者。[①]

这段话展现了布里纳尔的创作理念，所以我们看它的广告作品，优雅从容娓娓道来，抒情说理都优雅从容，甚至不像广告，即使在最应该愤怒时他依然做到了像自己所说的，越是愤怒越让他冷静。在一则宣传动物保护的广告中，他坐下来认真探讨了动物的权利、人类的权利、食品工业的需求和文明的发展等问题，他告诉我们人类可以做出改变，先从保护动物权益禁止滥杀开始，从为了动物放弃部分经济利润开始，但需要大家共同努力，一起行动，才能让动物关怀计划得以成功。

二、辛德瑞拉可以骄傲吗

丑小鸭变成白天鹅是因为它本身就是天鹅，田朴珺和王石的婚姻曾令很多人震惊，很多影星嫁入豪门，全世界类似的例子举不胜举。但像王石这样一向以智性读书人的形象展现在世人面前的富商，却娶了田朴珺，着实让很多人吃惊；更令人惊讶的是王石从万科退出，由田朴珺代替夫君执掌万科。王石不仅娶了一个不是最红的女演员，还把自己的事业全部交给妻子，自己隐退，读书、旅游成了生活的全部内容。于是我们会面临一个疑惑：那么多人宣扬、赞美的男主外女主内的传统怎么就这么轻易地被王石放弃了？

偏见就是"对一个群体及其个体成员的一种先入为主的负面判断"，"偏见是一种态度，它是情感、行为倾向和信念的结合物。一个心存偏见的人，可能不喜欢那些与自己不同的人，行为方式是歧视性的，并认为那些人无知而危险"[②]。男主外女主内本就是一个历史偏见。

男人靠娶豪门女而事业发达被大家视为理所当然，而女人嫁给富商又替他开拓事业，不也一样应该是理所当然的事情？这是对我们既有道德

---

① ［瑞］Alstair Crompton. 创意之道：32位全球顶尖广告人的创作之道［M］. 英国设计与艺术指导协会，1995：19.

② ［美］戴维·迈尔斯. 从玫瑰到枪炮：心理学实证研究社会关系［M］. 侯玉波，等译. 北京：人民邮电出版社，2020：2.

观、人生观、世界观的颠覆？不，是我们一直对女性的社会贡献故意视而不见。我们来看田朴珺对自己情感路程的回顾。我们得感谢达芙妮这个品牌，它能够邀请到文化、体育、旅游、美食界的名人，这些人来自不同行业，都是行业中的佼佼者，而且是有特点的佼佼者。这些佼佼者对待爱情的态度，能反映出这个时代对待爱情的态度。其中尤其以田朴珺这则文案因其历史价值更值得我们关注。

田朴珺：因为你，更爱自己

已经好久没有读歌颂爱情的诗了。

在所有的文学著作中，总有两大永恒的主题，

死亡与爱情。这几乎是一条公理。

但现实中呢？

忙忙碌碌熙熙攘攘，

谁认真地谈谈爱情，

总有N种理由被嘲笑被解构。

我们经常被这样教育：

爱情不能当饭吃；

挑什么挑啊，再挑你就老了；

再白马的王子，再完美的公主，

保鲜期就那几个月；

爱情的结局就是亲情；

跟谁过都一样；

没房没车还要有老婆不是要流氓吗？

……

一切仿佛是爱情的死敌，

模糊了爱情的本意。

爱情真的会如此？

我曾经问过好多"过来人"：

人，为什么要结婚呢？

有人说是为了让爱得到延续；

有人说这仅仅就是一种社会契约的关系；

还有的人说，是为了得到一张"长期饭票"，等等；

这些都跟我理解的爱情无关，

而且都将爱和自由和尊严对立起来。

总之，

明显是基于色相的，不是爱；

明显是基于前途的，不是爱；

明显是基于童话的，不是爱；

爱既可以存在，又可以持久，

爱既可以模糊，又有明确边界，概括说来，

我信奉的Modern Love是"相爱但不占有"。

爱，绝非自由的敌人。

今年春节，巴黎，正月初一的清晨，

隔壁桌一对情人，旁若无人地热吻，

饭后各付各账单，

大概这就是有爱有边界的相处吧。

我喜欢这种相处，

你情我愿，两不亏欠，

经济独立，财务自由，

这就是我理解的Modern Love的必要条件。

想起那次度假，在尼采小道，

他张开双臂单膝下跪，

说出那句"Will you marry me？"

我愣愣地站着，一时不知如何应对，

居然拿出手机冒出一句：

"别动！让我拍张照……"

其实，我有些不知所措，就这么嫁了？

我的工作才刚刚起步，还想要更独立自由些，

工作安排这么满，事情一件连一件，

哪有时间结婚，再等等，不急不急。

假期结束，我们各奔东西，各自忙碌。

仔细想想，其实没有那么复杂，不必如此纠结。

婚姻结局无非两种：

相爱的，即便生离死别，也会永远都在对方心中；

不相爱的，即使苟且一辈子，也是同床异梦。

一纸婚书，既延续不了爱情，也埋葬不了爱情。

如果问我什么可以代表爱情的铭记，

我觉得可以是白色绵长的婚纱，

可以是刻着爱的箴言的戒指，

总之不是那一纸婚书。

幸运的是，他不仅是宽容的，

还帮我形成了价值观：

比如在创业过程中，

他告诉我一切要为他人着想，

"授人以鱼不如授人以渔"；

比如眼里要真正看得见对方，

欣赏对方的独特，接受对方的不同，

而不仅仅在对方身上找自己的影子。

是你让我明白，

爱情更多的是建立在自信和平等的基础上，

也允许我在你面前表达

"因为你，我更爱我自己"。

慢慢地，我对他心悦诚服，

我们可以谈天说地，

可以一起在哈佛看裸奔，

可以参加同志大游行，

一起看电影，一起看演出，

不见时总会想念，

相见时总有喜悦。

想来，遇到他，

给我一份弥足珍贵的爱情，

一份陪伴一生的温暖，

给了我完全的信任，最大的理解。

"陌上花开，可缓缓归矣。"

确实，这不是一则完美到可以背诵的广告，若有那份才情，田朴珺早就成为成功的剧作家或广告人了，她也不是一个有深厚文学修养的现代女性，不是田晓菲那样的才女，她只是一个演员，曾经希望能依靠演技成为万人瞩目的明星。但没想到的是演员没有当成，却成了执掌公司生杀大权的管理公司的女强人。像田朴珺这样的女子，她可以骄傲地展示自己的爱情成果，展示自己成为王石妻子的自豪吗？她自然有这个权利，因为她不仅俘获王石的爱情，也成功证明自己可以代替王石带领万科继续前进。这样的才华也反证了她不能成为明星的原因，因为她最大的才华不是演戏，而是执掌公司、投资生财这样更有影响的真实行为。

对有些人来说，这也许是一则有些被激怒的文案，但不可否认它的有效性。因为后来田朴珺不得不推掉很多类似的邀约，一方面她和王石的故事确实具有传播性，另一方面，她的文案在市场上的反响还是不错的。

我们来看另一则有一点激怒性质的人寿公司的文案，它讲述的是值得我们关注的现象：养老。仅看到标题就足可以让我们生气了：回答下面十个问题算算你何时离世。①

田朴珺和王石的婚姻让王石从俗世中解脱，而田朴珺则实现了年轻但有事业的梦想，对普通人来说这样的生活只能羡慕不能实现。反而像人寿公司谈论的问题，虽然具有冒犯性，却是生活要面对的，我们要从年轻开始就规划自己的人生，这样晚年才不至于老无所依。

---

① ［瑞］Alstair Crompton. 创意之道：32位全球顶尖广告人的创作之道［M］. 英国设计与艺术指导协会，1995：20.

三、人生应该热闹还是淡定

纵情声色，斗鸡走马，是我们借助古典诗歌对唐朝洛阳少年任侠使气的生活方式的想象。今天人们进入低欲望时代，在物质日益丰富的时代，人的欲望却出现了"躺平"的倾向。当人们被鼓励还不愿意结婚生子的时候，我们人生的基调发生了根本的转向，人应该追求的不一定就是热闹，平平淡淡是一种美，一个人安静从容也是一种美。当安静变成冷清时，对市场和广告都不是好兆头，所以我们要从表面的冷静中，寻找到内在的火山，外表越是冷静，内心也许越是火热。

许舜英的中兴百货广告，依然是表现外表冷静内心火热的经典：

禁欲是虚妄的说法，

只要是黑色，你就无法抵抗。

只要是镶珠鱼鳞片，你就不再矜持。

只要是动物斑纹的毛茸茸，你就要抓狂。

真是的，幸亏遇上了PRE-SALE，

否则，谁又能救得了你呢？

让我们来看一下一些关于茶的广告，我们中国人在做茶的广告时，会自然而然地写成追求安静和闲适的风格。

①茶一天道，自然成大品。

②茶道通天道，自然成大品。

③天道大品——茶中极品。

④行天下之大道，品人间之大品。

但文案的平静不是真正静下来或推崇隐士那样的生活，生活追求的是安心幸福，这并不意味着我们没有追求而是安于平静。生活中处处都有竞争，想有平静的生活，就得在竞争中存活下来，一败涂地是无权享受平静生活的。

在我的广告生涯里，我还没有一次面对白纸不感到害怕，就像初来广告公司实习的撰稿人一样，拿起纸就害怕，直到今天我还是这样怕，我怎么能确定我可以一笔写成令800万人感兴趣的东西呢？直到那天我得了

"One Show 奖"，我才觉得我棒极了，什么都不怕了。在那个难得的下午，我觉得我简直是广告大王。但是第二天我回到办公室，又把脚跷到桌上时，我又开始冒冷汗。

你总是在两个极点之间寻求平衡点，一边是怀疑自己还活着干什么，一边是确信自己有能力，只要一坐下来就能写出惊天动地的广告。无论你生活在哪个极端都会削弱你的健康。但是，我认为最好还是生活在恐惧这一边。

在你胸中燃烧的那团小小的火是你创作过程中指引你向前的一盏明灯。如果你正在写的是一篇新稿件，你真会处在无从下笔、不知上下、不知好坏的地步。在我看来，恐惧是自命不凡的广告人在苦思突破的创作生涯中永恒的侣伴。你必须相信自己最后总会想出最好的创意，而且是确定无疑。

没有任何一件事像你突破广告上的一个难题那样让你兴奋：原来你对着眼前白框纸的无所事事突然变得下笔明确。①

不要以为那些看上去平凡的人，生活是麻木不仁的，他们活得一样充满斗志。也许普通人的斗志只是在生存竞争中获得优先的位置，没能震惊世界，但他们能在竞争中存活下来，就可以有力量保护自己爱的人。这是他们保持斗志的原动力。生活教会人必须进步才能避免悲剧，人也会在学习中保持进步。现代城市璀璨的灯光下，掩盖的都是明晃晃的刀光剑影，竞争是没有硝烟的战争，落败的一方不仅铩羽而归，也可能被迫背井离乡。看着那些生存不易的普通人努力的样子，自然会令人肃然起敬。

所以我们来看一下霍普金斯那令人永远尊敬的勇敢。

我没有工资，因为他们已经没钱付我的工资了。作为报酬，我会得到这个即将破产的公司1/4的分红。我将离开我漂亮的办公室，换来金西大街上的一张松木办公桌，我将离开我的朋友们，而跑去和一群陌生人待在一起，我将失去在密歇根湖边一家酒店中的公寓，换来芝加哥一所每月45美元的破房；我太太将因此不得不也干点工作。为了保存我的积蓄，我将不

---

① [美]苏立文.文案发烧[M].徐凤兰，译.北京:中国财政经济出版社,2004:26-27.

得不步行上班，省下坐公共汽车的钱。我有一台蒸汽汽车，这在拉辛是第一辆，也是我的乐趣所在，但我现在必须放弃了。

朋友们给我办了很多告别聚会，可是他们谈论的焦点都是我的愚蠢。他们派了一个代表陪我一起去芝加哥，一路上他都在说我很笨。我最亲密的朋友把我看得一无是处，他说对一个朋友最基本的要求是他要给人舒服的感觉。

……

我整夜整夜地在林肯公园徘徊，试图想出一个办法。我还是坚持我原来的想法：比别人提供更多的服务，比别人给的更多，那么你肯定可以取胜。①

作为以推销能力成为合伙人，用广告能力作为无形资产参与企业生产的早期代表性人物，霍普金斯的发展道路与奥格威等纯粹广告人不完全相同，他的生活更具有美国西部冒险精神，无论是投身广告界时为了养家还得晚上继续记账工作，还是成为利库宗的合伙人，都是冒险精神的表现。放弃在拉辛市优裕的生活而到芝加哥去冒险，这对美国人来说是极大的挑战，也是霍普金斯提出条件的基础，他可以得到1/4的分红，使他在短短五个月时间，就可以得到接近50万美元的分红，让之前知道此事为他担忧、骂他愚蠢的朋友目瞪口呆不说，又使要工作补贴家用的妻子得到的不仅是一个公寓，拉辛市第一辆汽车拥有者又可以买不止一辆新车了。冒险是值得的。当然这是事后回顾的轻松，当时霍普金斯面临的压力之大，从他整晚整晚在林肯公园徘徊就知道了，也许他会被人形容为脱发、失眠，压力让他抑郁。当他在巴黎建立了最漂亮的办公室，有305个雇员之后，一切阴云都消散了。但我们既为他庆幸，也要佩服他能押上所有、赌上一切的勇气。

四、有些错过，令人哀伤

AXE香水创造的巧克力人形象备受欢迎，总是追求与众不同、一向

---

① ［美］霍普金斯. 我的广告生涯和科学的广告［M］. 邱凯生，译. 北京：中国人民大学出版社，2007: 64-69.

喜欢打成人话题擦边球的AXE男士香水，在广告表现上总是能做到推陈出新。巧克力男人的形象现在看上去依然能令人耳目一新，无论是健身女性的狂热，病床上的安慰，公交车上的邂逅，喷上AXE香水化身为巧克力男人被女性啃食的画面，都着实令人吃惊。其创意之大胆，使它不仅仅在法国，就是在一向以保守著称的德国，AXE香水也照样成为最受欢迎的男士香水。这款香水因其含有女性喜欢的味道而成为年轻人最喜欢的产品，它其实是雾化芳香剂，但效果却很好。作为一款主打提升男性魅力的香水，推出的《对不起，命运》广告片，又是物欲世界的一股清流，含蓄而且纯洁，告诉我们年轻人的世界并不仅仅是狂放和热情。

广告开始展示的是一对几乎可以称为天作之合的年轻男女，他们有同样的爱好，有同样的生活习惯，起床时用脚蹭腿的动作、穿裤子时拉错拉链的方式、爱看的动漫、爱读的书籍、进咖啡馆时开错的门等生活细节几乎完全一样，就当两个人越走越近，终于有可能要相逢的时候，音乐突然变奏，一个不修边幅、爱玩玩具、爱玩音乐的年轻男子，出门前从已经穿过的衣服中挑了一件味道最不难闻的套上，只是在出门前喷了一下AXE香水，在楼下三人碰面时，女孩就受邂逅男生香水的影响，开始了6秒爱情法则的对视，而本应天作之合的男子，一个人夹着书从两人身旁走过，女孩连眼尾都没有扫到他。

很真诚地说，这则广告笔者看了四五遍，每次看完都会为错过而惋惜哀叹，甚至眼角湿润。乐观、幽默又爱读书的女孩，就应该和同样乐观、幽默、爱读书的优秀男人相遇，却在香水误导下喜欢上一个邂逅青年两个在生活习惯、志趣爱好上没有相同之处的人相爱，这女孩的前途令人担忧。命运就是如此弄人，所以这展现命运悲剧的广告题目就是《对不起，命运》。

受此广告的启发，我们也许会设想广告就应该用不同凡响的方式来创作。但如何创造一则能令人心动的广告，是所有广告人的心病，也是他们夜不能寐的原因。所以当我们为错过而伤心时，同时就会发现生活不会完美的原因，适合的人未必能走到一起，人生总是充满意外，而且人总是被外在迷惑，人生本身就是冒险，而不幸是人生的常态。在幸与不幸之间，我们只能把握住自己的心，在生活中随波逐流。我们能坚持的，是合适时有勇气去把握，更要有勇气说对不起。人生总是充满无奈，人也总被迫做出抉择。

　　尝试说出那些与产品有关的难以启齿的话，想出各种匪夷所思的想法。把你的构思夸张到荒唐的地步，在每个数字后面都再加上几个零。找到闪现在你脑海中的最狂放不羁的点子，这时你往往能正中要害。这些问题能给你的团队带来必要的冲动，让大家激动起来，开始争论。给每个问题留出足够长的时间，这样大家才能有机会充分地讨论，从而打开一片崭新的天地。①

　　不同凡响的作品并不易得。即使那些最著名的文案大师，他们终其一生创作出的经典广告也不过就那么几个。所以好文案、好广告并不是我们想不同凡响就可以创作出来的，它与我们相遇也看机缘。我们来看布里纳尔这则广告，它是平凡中创造出不同凡响的另一经典。

成功不总是体现在你的头上

　　当你初创事业时，大可以试穿我们设计的裤腰前部平坦的套装。

　　而到了你需要整日埋案苦干的奋斗期，你的腰身处可能需要增加两个缝褶了。

　　当你不得不忙于应付各种商业午餐时，那就要再多打两个褶裥了。②

　　为体型不同的男士提供合身的西服，尤其是裤子，并不是一件容易的事情，尤其是中年以后的男子，体型越来越走样，肚子和屁股都在变得肥大，腿也越来越粗。销售裤子本应该像其他厂商一样讨好顾客，让消费者感觉到快乐，可是想制作出合适的男士裤子必然要指出他们身材的缺陷，让他们明白他们再也不能穿以前尺码的衣服了，指出顾客身体变胖的事实是工作必然面临的尴尬，但是如果换一个说法，站在顾客的立场上，给身体变胖一个完美的借口，工作太忙碌，没有照顾身材的时间，则是最佳的

---

① ［德］普瑞根. 广告创意完全手册: 世界顶级广告的创意与技巧［M］. 初晓英，译. 北京: 中国青年出版社，2005: 80.

② ［瑞］Alstair Crompton. 创意之道: 32位全球顶尖广告人的创作之道［M］. 英国设计与艺术指导协会，1995: 23.

化解尴尬的办法。而且成功后又需要体面的衣服显示地位，还要遮掩身体的变形，同时让身体舒适的衣服也是辛苦工作的回报。

我们来看一则Timberland的广告。

Timberland为那些喜爱在恶劣条件下进行室外活动的人们制造鞋和靴子。

虽然并非是北极探险，但有些人就是十分乐意挑战人类的极限。

事实上，在这种环境中，人们时常面临生死存亡的抉择，此时唯一的依靠就是身上的衣服。①

这些解决日常问题的经典文案告诉我们，所谓不同凡响，就是换位思考，能从消费者的立场出发，说出消费者面临的最迫切的问题，然后拿出解决方案。产品最好是完美的解决者，如果不是，也绝对是解决问题的好帮手。这时即使不喜欢广告和它推销的产品，消费者只要能接受广告谈论问题的方式、审视问题的角度、看待人生的态度，依然会对产品和品牌留下极佳的印象。因为消费者会觉得广告不仅能引领消费，也能引领他思考和规划人生。

第二节　动之以情

爱情、亲情、友情、同情、绝望、伤心、挫折等皆可入广告，关键看能否引起消费者的共鸣。不同类型的情感，都可以借之创作成优秀的广告。广告人为了创意，对情感挖掘的深入程度确实令人赞叹。

明代汤显祖的《牡丹亭记题词》，咏叹的是女人的至情至性，批判的是男人的薄情寡义。女人需要被爱，男人也需要关怀，所不同者，男女的需求在细节上差异很大。"情不知所起，一往而深"，这是咏叹情起的千古名句。多少人想追求爱情的起因，无论是"超物质说""交换说"还是"社会礼仪说"，都无法解释"电光石火"的刹那，无逻辑、无功利、超

---

① ［瑞］Alistair Crompton. 创意之道：32位全球顶尖广告人的创作之道［M］. 英国设计与艺术指导协会，1995：33.

利害，注目一人，生命和灵魂一起燃烧。爱无对错，只有过程，爱对双方无害，只有结果令人心碎或意醉神迷。

人类的情感类型很多，并不仅仅是爱情一种，但同样的感情，表现却也因人而异，表达方式差别也非常大，有时仅仅是一点点观察角度上的差别就有完全不同的感受。比如苏轼的"明月几时有，把酒问青天"，很多人把它当爱情诗读，可这首诗是给他弟弟苏辙的。贾宝玉的"相思血泪抛红豆"，王德峰老师解释说这说明贾宝玉心里眼里只有一个林黛玉，被感动的却是琪官，两人席间趁去休息时交换腰带，还让薛蟠吃醋。感情是流动的，一点波折都会引起变化且不受控制，即使同样的感情，在不同时代不同广告人手上产生的作品也不同。

一、写给父亲的诗

大卫·阿波特奠定芝华士广告基调的作品，确实令我们赞叹。它写的不仅是父亲节给父亲送酒，而且是儿子对父亲无言之爱的真诚回应，对父亲爱护亲人、支撑家庭生活这辛苦付出的感恩。正是父亲的关爱，才让"他"从小到大都能体会到家的温暖，"他"能够真诚面对自己，追求快乐时毫无顾虑，没有童年阴影。在阅读这则广告之前，我们对爱要有一个基本的共识，那就是爱是给予，被爱是幸福。"对于具有创造性人格的人来说，'给予'是完全不同的意思。'给予'是潜力的最高表现。正是在'给予'行为中，我体会到自己的强大、富有、能干。这种增强生命力和潜力的体验使我倍感快乐。我感到自己精力充沛、勇于奉献、充满活力，因此也欢欣愉悦。'给予'比接受更令人快乐，这并不是因为'给予'是丧失、舍弃，而是因为我存在的价值正在于给予的行为。"[①]所以当我们明白父亲终其一生为家人默默努力时，不要过于激动，因为他是幸福的，只要我们理解他的不易回报他的付出，哪怕是仅仅理解他曾经做出的那些努力，就足以令家庭关系至少上升一个甜度。

---

① ［美］艾里希·弗洛姆. 爱的艺术［M］. 刘福堂，译. 北京：上海译文出版社，2018：26.

因为我已经认识了你一生

因为一辆红色的RUDGE自行车曾使我成为街上最幸福的男孩，

因为你允许我在草坪上玩蟋蟀，

因为你的支票本在我的支持下总是很忙碌，

因为我们的房子里总是充满书和笑声，

因为你付出无数个星期六的早晨来看一个小男孩玩橄榄球，

因为你坐在桌前工作而我躺在床上睡觉的无数个夜晚，

因为你从不谈论鸟类和蜜蜂来使我难堪，

因为我知道你的皮夹中有一张褪了色的关于我获得奖学金的剪报，

因为你总是让我把鞋跟擦得和鞋尖一样亮，

因为你已经38次记住了我的生日，甚至比38次更多，

因为我们见面时你依然拥抱我，

因为你依然为妈妈买花，

因为你有比实际年龄更多的白发，而我知道是谁帮助它们长出来的，

因为你是一位了不起的爷爷，

因为你让我的妻子感到她是这个家庭的一员，

因为我上一次请你吃饭时你还是想去麦当劳，

因为在我需要时，你总会在我的身边，

因为你允许我犯错，而从没有一次说"让我告诉你怎么做"，

因为你依然假装只在阅读时才需要眼镜，

因为我没有像我应该的那样经常说谢谢你，

因为今天是父亲节，

因为假如你不值得送CHIVAS REGAL这样的礼物，

还有谁值得。①

我也是一个父亲，当孩子出生时我感到很惶惑，应该怎样做一个父亲，如何担当起父亲的责任和生活的责任让我很痛苦，因为我根本不知道应该怎么做。在课堂上讲解了这个广告有四五次之后，我突然发现这则广

---

① ［瑞］Alstair Crompton. 创意之道：32位全球顶尖广告人的创作之道［M］. 英国设计与艺术指导协会，1995：9.

告其实可以成为人生的向导，因为它是从儿子的角度看待父亲的，如果这样的父亲让另一个儿子终生幸福，那么这样的行为也会令我的儿子感到舒适。于是我会观察孩子的想法并似不经意间满足他的要求，给他惊喜。我的孩子怕蜘蛛我就不谈论蜘蛛，也不向他展示蜘蛛的视频和图片，连和蜘蛛有关的童话我也不带他读。有时他会主动谈起，我才把自己了解的蜘蛛的习惯、类别、分布等知识讲给他听，因为他有心理准备，这时他没有任何恐惧，也不会觉得毛骨悚然。我给妻子买花，尊重她的意见，和她充分交流，这些儿子都看在眼里，他也尊重和爱护妈妈。当我给他买衣服、鞋时，他会主动跟我说谢谢，也会把累得趴在桌子上睡着的我叫醒让我上床睡觉。他的学习成绩居然也名列前茅，而且他是这次成绩好的孩子中最少上课外班的，他上的都是兴趣班。我想这就是好广告的作用，你可以从中体会到生活的乐趣，感受到人生的哲理。品牌的作用在哪里？是每当有节假日，需要送别人礼物时，你都会首先想到芝华士，每次给他们介绍这款酒时，还可以顺便讲述一下这则广告和阿波特教给我们的人生哲理。

我们来看托尼·布里纳尔为芝华士写的另一则广告，写作时他秉持着"经典基调永流传"的理念，所以与阿波特的基调是一脉相随的，当然表现手法和艺术效果是更美国范儿的。

"当"

当你倒Chivas Regal皇朝酒时，限制你的客人们的酒量可是不明智的：

通常这类情况下，他们会塞满花生仁。

唯一的慰藉是让他们喝你的Chivas酒，品尝我们酿了12年之久的混合威士忌的味道。

（它的酿造时间、口感顺滑度是一般威士忌的至少两倍。）

因此，没过多久，你会发现你的客人们自己也买了一瓶Chivas酒。

这回轮到你欲罢不能了。[①]

广告里充满了好朋友聚会时的幸福和快乐，和谐的友谊让人相处时的

---

① ［瑞］Alstair Crompton. 创意之道：32位全球顶尖广告人的创作之道［M］. 英国设计与艺术指导
协会，1995：22.

惬意是叙述的背景，也是故事氛围，所以愉快时会觉得轻松愉快。这样的感觉在文字间轻轻流淌，隔着时空和翻译依然让我们体会到喝酒的快乐，更何况这酒是芝华士呢？这就是好广告的作用，借着广告我们发现朋友的可贵和时常聚会的必有。

我们来看布里纳尔另一则广告，可以体会到阿波特对他写作广告的影响之大。

受伤艺术的重新发现

你知道管道工从不做出人意料的成品？

失业的理发师们去做屠夫了？

干洗工与你衣服的污点一起消失了？

今天，Parker赋予你异想天开的机会。[1]

作者在调侃善良吗？不，即使在向令人讨厌的对象发泄不满时，布里纳尔的文字也是优雅的。这则广告缺少的是芝华士广告基调中的轻松愉快吗？对的，它达不到那种轻松和愉快，因为此时作者皱着眉头不满地发泄怒火，虽然这怒火也很优雅。它也缺少芝华士广告中分享、沟通的氛围，因为这愤怒属于一个文明人对社会乱象的愤恨，只能表现金刚怒目的一面，以体现作者决不妥协的态度。一个好的广告带人看到的是让生活变得乐观和光明的办法，当然态度也很重要，正义的立场是我们必须坚守的。相比而言，阿波特的广告更像是写给父亲的一封信，只是这封信被误用作广告文案，这样的广告提醒我们心中隐藏着的向往完美家庭关系的愿望。

二、怀念母亲的忧伤

下面的案例是一则印度的广告，它关注的是母亲独自生活的感情缺失问题。在后殖民女权主义研究领域，美国和印度是两个热门对象。美国是理论和改革的先锋，而印度则不幸成了反衬的对象。印度并没有借口民族感情而对相关研究发出抗议，而是和全世界一起反思印度的种姓制度、婚

---

[1] ［瑞］Alstair Crompton. 创意之道：32位全球顶尖广告人的创作之道［M］. 英国设计与艺术指导协会, 1995: 22.

嫁习俗、女性地位等由传统文化造成的社会问题。从利益的角度考虑，这样可能让印度每年都获得国外NGO组织的捐款，来自世界各地政府和社会机构的捐助，可以帮那些需要钱改变现状的人改善他们的生活，虽然可能只是一小部分人。乐观地说，整个世界的关注肯定会慢慢改变印度女性的社会问题，而且是系统和整体的改善。

关于母爱的话题在全世界都是热门，这则印度广告显示，母亲牵挂离家工作的子女这一现象全世界都存在。

我母亲的手在我肩膀上摩挲了一会儿，

然后她嘱咐说，打包行李时别落下了东西，

"记得把拖鞋包起来，什么东西都别落下。"

我回过头来，通过的士车的后窗，

看到我的母亲正在跟我挥手告别。

她依然站在原地，

手臂一动不动地高举着，没有挥手，

身影越来越小，的士车转弯后她就不见了。

我要回到我的城市去，

印航的航班1小时50分钟就可到达。

而我再次见到她，却是几个月之后。

当飞机起飞时，我又最后看了一眼大地，

在它穿进云层，离开孟买之前。

花一点时间陪老人。

母亲的忧伤是特殊的类型，是无言的爱和长久的依恋。作为男性我对母爱的体会只是接受时的温暖，有时还有过度干涉时的反感和对抗。在我还没有深入了解母亲的真实感受之前，母亲就离开了人世。所以每次读到写母爱那依恋不舍的感情的作品，都令我唏嘘感叹，也有羡慕，有母爱的成年人是幸福的，做好心理准备母亲才离开的人生是幸福的，但幸福是需要用心去体会才能把握到的。

所以当托尼·考克斯的作品要求人们用心去把握一辆优良的轿车带来的美好体验时，觉得广告人对情感的利用真是深入到了令人惊叹的程度。

如果消费者不反感这样的情感类型，就会喜欢上这样的广告，毕竟，我们都是需要被爱的有生活热情的现代人。

Volkswagen里唯一的叽喳声

谁反对他的后车座传来令人愉悦的声音？（车后窗露出一个孩子的小脑袋）

还是反对只能听见窃窃私语或收音机的节目？

该反对的应是听见粗制滥造、马虎安装而带来的那恼人的声音。

这就是为什么我们很热衷于把Volkswagen造成路面上发出声音最大的汽车。

对于Volkswagen来说，安静并不是金科玉律。而那个灰色的方向盘才是我们关注最严格的地方。①

让车和人都安全，制造商和消费者因为质量过硬而共同欢欣鼓舞，这是制造商和消费者同欢乐的时代。广告人告诉我们现在真的就是这样的时代。像奥格威所说，给一个你尊重的人写推荐信，你怎么写？你是不是首先要对产品有信心才能拿起笔？

同样，当我们面对母亲时，什么样的情感值得我们依恋？那真诚的爱，那永难割舍的爱，家人之爱，血缘之爱，可以放弃所有也要保护的爱，才值得我们依恋。所以找到情感的共鸣点，好的广告，有情怀的广告才会出现在我们心中，才能让我们的键盘啪啪作响。

三、谁能懂老来无依的悲痛

目前养老问题逐渐成为中国社会关注的热点。之前探索的房产养老，因为接连爆出养老院把房产贱卖后提前结束合同的养老骗局，暴露出养老产业建设问题尚任重道远。儿女养老的习惯随着老人社保和工资保障体系的完善需求有所降低，因独生子女和城市生活压力越来越大，老人不愿增加儿女负担，更多老人选择自己保障自己的晚年生活。一方面是社会保障

---

① ［瑞］Alstair Crompton. 创意之道：32位全球顶尖广告人的创作之道［M］. 英国设计与艺术指导协会，1995：31.

体系尚待完善，是老人们希望独立，对养老产业化有需求，另一方面是社会保障体系有基本保障但没有专业、完善的养老院，在巨大的社会需求方面，具有公益和福利性质的养老院建设还需要进一步加强。在这样的背景下读到下面给出的印度这则广告，可以发现随着亚洲社会整体现代化水平的提高，所面临的社会转型的重大问题也越发国际化。因养老体系不完善而流浪或被迫寄居在亲戚家的独身男女人数很多，有些人生性倔强，即使成为城市流浪汉也不会寄居在亲戚家里，而有些人则希望被亲戚收留，却要面对亲人的冷嘲热讽甚至反感和虐待。

这则广告关注的就是被亲戚收留的独身女人的故事，虽然简单，但这则广告像冰山一样沉重，它也符合"冰山理论"的特点。虽然记录的只是一个印度女人的一句话，却似乎打开了一个黑暗世界，露出了社会生活灰色区域暗含的辛酸、痛苦和冷漠。

每隔几个月，我的姑妈就会来和我们一起住上几个星期。

她三十多岁的时候死了丈夫。

她长相一般，不漂亮也不丑。

长年穿着一件黑色棉质纱丽，

眼睛总是雾蒙蒙的。

像剥洋葱皮，切杧果肉做泡菜，洗母亲的纱丽，

喂养我们，这些家务她总会很尽力地做。

但几个星期后，如果她待在这里，房子里面的女人就开始风言风语。

然后她就会收拾她的一些行李，被送到另一叔叔家里。

当我长大了后，有了自己的孩子，

她又再次来了我家，然后留下来。

她打开她的行李箱，马不停蹄地做家务。

做饭、打扫卫生、熨衣服、抛光。

和我们住在一起的日子里，她从来不开口。

只有一次，在看一个有关暴力和仇恨的电视节目时，

"爱的反面不是恨"，

她没有特别地对着谁说，"爱的反面是缺少爱"。

花一点时间陪老人。

这则广告讲述的就是印度一个独身女人的孤独，她说爱的反面是缺少爱，虽然她可以在多个亲戚间寄居，但谁会真正爱这个女人呢？她用劳动换取别人的收留，虽是亲戚，其实地位和仆人没什么差别，整天辛苦劳作，却没有基本的尊重和爱。如果她去做保姆，别人除了感谢她的劳动付给她薪水外，还可能对她产生特殊的友情。但在亲戚间这种似帮忙又似寄居的生活，让她既令人觉得踏实可靠，又令人觉得多余甚至讨厌，于是漠视和忽略她的存在成为很多人对待她的态度。她需要的是爱，是尊重，是亲人的认可。在亲戚家寄居却渴望被爱，这是现代社会中留存的传统关系的渴望和呼号，体现了传统关系的现代无力，亲人之间应该互相关爱，她可以在亲戚间辗转，体现了大家对关爱的渴望和需要，但是她的心声又让人看到现代生活的冷酷，亲戚对她也报以冷漠和忽视，这时反而体现出现代分工的优势，明确的雇佣关系，爽利的公平交易，更可能建立健康的人际关系，而模糊的传统关系反而变成打着亲戚旗号的过度剥削。

弗洛姆认为，从亚当认识夏娃开始，我们在理性引导下开始了了解生命本质的历程，一旦认识到自己陷入孤独，他会焦虑，孤独是焦虑，尤其是强烈焦虑的来源。人一旦意识到自己处于"分离和孤独状态"，就会感到羞耻，"没有被爱重新结合的分离意识是羞耻感的来源。同时，它也是有罪感和焦虑的来源"。"人的最深切的需要就是克服分离，从而使他从孤独的囚牢中解脱出来。未达到这个目标的绝对失败，即意味着'疯狂'，因为全然的孤独的恐慌，只能由与引起分离感的外部世界彻底脱离来克服，因为引起分离的外部世界对他已经消失了。"①

对现代人来说，阅读上面这则印度广告，能不能理解孤独女性的苦难，能不能形成不能让女性陷入孤独绝望的处境的社会氛围？不能让人陷入孤独绝望中，尤其是女性，生活的失败也没有孤独绝望那样让她感到羞耻甚至是罪恶，让她感觉自己是世界的多余，因此自动隔绝于世。一旦如此，对她个人和这个社会来说是一个危险的信号。

---

① ［美］艾里希·弗洛姆. 爱的艺术［M］. 刘福堂，译. 北京：上海译文出版社，2018：12-13.

对一个约克郡的女人来说，通往母性的旅程通常很长

命运对待约克郡的女人是苛刻的。

进入生活的剧院，她马上在柱子后面找到了一个位置，仅仅凭借自己一点有限的认识就明白这是生活规定的位置。

这并没有导致精神上的疯狂，仅仅因为作为一个约克郡的女人的意识阻碍她们成为约克郡的敌人。

众所周知，在那个郡依旧只有官方文件认可接受女性是社会的一员。

这些不幸的女人发现她们在现实的约克郡社会处于最底层。

或者很确切地说，是第七层。

在这之后，并没有特别的顺序：垂钓、橄榄球联盟、遭辱骂的兰开郡、足球、家庭宠物、板球，当然，不会忘了还有Tetley苦啤。[①]

这是对约克郡历史的回顾，也是对约克郡男人的挑战，当然也是对约克郡女性悲惨命运的慨叹。传统技术酿造出的啤酒散发着酒香和文化的魅力，被传统剥夺权利的女人的处境就像酒的苦味一样，绵延不绝。啤酒的苦味，似乎也在诉说着约克郡女人的苦难。作为广告，选取女权主义者欢迎的视角，会不会触动男性顾客的精神底线？随着文明的发展，平等意识越发深入人心，这种程度的挑战是现代人能够接受并喜闻乐见的，这代表着品牌和创作者对文明价值的支持，而消费者也因为共同的价值倾向对该品牌产生好感。

这些广告的出现，确实证明了女人的悲痛已经成为社会关注的焦点，现代社会已经无法接受因性别歧视导致女性地位底下，性别不平等是现代社会必须解决的一个大问题。

四、模拟爱情

用比喻手法谈论爱情，是增加广告表现力的常用手段。即使在"远古"时代，这样的手法也屡见不鲜。

---

① ［瑞］Alastair Crompton. 创意之道：32位全球顶尖广告人的创作之道［M］. 英国设计与艺术指导协会, 1995: 35.

亲爱的扣眼,

你好!

我是纽扣,

你记得我们已经有多久没在一起了?

尽管每天都能见到你的倩影,

但肥嘟嘟的肚皮横亘在你我之间,

让我们犹如牛郎与织女般的不幸。

不过在此告诉你一个好消息,

主人决定极力促成我们的相聚,

相信主人在食用DIPLOMA脱脂奶粉后,

我们不久就可以天长地久,永不分离。

这个小广告让被肚皮分开的扣子和扣眼像恋人絮语那样来互诉衷肠,把扣子和扣眼比拟成恋人,还设身处地地为它们写作一篇爱情告白书,确实令人耳目一新。即使已经知道了这则广告好多年,偶然再读到还是会为作者创意的清新而忍俊不禁。这样的小幽默和独特的视角,达到了经典幽默故事的水准。这篇小广告证明广告人具有优秀的创造与讲述故事的能力,不仅小说家能创作优秀的故事,广告人也可以,只是广告人创造的故事不仅要通俗易懂,更重要的是他们追求信息的透明和沟通的简洁有效,但不能因为故事的简洁易懂和追求推销的力量就轻视广告人创作故事的能力。

如果你是一位谨慎的人,又想少花些钱,那我们向你推荐货真价实的银制相框,当然是心形的啦,图中所示标价18英镑,有各种尺寸可供选择,价格随大小而定。

万一你想隐瞒自己的真实身份,那就将你婴儿时代的照片插入相框,将会有意想不到的效果。

真正的浪漫主义者可能想使这个情人节特别具有纪念意义,这样的话,你左手的中指就应佩戴我们特地设计的这枚心形钻戒,标价2500英镑。①

---

① ［瑞］Alstair Crompton. 创意之道:32位全球顶尖广告人的创作之道［M］. 英国设计与艺术指导协会, 1995: 37.

　　这则广告的标题是"这是一个有人哭泣的情人节"，最大的创意自然是它的标题，因为在我们的印象中，"有人哭泣"应该指的是有人遭遇了悲痛的必须哭泣的事情，难道它说的是有人在情人节被迫分手的故事，还是有人搞砸了情人节仪式？当明白哭泣是指礼物的质优价廉，拿到礼物的人会喜极而泣，百货商店会因价格低廉而懊恼哭泣时，双重的快乐会让我们愿意掏空我们的口袋。珠宝商绝对重视情人节时期的销售，因为这可能是一年中销量最大的时机。

五、日常小激情小浪漫

　　东鹏特饮的广告语"年轻就要醒着拼"，配的视频居然是年轻人闭着眼睛开哈雷摩托，这固然是为了提醒年轻人要睁着眼睛，有目的、有计划去追求自己的个人梦想，但总感觉有些东西没有表达出来。"累了困了喝东鹏特饮"这个模仿"累了困了喝红牛""怕上火喝王老吉"的广告语显然更具市场号召力。年轻人拼搏的时候不会闭眼瞎闯的，用闭着眼睛开摩托来提醒年轻人要醒着拼是对年轻人的误解，也是偏见和歧视。虽然偏见只是态度，歧视才是行为，但我们不能让偏见进入我们的广告，成为创作广告的指针。看下面这个小广告，它的配图是一对年轻人在车灯照耀的关了门的商场门口，一个穿红裙的女孩子在模仿明星摆姿势，男生在拍照片。这是一个我最感意外的奥迪广告，可惜它没有被推广。

　　有光芒，就要随时四射

　　奥迪A3，导演精彩生活

　　1、2、3，action！是一次再寻常不过的漫步，还是一次灵魂姿态的展示？是做生活乐趣的旁观者，还是成为精彩人生的创作者？一旦拥有奥迪五门轿跑车，想要抑制为生活撰写新剧情的冲动，将会很难，很难。搭载TFSI发动机及双离合变速器，配备智能泊车系统，全景天窗，14种车身色彩，令人应接不暇的性能魅力，你会发现，导演多彩生活，绝不只是想想而已。

　　突破科技　启迪未来

　　一汽大众

这则广告的创意点虽然是图片，文案写得同样精彩，"是做生活乐趣的旁观者，还是成为精彩人生的创作者"，多好的时代之问。A3的成功自然有它不可替代的优势，包括价格、操控和针对女性的设计，在我们看来广告做得同样精彩。现在A3的客户已经不只是女性，很多男性也选择A3作为座驾，因为它外形的柔美，内控的便捷，助力系统的成熟。

很多广告追求用画面来讲述故事，甚至完成广告宣传。"不用语言，也能讲述动人的故事，……画面的布局以及对主要对象的表现方式传递出丰富的画外之音，观众所体会到的要远远超过他们眼睛所看到的一切。这些图片之所以能够成功地传达信息，是因为它们暗示或是有意省略了某些东西，而让观众用他们自己的经验把整个故事补充完整。它们诱导观众寻找画面背后的含义，获得一种'啊，原来如此'的满足感。从这些例子中也可以看到，不使用文字的广告作品并非一定要用隐喻式的画面语言。仔细观察这些作品，看看它们是如何在不借助文字语言和图像隐喻的情况下传达主题的。"① 这个说法揭示了以图片为中心的广告的创意思路：

平面广告不发声，对于我们的眼睛来说，它就是一幅图像。所以，平面广告的创作，也就是制造出一幅有利于传递信息的图像。

这幅"图像"的构成，不光包括"图片、色彩、影调、人物、产品"，还包括了"文案、版式、商标"等。毫不夸张地说，连广告中的每一个标点，都会影响你所表达的意思。②

这样的观点强调的是图片与创意的完美融合，是在提醒我们注意视觉效果，但一个忠诚的客户，看的不仅是图片，或者说图片吸引的是新客户的关注或冲动型消费者，他们是偶尔消费者或从不消费者，比如他们一样很喜欢看豪华游轮、私人飞机、顶级跑车的广告图片，更多的是纯粹欣赏，当然这可以刺激一些富豪，让他们为了成为别人羡慕的对象而购买这些奢侈品，但忠诚客户不需要这样的刺激，也不是为了成为别人羡慕的对象，他们纯粹是喜欢这样的产品，他们需要文字提供更专业的信息。广告

---

① ［德］普瑞根. 广告创意完全手册: 世界顶级广告的创意与技巧［M］. 初晓英, 译. 北京: 中国青年出版社, 2005: 40.

② 乐剑峰. 广告文案: 文案人的自我修炼手册［M］. 北京: 中信出版社, 2016: 60.

不仅要刺激人们的攀比心理，虽然它有效，更要传达一些真实的信息，一些专业的信息，一些只有忠诚顾客才会关心的似乎枯燥的数据、专业术语和参数等。只有在广告中提供这些信息，才能体现出产品的更新换代，才能体现出制造科技的真正进步，懂的人自然明白它们的价值。图片不能替代这类信息的作用，或者说图片也需要这些信息来说明它成功的原因。文案的价值在于它是图片不可替代的关键说明，人需要的不仅是视觉，也同样需要大脑参与的理性判断，而文字是通往理性判断的桥梁。

有些品牌几乎把全部产品信息都集中在高价概念上

"只有一种'快乐（Joy）'——世界上最贵的香水。"

"你干吗不买一只'伯爵（Piaget）'——世界上最贵的手表？"

高价战略不仅对奢侈品如轿车、威士忌、香水和手表有效，在爆米花之类的平常之物上也同样管用。奥维尔·雷登巴赫公司（Orville Redenbach）售价89美分一桶的"美食爆米花"从售价只及其一半的品牌［如"快乐时光（Jolly Time）"］那里夺走了相当大一块市场。

每夸脱售价为395美元的"美孚（Mobil）"牌发动机合成润滑油也是其中的一个例子。就连价格向来低廉的产品如面粉、糖和盐也都有定位的机遇。然而，人们往往把贪婪和定位思维混为一谈。卖高价不是致富之路。成功的秘诀是：第一个用有效的宣传在顾客心里建立优质高价的形象。否则，卖高价只会把预期客户给吓跑。[1]

定位营销也是建构透视消费者心理的广告策略，不追求高价，也不追求奢侈，追求的是让消费者认同你的品牌溢价。

你怀疑过意大利侍者的真诚吗？想知道自己说了些什么而让西班牙商店售货员咯咯地笑？质问过为什么法国医生给你看病，却把头痛药拿来治疗食物中毒？

可是假设一下，就一会儿，如果你身居国外能与当地人沟通、交流，那情况可就大不一样了。[2]

---

① ［美］艾·里斯，杰克·特劳特. 定位［M］. 王恩冕，于少蔚，译. 北京：中国财政经济出版社，2002：74.

② ［瑞］Alstair Crompton. 创意之道：32位全球顶尖广告人的创作之道［M］. 英国设计与艺术指导协会，1995：38.

这也是一则定价广告，能出国而且顾及尴尬的，肯定是有钱又追求自由便捷的年轻人，对世界有好奇心的人，这样的人追求生活品质，也不怕花高价，推荐给他们并不便宜的一对一语言课程是正确的选择。学语言是枯燥的，但和生活中的小尴尬，如点错菜、开错药比起来，就没有听上去那么枯燥了，但侍者讲你的坏话，你听不懂，只能尴尬不失礼貌地点头表示赞同相比，学习语言的枯燥就没有那么难以忍受了吧。本来轻松的点餐享受美食的氛围里却全是小尴尬，关键是自己还不知道，这样的丢脸远超过学习枯燥的恐惧。你会欣然接受这样的课程学习吧？虽然一对一课程的价格可不便宜。

六、张扬与境界

东方艺术以留白为美，以含蕴为贵，但东方人真的天生含蓄吗？更可能是被压抑的结果。很多人在爱情面前羞于表达，这不是含蓄，很多时候是不懂爱情。恐惧心理会影响我们的责任心，使我们没有承担责任的勇气。我们要坚强起来，要敢于表达自己的感情，我们更不能羞于表达对社会正义的维护，而应该更积极主动地追求幸福，努力实现生活目标，这些都需要我们主动出击，当然在社会竞争中努力赢得胜利才可能实现这些目标。

但张扬在很多国家往往被视为冒犯，很多人也会认为个性张扬的人更有攻击性，在社交场合也会被敬而远之，会被排斥、疏远和孤立。"对社会心理学家来说，攻击就是意图伤害他人的身体行为或者言语行为"，包括"网络霸凌""身体攻击"和"社会攻击"。[①]张扬是积极主动地展现自我，对个人欲望甚至野心毫不隐瞒，与"攻击"完全不同，但可能会伴有攻击性，包括对他人的贬低和对自我的强调，对个人观点的极力维护和辩论时态度上的不屑等。

张扬在世界各地都不受待见自有其原因，并不只中国如此，但随着

---

① ［美］戴维·迈尔斯. 从玫瑰到枪炮: 心理学实证研究社会关系 [M]. 侯玉波，等译. 北京: 人民邮电出版社，2020: 62-63.

社会整体的进步，整体修养的提升，社会整体心态宽容平和程度的提高，大家对张扬的态度也在变化。以美国为例，它对张扬和攻击的态度犹豫不决，难下定论，现代转型期的中国也在平衡对张扬的态度。从"革命分工不同"的主席和工人平等论，到今天的"每个人都是独特的"的理念深入人心，以及面对他人"天赋"的平常心，无论是德高望重的杨振宁还是少年成名的韩寒，大家对他们的态度都是平和的，没有强烈的嫉妒。同样，对成功的企业家、政绩突出的官员，我们都报以平常心，认可他们经努力取得的成就。对天才的嫉妒甚至仇恨的心理已经越来越成为精神病的标志，而不是普通人的价值观。所以，当我们看到君越这则广告时，感到非常意外，张扬能成为广告创意的指针，说明随着社会的发展水平越来越高，中国社会的包容度也在提高。

99%的人困于议程，

1%的人决胜征程。

The New Toureg　新途锐　卓然登场　享·驭征途

绝大多数人在烦琐事务中成就小我，少数人在无尽征程中重塑新我。大众进口车新途锐傲然而至，棱角鲜明的张扬外观，透射桀骜本色；雄浑高效的动力操控，以磅礴之势逾越险阻；高科技装备洞悉全局，心无旁骛中从容征服；诸多舒适配备，置身艰险中也随时坐拥无上舒适。与新途锐赴山水同纵情，感受全面升华的越野性能与舒适体验，绘就波澜壮阔的人生新画卷。

车之道，唯大众

与众不同、张扬凌厉的广告风格，不仅是中国，在全世界都不多见。"木秀于林，风必摧之，石出于岸，流必湍之"的教训，并不是东方特有的，全世界都仇恨特异者。今天随着成功者对社会的回报越来越多，人们的心态从嫉妒到欢呼，成功者给社会提供了更多的工作机会，也提供了更多的财富积累，一个社会的个体属于同一个利益共同体的理念的普及让普通人和成功者更能和平共处。

所以看到"少数人""重塑新我""棱角鲜明""桀骜本色"这样的词语出现在中国广告中时，确实有些陌生，这也是中国走向富强的一个标志，成功者自有棱角，宣扬棱角也没问题，普通人也有自己的棱角，大家都在追求保持初心，不被生活磨去棱角。广告中的张扬虽然只是偶露峥嵘，却是社会进步的明证。下面这则广告是蒂姆·德伦尼写的，它利用的就是人们节俭的心理，把小生意做成鼓励人们消费的由头。虽然表面看我们在花费更多的钱去购买新衣服、家具、服务，但我们是理性消费，在消费中我们变得更会理家，更会消费，更能替家人买到合适的东西了，这是生活技能的提高，虽然与节俭无关。

被修理的伞，缩短的衬衫袖子，放大了的帽子。SW1布隆普顿大街87号，成立于1849年。

谁会在这个浪费、丢弃成风的时代，做些诸如此类的事情呢？除了Harrods还有谁呢。[①]

这则文案宣扬的是要学会节俭、有计划开支、能省则省的理念，但借此机会商场可以让你购买到真正合适的产品，而不是那些破伞和不合身的衣服，才是这则广告的核心。人们改变的不是节俭的习惯，而是学会治家理财的本领。这些能力不需要你成为专业人士，只需要购买专业服务，你就可以成为顶级的生活艺术家，成为理家高手。这也是一种张扬广告，虽然它没有用"棱角鲜明"这样的词语，但是当发现一个家庭家具整洁、衣物摆放整齐、衣服合身且时髦，那么这样的家庭主妇自然应该被认可和赞扬。

六、提醒你爱自己，你会感动吗

生活中我们面临各种压力，升学、教育、医疗、工作、房子等各种压力干扰着我们的情绪，追求爱情、追求进步、追求事业、追求成功等各种追求让我们疲于奔命，做各种"正确"事件中我们发现自己竟然成了自己最熟悉的陌生人，我们追求的结果是失去了自我，被各种压力驱使着做各种选择，碌碌无为却又不敢停下追逐的脚步，生怕被生活竞争淘汰掉。这

---

① ［瑞］Alstair Crompton. 创意之道：32位全球顶尖广告人的创作之道［M］. 英国设计与艺术指导协会，1995：38.

时我们看到这样一则广告，会不会想起最值得我们关爱的不正是我们自己吗？

迅速抗疲劳　激活脑细胞

都新世纪了，还在用一杯苦咖啡来提神？

你知道吗？还有更好的方式来帮助你唤起精神：全新上市的强化型红牛功能饮料富含氨基酸、维生素等多种营养成分，更添加了8倍牛磺酸，能有效激活脑细胞，缓解视觉疲劳，不仅可以提神醒脑，更能加倍呵护你的身体，令你随时拥有敏锐的判断力，提高工作效率。

虽然这则广告提醒关爱自我，其实是督促我们"提高工作效率"，而且有点鼓励我们牺牲身体健康创造更大的社会价值的意味，但我们竭尽全力努力工作才能赢得生存资本的现实不会改变，所以能从关怀和提升工作效率的角度切入文案，与我们经受的压力相比已经足够温柔了。在这压力接近极限的社会如果能找到迅速提升工作效率的办法，让我们能更持久地专注工作，是不是很令我们感动？下面这则广告则告诉我们，人应该学会转移焦虑，确实存在既保证资产升值，又能提前获得收益的办法：

如果你想知道银行是怎样变成世界上最富有、最强大的机构，首先你应该尝尝亏空的滋味。

今天的银行比以往任何时候都更大、更有利可图。

信不信由你，都市大街上的所有大亨们以前都是做小买卖的。[①]

在这样的关怀中，我们发现银行的服务在更新，客户分到利益的机会也在增多，但经历了各种风波和学到了无数失败经验的我们，还是会警惕广告宣传的真相，我们还是会反问一下，如果真的像广告宣传的那样完美，这样的机会真的会留给我们这样普通的社会成员？但至少它提供了一个方便快捷而且又有保障的理财方式。至于真实效果，我们不会抱多大的期望，能够让我们的财产稳定增值就足够我们安心生活了。

---

① ［瑞］Alstair Crompton. 创意之道：32位全球顶尖广告人的创作之道［M］. 英国设计与艺术指导协会, 1995: 39.

七、寻回童趣，寻回快乐

奥格威曾提议说，当你没有创作灵感时，增加儿童元素总是不错的选择。我们知道儿童和宠物有人类无法抗拒的魅力，面对他们，人们总是更能放下戒备敞开心扉。回顾广告发展历程，原来以童趣为创作灵感的广告数量之多令人惊讶。但在我们的印象中，虽然童趣广告确实屡见不鲜，但同一个黄金时间以童趣为卖点的广告的数量并不算多，也许只是其中之一，这样的观赏记忆会让我们错误以为童趣广告并不多。这要感谢广告人创意选择的多元和媒体播放广告策略的成功，广告人把很多儿童元素都包装成让我们忽略它是儿童元素的广告形式，比如成年人的天真、男人的童心、女人的可爱等，让我们既被儿童元素吸引，却又会忽略它利用了童趣、童真等儿童元素，认为广告中表现的情感是我们的日常情感。另一方面，同一时段的广告投放，媒体在广告选择上会有意避开同一形式的广告，这使得同一时段的广告在表现形式和创意选择上避免出现撞车的情况，所以我们会留下广告创意新鲜多变的印象。

在借用儿童元素创作广告时，广告的语言是天真无邪的，充满了生活气息和天真的乐趣，不仅写出了儿童的可爱，也写出了成年人久违的天真和快乐。比如下面这则广告，贪嘴的快乐岂止儿童，成年人也有这样的快乐，要不为什么我们的减肥计划每每要从头开始呢？

这可以吗？妈妈哪儿去了？她在别的地方，她很放心地不管他。小孩子很快活。他舀出了牛奶再把那些金黄的玉蜀黍片用调羹盛进去。看起来他认为那些东西很好——它们发出沙沙的声音。他吃起来很舒服——既脆又薄。它们风味绝佳——一种甜甜蜜蜜的味道，这使他又举起羹勺。凯洛格玉蜀黍片，小孩和大人都喜欢，它已经有50年以上的历史。当洛克威勒替我们画这个小孩的时候，这就是他想努力捕捉的人。也许这会唤起你去查看你储藏的凯洛格玉蜀黍片的想法。你知道它怎样——一旦你有了一满包，你知道的下一件事，就是你会把一满包的玉蜀黍片都吃光。

为了了解儿童，广告人是煞费苦心，各种社会调查、报告、座谈、生活经验总结等都被精心阅读，还会在文字下面画横线标重点写要点，其目标只有一个，不仅是透视儿童，还要透视儿童元素中富含的成年人也无法抵抗的魅惑。

下面这些资料是广告人对女性消费者进行的消费心理侧写，从中我们可以看到广告人对消费者认识的深入程度，它已经超过了一般作家对自己笔下主角的了解程度了。这些资料告诉我们，为什么广告人能够写出令消费者信赖的广告，因为广告人确实深入了解消费者的心理需要，能够准确把握住消费者的消费需求。

朵拉是10～15岁女生的泛称，她有一堆洋娃娃和布偶，有N件牛仔裤和T恤，喜欢假装和男生是哥儿们，但总会偷偷"爱"上其中一个。这个被朵拉"暗恋"的男生他的名字其实很中国，像所有同年的男生一样，叫什么强、龙之类，代表爸妈对他满怀的期望。

朵拉私下为他取一个听起来很洋化的名字叫"爱德华"，为什么？因为朵拉太酷爱"刘德华"了。这个爱德华小学时憨憨的，不懂女生多变的心思，上中学后，青春痘冒出几颗，身材拔高后，不小心看见一群女生看到自己时推来推去、一溜烟跑掉的样子，于是爱德华开始和死党研究朵拉，发现朵拉喜欢穿牛仔裤、戴墨镜、酷酷的男生，于是爱德华也开始酷起来了。

朵拉刚走过白雪公主般的童年，却渴望能遇到白马王子，而"爱德华"就是朵拉最纯情的"初恋"吧！

朵拉大部分时间乖巧，偶尔会为一点坚持而任性嘟嘴，是爸比和妈咪的掌上明珠，崇拜老爸，黏腻老爸，有时会和妈妈闹别扭。

功课分数要看她的心情，好的时候前三名没问题，差的时候，可以掉个十几名，她时常问自己，为什么看书？人生有何意义？

都有留长发的年龄，上中学前夕，坐在理发椅上，眼泪滴滴答答，滴在曾经有梦的长发上……

跟朵拉讲话要花一点心思，有些许勇气和几分冒险。[1]

广告人进行消费者调查时的认真和深入确实是他们专业的体现，也是

---

[1] 杨黎鹤.广告文案传真[M].汕头：汕头大学出版社，2002：74-75.

广告产业发展的结果。当人们享受现代文明时，出于生存的压力和社会分工的需求，有很多人在处理着他们自己也不理解的数据，得出一些令人疑惑的结果，但有一点我们无法改变，当我们用心去拥抱生活时，我们不得不做出抉择和改变，也许有一天我们会发现自己误入歧途，但只要我们有闯入生活、有痛快活一次的勇气，我们终会改变生活。广告调查发现，人类本身就在变化，观点、信念、立场随时都在调整和变化，毕竟当我们每天睁开眼睛再次面对这个世界时，我们又何曾有过相同的感觉？连快乐每次都不同。

第三节　总有属于你的恐惧

人生如歌，话筒难免有杂音，状如恐怖音效；人生要有激情，当你拼搏向前时有可能被风吹出前进的队伍，人生总有悲剧难以回避；我们努力追求快乐，但头脑中印象最深刻的却是意外，快乐却在最末位。恐惧，是人类的噩梦，挥之不去，永伴左右。

恐惧是人寻求心理安慰、改变立场等安全行为的动因。哈特曼做过一个著名的实验，把人分为三组，分别采用情感、理性和控制的方式，情感组的传单大量使用感情色彩较浓的语言，强化人遇到的危险和威胁，如果采用传单提供的办法，则可以避免危险。理性组则通过逻辑推理和辩论来推荐解决办法。控制组探讨哪种传播方式有更好的传播效果。效果最明显的是情感组，认可度增加了50%，而理性组为35%，控制组为24%，这些数据表明情感性诉求传播效果更佳。但不能如此简单乐观，以为就此已经发现了传播的最终秘密。当我们把时间线拉长，考虑到实验开始一周前和实验结束一段时间后的传播效果的延续性，一项新的实验又揭示了一个有趣的现象。在强烈诉求组，与一周前相比，实验刚结束关注度提升了42%，而中度诉求、最低诉求和控制组分别为26%、24%和8%。从目前的数据来看，中度诉求和最低诉求差别不大，而控制组效果最差。实验结束一段时间后，诉求越强烈反而减少关注的效果越明显。当传播中出现明确建议时，强烈诉求组的关注度仅增加了8%，而中度诉求组增加了22%，低度诉求组增加了36%，控制组则为0%。当我们想在短时间内改变受众的态度和立场时，强烈控制的方式效果最明显。后续反应（实验结束一年）效果基本相同，一年后对信息抱无所谓或反对态度的，强烈诉求组减少28%，中度诉求组减少14%，最低限度诉求组减少40%，控制组则增加20%，由此可知控制组表现依然最差，而最低限度诉求组则表现优异。因为强烈控制组发出的信息过于明确，目的性也很直接，激起了受众的心理防卫机制，从而产生了强烈的干扰。[①]

所以当我们使用恐惧诉求这种创意方法时，一定要控制使用强烈诉求法的激烈程度，以免激起人们的心理防卫机制干扰传播效果。当我们有明确的传播目的时，采用效果更佳的情感诉求时，一定要保持耐心，在时间和传播次数中逐渐形成有效传播。

一、八十迈的警告

如果把人生与数字相连，我们会不会更能理解可控的风险是人生的保险？虽然我们难以避免所有可控的风险，当它有可能掌握在我们手中时，我们会不会更能体会到性格即命运的意义？现代生活离不开汽车，超速是一个永恒的话题，无论把速度调到多高，都会有人想更快更疯狂。于是在一个风景如画、路途危险的地段，看到这则广告，我们能不能理解超速是预支生命的警示意义？

阁下驾驶汽车，时速不超过三十公里，可以欣赏到美丽景色；超过六十公里，请到法庭做客；超过八十公里，请光顾设备最新的医院；上了一百公里，祝您安息吧！（马来西亚交通公益广告）

把人遇到风险的可能与某些客观标准相联系，是广告创作中很重要的一个写作手法。如果恐惧能以数字标识，数字用来说明恶果，效果似乎无可争辩的。

"RCA计算机大促销是对IBM的当头一棒"，《广告时代》1970年10

---

① ［美］霍夫兰等. 传播与劝服：关于态度转变的心理学研究［M］. 张建中，等译. 北京：中国人民大学出版社，2015：46-73.详见其第三章"恐惧诉求"。

月26日刊登的一篇报道用的是这样的标题。

不到一年的时间，灭顶之灾出现了。"25亿美元的灾难袭击了RCA"，《商业周刊》1971年9月25日一期上刊登的一篇报道的标题如是说。①

这样的说明效果一直持续到苹果公司最终打败IBM，成为个人电脑行业的新领军人物，这已经是几十年后的事情了。这也证明了挑战者必须掌握更高明的技术、更综合的素养，还需要更精明的风投和风控，才可能挑战并战胜行业巨头。

来，让我们跟数字一起去"冒险"。

征宇航员，无需经验

GLAVCOSMOS，即苏维埃太空管理部门，在1991年的一次太空飞行中为一名英国籍宇航员提供了一个位置。

不管谁被选中都不会有什么经验，因为还没有英国人在太空飘游过。

他或她必然将被载入史册。这次飞行安排在Yuri Gagarin具有历史意义的首次载人太空飞行的三十周年纪念日，也即1991年4月12日是最合适的，它被称为"朱诺"（Juno）计划。

飞行为期八天。②

也许是因为涉及航空航天和科学实验，这则广告里的数字都极其郑重，体现出科学的严谨。广告的类型多样，应使用得当的修辞，所有的信息都要用最恰当的方式传达给受众。

二、付出背后的真相

"哦，妈妈，烛光里的妈妈，你的腰身，变得不再挺拔，妈妈呀，女儿已长大，不再牵着你的衣襟，走过春秋冬夏。"在歌颂妈妈的歌曲中，《烛光里的妈妈》应该是经典者中的一员，毛阿敏的演绎也很到位，所以至今人们还在传唱。母爱是我们永远歌颂的对象，"吃水不忘掘井

---

① [美]艾·里斯, 杰克·特劳特. 定位[M]. 王恩冕, 于少蔚, 译. 北京: 中国财政经济出版社, 2002: 47-48.

② [瑞]Alstair Crompton. 创意之道: 32位全球顶尖广告人的创作之道[M]. 英国设计与艺术指导协会, 1995: 41.

人""滴水之恩当涌泉相报",我们怎样回报母爱?这是一个问题。因为母爱我们无法回报,别说"涌泉"回报"滴水之恩"了,同等都做不到,甚至我们能不辜负母亲对我们的期望就不错了。下面一则广告是屈臣氏视频广告的旁白部分,即使仅看文案,依然能感受到作者的情怀。屈臣氏2019新广告:我妈,是一个怪人。

　　这是我妈

　　一个很奇怪的女人

　　大家都说我们两个

　　一个天上一个地下

　　性格和长相都是

　　我在乎的事情她都无所谓

　　那一刻我才明白

　　她的愿望比我想象中的更加卑微

　　她远离着人群

　　常常不近人情地表达

　　原来都是在默默地保护着我

　　那天我看到一个小姑娘

　　一个微笑着用力舞蹈的小姑娘

　　在她的人生里面

　　没有委屈没有遗憾

　　终究

　　我妈没有错过我的婚礼

　　但还是错过

　　她自己的人生

　　点亮微笑

　　美有道理

　　仅从文案就可以看出女儿对母爱的感激,她关注的依然是女人共同关注的问题:美。我们需要超脱一些看法,除了美,有没有更多的情感因素让我们能更感动一些,比如回顾母亲关怀自己的一生,和丈夫两个人一起给双方妈妈买礼物，感激她们的哺育之恩。共同选择礼物这样的细节会不会更好一些？也许原作追求美才是好的，因为它更简洁。广告创意没有好坏，效果才有，但表现力有高低之分，这与观众的观赏感受有关。

经历让生命变得丰富，在洞察中我们找到自己，认识到人类的共同渴望。付出是了解、和解、消除幻觉的最佳途径。我们未必能最终了解世界的秘密，但可以了解自己和这个时代。①

霍普金斯创作的作品中，烤豆子广告是一则出色的作品。但创作过程在他口中就变成了这样平凡的工作过程：

我那天晚上去了印第安纳波利斯，第二天我把调查员们都打发出去调查猪肉和黄豆的情况。我发现94%的家庭主妇自己烤制猪肉和黄豆，只有6%的人愿意接受罐装的豆类产品。可是所有猪肉和黄豆的广告仍然只是在叫卖："买我的牌子吧。"

我启动了一次反对家庭自己烤制的广告活动。当然，我得同时提供工业化烤制的试用品。我讲到在家里烤豆需要16个小时；我讲到为什么家庭自制的豆子不容易消化；我拍摄了在家里烤制的豆子，上面烤酥了，下面却烤化了；我讲述了我们怎样挑选豆子，怎样使用一种"软水"，怎样在245度的蒸汽炉里接连烤制几小时的豆子。然后我提供了免费的试用品供品尝、比较。这场宣传攻势的结果是我们取得了极其巨大的成功。②

霍普金斯的故事告诉我们广告面对的是受众和同类品牌的竞争，也受市场环境的制约，所以广告人要从竞争出发，找到顾客选择产品和品牌的原因，这需要你有一个好的产品，价格优势并不是必然成功的优势。产地优势也是广告人应该注意的问题。

在英国竞选广告是最难写的，它既要打动选民又要显示到政策的独到，既要区分候选人还要有攻击性，很难操作。

一位领养老金的人也会选择投票给保守派

Michael Foot在1979年每月领取3120英镑标准的养老金。

---

① [美]艾里希·弗洛姆. 爱的艺术 [M]. 刘福堂，译. 北京：上海译文出版社，2018：34-35.

② [美]霍普金斯. 我的广告生涯和科学的广告 [M]. 邱凯生，译. 北京：中国人民大学出版社，2007：72-73.

现在，在保守党执政之下，他每月领取5255英镑标准的养老金。

增加了68%，上升的幅度超过任何时期。

在保守党的执政下他还有每年领取圣诞节礼金的惯例。[①]

英国选民对党派的支持，与他们获得的利益相关，并没有理论和思想上的价值，这对中国来说借鉴意义不大。但从广告来说，它需要考虑的因素值得我们关注：应该关注客户的利益；明白客户要用真实的消费来支持广告，因此他们比广告人更谨慎。所以，我们既要尊重客户，更要保护顾客，因为一旦我们的广告欺骗了顾客，损害了顾客的利益，伤心的他们会把不满记在我们头上，甚至会质疑和否定整个广告行业，这样的后果是我们不愿看到，也承担不起的。

三、攀比或人际传播

如果说竞争是人类的天性，攀比就是庸俗无聊而且大多是毫无意义的竞争，但也是无法根除的社会现象。有些广告会利用攀比心理构思、创作广告和吸引消费者。一种令人感觉可悲的攀比是弱者强行与他人比较，以此显示自己的"倔强"，夸大自己的形象和魅力；而对强者来说，所谓攀比不过是用优秀的产品显示自己的品位和个人特点，反而造就了人际传播的鲜活案例。有些广告会在攀比与新的更佳选择之间打擦边球，难以判断它到底是利用了攀比还是在借助人际传播的效应来推销产品。大宗消费比如房地产的广告，这样的创作倾向是一个普遍现象，也许更证明了有经济实力的消费者可以借广告省去选择焦虑，让生活变得更简便。

恒大滨江左岸

寓情于景，动静皆宜，园林世家的幸福延伸

我们深究自然与人文之间的哲学关系，也寻求与生活之间的连接点，恒大滨江左岸，以一方乐活天地，尽显自然与生活相融之处，打造集观赏、运动、趣味于一体的全龄园林；开启幸福生活之旅，以人为本，珍藏

---

① ［瑞］Alstair Crompton. 创意之道：32位全球顶尖广告人的创作之道［M］. 英国设计与艺术指导协会, 1995: 42.

每个人的幸福时光。园林不止于园林，更是家的幸福延伸，恒大滨江左岸，洞悉每个年龄阶段业主的日常生活动线，规划打造全功能、全龄园景，为更高品质的生活不断蓄力。

这样的文案是对园林设计的文字叙述，也是对园区文化环境的畅想。当然这一切都建立在封闭管理、高额物业费的基础之上，对业主的钱包是有要求的。虽然提供的服务并非真正高档，比如健身器材、养生步道、休憩座椅、阳光草坪，都是一次建造、长期受益的投入低、使用期长的设施。而且广告并没有真正实质的承诺，只是以文化畅想的方式，让我们体会一种放松的生活氛围，这需要文案者有夸大其词的能力，当然也有夸大其词的嫌疑。这也需要购买者对这样的生活氛围有认同，我们知道老旧小区的服务不到位是通病，而新小区就靠中产阶级的生活理想吸引消费者，无论是电梯、绿化、垃圾处理还是这则广告所推崇的喷泉、绿植、座椅和健身器材，是中档以上小区的标配，也是新时代小区的基础设施。

电话簿怎么卖？在今天这个信息时代，我们有时候都无法理解曾经热门的小商品，比如电话簿、厂商信息综合表等。在西方最热门的律师行业，细化服务方面有许多经验值得学习和总结，比如下面这则推销电话簿的广告，虽然只是汇集各类信息进行综合处理的二级服务，却尽力找到与众不同的卖点，可以看出在商业主导的环境中，需求与满足成为提高服务的动力，消费者则得到更多元的服务信息。

你认为其中哪一个人最擅长处理强奸案？（提供了三个律师的图片，一个矮个左手拎着皮包，一个瘦长右手拎着皮包，一个最高却留着希特勒式胡子夹着皮包）

这几个人都是律师。

其中之一擅长受理破产案件，另一位擅长财产案件，而还有一位则擅长刑事案件。

光看照片你无法判断哪个是哪个，当然你也不可能光查黄页号码簿就能判断出来。

这就是法律服务社印制地区律师电话号码簿的原因。[①]

这样的广告在今天有更新的版本，就是网络评分。我们在地图上查看饭店、商场等服务场所，就会看到下面消费者的评分。外卖员也会被点赞或差评，对律师也会有类似的评价，当然这都是之前成功的商业经验在网络空间的新形式。

四、恐惧与后果的双重直观

一个技术上的落伍者，面对电脑会有无力的感觉，虽然我们可以用它上网、购物、看电影，但更多的功能，尤其是面对使用电脑制作视频、图像的后期处理、合成等技术性工作依然感到无能为力。这样的难题不是今天才有的，从普及个人电脑的那天起，利用电脑完成技术工作就是便利和挑战的双重存在。

（一个被铁链绑缚还配了一个大锁的电脑显示器，正文开头有一把竖立起来的充满诱惑的钥匙）它有点使你恼火，好像你和地狱越来越近了，所有你所需要的功能都被PC给赶出来了。

你何至于此。

罪魁祸首呢？看看你的架子。

单一目的的软件，不相容的文件，维修费用还都挺高。

你得为此付出代价：不合格的装置，效率低，价格还令人咋舌。

正如一位朋友扼要指出的：我需要的只是一个能解决问题的电脑。

这位朋友最后把许多麻烦一下子给解决了。

他只简单地放弃了单一目的的软件，使用了我们提供给他的产品。

Enable，作为第一种能将单一目的的软件功能方便快捷地结合起来的系统，正受到热烈欢迎。[②]

这种广告的好处是把我们的恐惧直观、夸大地展示出来，虽然它展

---

① ［瑞］Alstair Crompton. 创意之道：32位全球顶尖广告人的创作之道［M］. 英国设计与艺术指导协会, 1995: 45.

② ［瑞］Alstair Crompton. 创意之道：32位全球顶尖广告人的创作之道［M］. 英国设计与艺术指导协会, 1995: 48.

示的方式、使用的图片并不一定能被我们接受，但我们接受它们把恐惧直观化的做法。这是试图从消费者角度提出问题的广告，缺点也很明显，一旦消费者没有类似恐惧，或恐惧被错误理解，就会产生误解，影响广告效果。这是有风险的做法，当然也是吸引消费者关注的直接办法，风险和收益并存，关键看广告人能否真正理解消费者的需求。

五、情绪发泄后你有什么感觉

情绪发泄后你会有什么感觉？爽？空虚？不，恐惧。广告告诉你你会爱上恐惧本身。压力必然会带来身心的压抑，这是生活节奏过快的结果，但如果我们知道焦虑的起因并且找到解决办法，会不会有柳暗花明的感觉？这就需要我们找到初心，寻找到梦开始的地方，这是我们努力学习、工作、上进的原初动力。钉钉把享乐与工作对立思考的做法，前半部分让我们看到倦怠生活的享乐倾向，可是一旦我们找到初心，回到梦开始的地方，会发现工作与个人发展可并行无碍。

我不想工作？

我不想工作，工作打扰了团聚。从五湖四海奔向一桌团圆的酒席，只为分享彼此错过的人生，酒还未尽兴，便又是归期。我不想工作，可我更不想每当团聚时，他们总有新奇的故事，而我只有一成不变的往事。

我不想工作，工作扭曲了时间。有人害怕周一，有人却嫌周末太长；有人轻易地沉浸于一项工作中，有人却沉溺于自己的烦恼中。时间滚滚向前，韶华转瞬即逝。我不想工作，可我更不想在大幕落下时，未曾留下些什么。

我不想工作，工作改变了自我。只需要踏出第一步，就会面对各种各样困难的事情，人们掏出自我同世界肉搏，要么被打碎，要么被激发；千锤百炼后的灵魂，丰富而独立。我不想工作，可我更不想要千篇一律的自己。

我不想工作，工作束缚了自由。为了想做的事，要去做不想做的事，多少人为它践行着等价交换这样简单而朴素的道理；工作的背后，是一片雄心。人们因此能够去定义自己在世间的坐标。我不想工作，可我更不想没有了选择的自由。

我们之所以工作，是因为我们和工作彼此成就。

工作像一面镜子，我如何看待它，它便如何回报我。

如果可以，谁不想要和工作好好相处？

——让沟通更高效，让协作更简单，让信息更安全。

2019，愿你能找到简单纯粹工作的乐趣。

钉钉打工节，享30万开工礼，

1亿人用钉钉，让工作更简单。

就像筷子兄弟那句歌词"有谁记得这世界他曾经来过"那样，普通的生活也是很多人恐惧的，普通人在各种平台上都会发现信息传播并不平等，它也有等级，因传播黏性不同而有量级的差异。在工作中人们有等级差异、贡献大小，在传播上同样有等级区分，过于普通的人只能在工作中找到生存下去的办法，一方面它提供了生存条件，另一方面它也是普通人社会价值的唯一证明。如果只有身份证，那么这将成为更多人的恐惧。所以钉钉这则广告的创意点是准确的，它找到了现代中国社会焦虑的重要原因，并打动了无数为工作而奔忙者的心。它确实是一则优秀的广告，如果不是受新冠肺炎疫情的影响，它本可以传播得更广泛些。

六、女性/弱势者的社会恐惧症

无法体会女性的心理感受，是男人的遗憾。但未必所有女人，都真能明白有些女人的悲哀。有些人从小被宠，就可能不懂弱势群体的悲哀；那些组成幸福家庭的，总有人替她遮风挡雨的，作为同类，也未必明白孤独悲哀者的心声。但广告人懂，这是广告人的社会价值之一。耐克这则广告写出了挑战者的勇敢，是赞同和支持男女平等的案例之一，而且是力证之一。

耐克dream crazier

如果我们流露情感

就会被说戏太多

如果我们想和男性对抗

就是疯了

如果我们梦想有平等的机会

就是痴心妄想

如果我们站出来争取什么

就是精神失常

如果我们太优秀

就一定是出了什么问题

如果我们愤怒

就是歇斯底里，不理智或者疯了

但一个女人跑马拉松是疯了

女性打拳击是疯了

女性扣篮，疯了吧

执教NBA球队，疯了

女性戴头巾比赛

转行另一项运动

完成空中斜向转体1080度

或者获得23项大满贯

生孩子然后回来继续

疯了

疯了

疯了

疯了

都疯了

他们想说你疯了？

好啊，向他们展示疯狂的力量

艾维斯（Avis）租车公司曾经做过"我们是第二，所以我们更努力"的广告，它是经典的竞争者定位广告，也是所有广告案例集必选的经典作品。这是一个靠广告把第二变成第一知名度的广告。虽然最后第一还是第一，第二仍是第二，它们的市场地位没变。因为第一也不是吃素的，它也有自己的竞争广告。

老二说他要更加倍努力，跟谁比呢？

我们一刻也不想和老二争论，假如他说他更加倍勤奋努力，许多人自然地认为，正是与我们相比，他才不得不更勤奋地努力。[①]

弱势者既然敢坦承他的技不如人，强势者也幽默地化解这坦诚里暗含的攻击，老大自然有老二不能比的优势，各种服务更被市场认可，不谈老三就顺理成章，而且具有一种居高临下却又合乎常理的态度，毕竟还有老二这个巨无霸，老三就完全看不见了。想挑战强者，要有更好的本领才可以。消费者自然是获利最大的，也乐于看到老大老二这样的竞争广告，但对老三和老N来说则是灾难。这样的竞争广告反而稳定了市场秩序，让竞争者看到靠着更先进的技术、更被消费者认可的服务才能争得更大一点的市场份额。

七、生活的压力因残酷而令人恐惧吗

是的，现代社会就是压力过大，逼迫着每一个人为了生存要竭尽全力，当然它又会提供进阶的机会，比如彩票、股票、基金等可能让普通人致富的机构。全世界都出现的啃老现象令人唏嘘，有些人注定无法适应竞争性强、节奏快、压力大的现代城市生活。但对普通奋斗者，无论略有成就还是成绩平平，都可以从这则文案中找到共鸣。

长文案：你为什么奋斗

Brand：快手

Time：2019-04-29

今天，你在为了什么而奋斗？

为了下个月的房租

为了下一个10W+

为了一起流浪

为了它们不再流浪

---

① ［瑞］Alstair Crompton. 创意之道：32位全球顶尖广告人的创作之道［M］. 英国设计与艺术指导协会，1995：49.

为了对明天说YES

为了对生活说NO

为了玩得开心

为了玩出个名堂

为了坚持自己

还是为了改变自己

今天，你在为了什么而奋斗？

为了养你

为了我们俩啊

为了一直向前

为了和更多的人一起向前

世界很大

容得下每一个不同的奋斗

世界很小

每个人都在用奋斗

改变着自己的世界

每个人都有自己的奋斗

在地球上，没有真正的事不关己

所有的生命都暗含联系

我们知道很多人利用快手养家糊口甚至发财致富，但在它的发展初期，还是存在很强的不确定性。所有的回报，都是生活给予拼搏和奋斗者的回报。所以面对生活，想超越自我，我们可以任性吗？

广告告诉你，有时候可以任性消费，甚至可以带着破坏去开车，会不会觉得有一种放纵而无须担心后果的快乐？

像恨它一样狠狠地开它

当产自瑞典的Volvo于1956年来到美国时，Chevy是"热门的"，Ford是"保险的"，Volkswagen则刚刚获得"有趣的"雅号。

我们希望Volvo马上获得"坚韧"的称号，但显然它还做不到。

起先只有"车虫"购买，他们揣测一辆Volvo若能经受瑞典式驾驶（不限速）、幸存于瑞典公路（ 80%没有铺柏油）、经受得起瑞典寒冬（华氏30度以下），那么一辆Volvo车能任人任地随意驾驶。

他们猜对了。Volvo车在跑道上赢得的，是很多车永远做不到的。

Volvo仍在赛车比赛中获胜，但这并不是今日人们买它的原因。Volvo被用作或误用作家庭轿车，实在因为它安全可靠，在高速公路上Volvo能比其他中档汽车跑得更快，而每25英里的油耗量却同经济型汽车不相上下。

现在Volvo一直被誉为"坚韧的"，在美国进口车中销量最大。

你可以像恨它一样狠狠地开Volvo，却只需2565美元，比治疗精神病还便宜。[①]

如果说有一种压力来自购物和保值，那么像恨它一样开它就绝对是醒脑和令人愉快的广告。只有质量过硬才能写出这样的广告语，当然也只有自信才敢写出这样的广告语。产品和广告能共同创造一种信任和信誉，是购买后可以肆意地使用而不担心磨损和损坏的畅快。

八、唯恐冷落任何人，尤其是默默无闻在身边的你

在社交场合，我们唯恐犯下错误，尤其是一人向隅、举座不欢被视为社交大忌，"拉近性"是一个很重要的拉近彼此距离、提升人际关系密切程度的动力因素。莱比锡大学的米蒂亚·贝克及其同事证实，在一个班会上进行随机排座，一年后，研究报告显示学生与那些在第一次班会时碰巧同桌或挨着坐的人有更深厚的友谊。[②]现代社会原子化了，人与人的距离和跨越时空的网络社交是矛盾的两面，也侧面证实了拉近性的有效性，只有交往上的亲近，才能建立起真实的亲近。以此为创意点，直指人的孤独、疏离又渴望被温暖的矛盾心理，是微信这则广告成功的基点。

世界之大，不过你我之间
我们起早贪黑

---

① ［瑞］Alstair Crompton. 创意之道：32位全球顶尖广告人的创作之道［M］. 英国设计与艺术指导协会，1995: 49.
② ［美］戴维·迈尔斯. 从玫瑰到枪炮：心理学实证研究社会关系［M］. 侯玉波，等译. 北京：人民邮电出版社，2020: 118-121.

我们马不停蹄

我们为自己的现实买单

也为别人的生活点赞

我们渴望被关注

却也享受孤独

我靠近了你

却冷落了你

我不太懂你

可我佩服你

我重逢了你

我忽略了你

我赞赏你

我取关你

我信任你

我怀疑你

我丢失你

我遇见你

世界再大不过你我之间

我·微信·你

来源：微信

网络社交确实比真实社交具有更大的不确定性，研究得越深入我们越发现它的神奇，但不可否认，我们更想社交，更想得到陪伴和温暖，但付出与关注并没有形成正相关，许多真诚付出和提供有价值内容的人，关注者反而寥寥无几，这是网络社交的悖论之二吧。

MCI对AT&T，它们并不是两家敌对的公司，它们是工作中的两位哲人

是时候了，我们觉得，让你对MCI和AT&T之间的关系有个清楚的了解。乍一眼看去，会认为这是两家巨头的广告战，其实不止如此，这两家公司的区别日益明显。

AT&T在市场秩序清晰且易把握之际组织发展成为巨头：你可以撤走

所有电话公司的东西。而MCI则在混乱且激烈的市场竞争中诞生，它历来反应敏捷，以用最新技术提供完美解决方案、能满足客户所有需求著称。

全世界对我们的工作方式表现出极大兴趣，因而MCI是世界发展最快的公司。譬如，在短短的五年之内，建立了800数字服务网，有超过13万家公司与MCI签约。

如今800的便捷已成为现实，美国免费商业800号码的发展却起伏不定。

结果是戏剧性的，更多公司正在把它们的800号码从AT&T移到MCI来。它的用户名单每小时都在增加，不仅包括小公司中型公司，也有世界500强的大公司。[①]

这是早期电话公司的竞争广告，曾经以为能够一直占电话公司便宜的消费者，今天仍然以为可以占网络公司的便宜，我们虽然获得了便利，失去的也越来越多，比如隐私、空闲、独特性，而无可隐遁等情况越来越突出，即使我们关掉手机。网络时代社会心理研究的发展可以帮助普通人理解和掌控生活，广告也应该努力帮助消费者理解和掌控消费行为，使他们既能够享受现代商业的便利，还能够把控自己的消费欲望，保持身心平衡和健康。

九、想成为最好的那个，本身就令人恐惧

成年人在生活中总会遇到无奈，我们被生活逼迫前行，可广告却要求广告人找到战胜生活、战胜压力的案例，帮助消费者理性消费，或者偷偷地放纵一下，这种小放纵能让明天更美好，也能帮他们摆脱压力、更好地生活！但看到宣传休闲的奥美用超过500万针、花费450个小时为台湾礁溪老爷酒店打造的刺绣广告，放纵的快乐完全烟消云散，这个社会，人们承担了过多的压力，奥美虽付出了辛苦但做到了极致。这使我们不得不思考我们在文案中鼓励消费者去消费去小任性，在紧绷的生活中寻找喘息的空间，会不会是教人学"坏"？

---

① ［瑞］Alstair Crompton. 创意之道：32位全球顶尖广告人的创作之道［M］. 英国设计与艺术指导协会, 1995: 47.

保罗·菲什洛克说的关于广告人创作压力的一段话至今令人印象深刻：

多年来我一直生活在恐惧中，害怕穿了帮。你看，我不是个好写手。我心里并没有什么故事迫切地想蹦出来（每年我只读几本书），我从没在严肃报纸上发表过文章，甚至在学校的作文比赛上也没得过名次。

每当需要写的东西超过了一张海报的基线，我就恐惧得动弹不得，但愿自己是"概念创造者"而非广告文案，但愿自己能把标题下发到文案部，由手扎垫布口衔烟斗的人把格子填满。

我热爱作为广告文案的一切，除了写文案。我也明白，如果不找条出路，这世界上最好的工作（我不知怎么就入了这行）就要离我而去了。[①]

广告文案这个职业虽然是一个回报惊人的好职业，但压力也绝对爆棚。任何一个出色的文案大师，都不止一次想过跳出这个行当。有些曾经的优秀广告人真的离开了，有些人离开了又忍不住重新回来，他们在痛苦的磨炼中形成一个基本的经验：在广告语上下功夫，你会磨出经典。

第四节 赞美

从小学三年级学习写作文开始我们就歌颂过无数对象，可是很多人成年之后依然缺乏基本的赞美训练，在社交中得体地称赞别人也是一门艺术，这并不是所有人都能熟练掌握的。在广告中赞美也是最难把握的写作方法之一，因为既不能溢美，夸大对象的价值，令人觉得华而不实，也不能称赞不到位给对方留下被轻视的感觉。合适的赞美是很难的技术活。

写文案需要合适地赞美品牌、赞美产品、赞美消费者，简直是用赞美艺术全方位地包装自己的文字，所以需要重读一下理查·福斯特创作经典文案的过程，这能让我们体会到广告人不同凡响的脑回路，不得不承认他们调配文字效果的技术极其高明。

今天我要为塞恩斯伯里超市的橄榄广告写文案。

---

① ［德］普瑞根. 广告创意完全手册：世界顶级广告的创意与技巧［M］. 初晓英, 译. 北京：中国青年出版社, 2005: 67-68.

草图就钉在我面前的墙上。（写文案时我总会把草图放在面前，它能帮助我开头。）画中是一颗塞恩斯伯里的橄榄浸在一杯马提尼中。皇后橄榄个头很大，因此它在杯中分外显眼。标题是，《您想为您的橄榄配一杯马提尼吗？》

我要做的第一件事就是告诉人们这是一颗大橄榄，而非一小杯马提尼。桌上放着一罐皇后橄榄和一罐普通橄榄。我每罐拿出一颗，把它们并排摆在盘子里。如我所料，皇后橄榄看上去差不多是普通橄榄的两倍大。于是我写道（一如既往是手写）："皇后橄榄是一般橄榄的两倍大。"

这一句还没写完我就已经想好了下一句："并且也加倍美味。"我立即意识到"加倍美味"是见仁见智的，所以把它改成了一个事实。"并且有人会说，它也加倍美味。"

我需要扩展一下"美味"。我从盘子里拿起皇后橄榄吃了它并写下我的感受：它肉质丰满而紧实，带有甘甜果味，是开胃菜的不二之选。我突然想起马提尼也有开胃作用，于是加了一句（当然是加在括号内的），"不论加不加马提尼"。

我说过，这是塞恩斯伯里橄榄的广告，也就是说，广告要囊括塞恩斯伯里的全系列橄榄。该系列共有九种橄榄，其中八种都产自西班牙。不仅如此，这八种还都产自塞维利亚，那是西班牙最好的橄榄栽培区。至于那个格格不入的品种，该死，它产自希腊。

八种西班牙橄榄中，七种是绿色的，一种是黑色的。那个希腊橄榄也是黑色的。七种绿橄榄中，其一是皇后橄榄，其他六种则是曼萨尼亚橄榄。六种曼萨尼亚橄榄中，一种是带核的，一种是去核的，两种是有馅的，两种是腌渍的。两种黑橄榄中，西班牙橄榄口感浓郁，希腊橄榄就是希腊橄榄的味道。

该怎么把所有这些不同的橄榄整合进文案当中？我选择了重点描述塞维利亚橄榄。重读了一遍开头几句，我继续写道："和所有塞恩斯伯里的西班牙橄榄一样，我们的皇后橄榄来自塞维利亚——西班牙最著名的橄榄栽培区。"

现在轮到介绍该系列的所有其他橄榄了。我决定把曼萨尼亚的橄榄一举介绍完毕，迅速了事。我写道："我们还销售更大众的曼萨尼亚橄榄，有带核、去核、有馅、腌渍的品种可选。"

然后我进一步说明，两种有馅的橄榄分别是红甜椒馅和杏仁馅的，腌渍橄榄是以橄榄油加入蒜和辣椒腌制而成的，其他橄榄则是浸在带香料的橄榄油之中。

太长了。我得凝练一点。于是我重写了段落结尾……有馅（红甜椒馅或杏仁馅）、腌渍（以橄榄油加入蒜和辣椒或加入香料腌制）。

现在是最后的冲刺了。我只需要再谈谈那两种黑橄榄，提一下塞恩斯伯里的橄榄品种最为丰富，然后写一个号召消费来购买的结尾就万事大吉了。

我开始重读整篇文案，只读到开头便卡壳了。"皇后橄榄是一般橄榄的两倍大。"我不喜欢"一般"这个词，它太一般了。"平常"？不行，"平常"我见过太多次了。"普通"？不行，有贬损意味。等等，皇后橄榄……皇室……平民。

"皇后橄榄是平民橄榄的两倍大。"

收工吃饭。[1]

下面是这则广告的成品，我们来欣赏一下：

你的橄榄要加马丁尼吗？

皇后橄榄是平民橄榄的两倍大。

而且，有人说，也加倍美味。

它的果肉肥嫩，却有嚼劲，清香的果味使它成为美味的开胃小品。

（无论加不加马丁尼。）

和所有的Sainsbury's橄榄一样，我们的皇后橄榄也来自塞维利亚，西班牙最负盛名的橄榄产区。

我们也销售一般较熟悉的Manzanilla橄榄，含籽、去籽、填料（Pimiento与杏仁两种）与腌渍（橄榄油加蒜与辣椒或橄榄油加香草）皆备。

---

[1] ［瑞］克朗普顿编著. 全球一流文案：32位世界顶尖广告人的创意之道 [M]. 邹熙，译. 北京：中信出版社，2013：76-77.

所有这些橄榄都是绿色橄榄，但我们这个行列缺乏黑色品种。

因此选入Sainsbury的 Calamata和Hojiblanca这两种橄榄。

Calamatas来自希腊，它们通常用来制作一流的羊乳酪色拉。

Hojiblanca比它们绿色同族更具香味，是用来制作肉菜饭或比萨的理想佐菜。

也许你现在认为，Sainsbury系列比超市里的任何橄榄都拥有更强大的阵容。

那么假如让你去挑选橄榄，肯定是Sainsbury。

Sainsbury，便宜好食品。[①]

合适地赞美商品更需要智慧，它需要你写得恰如其分还要感情真挚，既要简洁明了还要通俗易懂，这要创作者有意舍弃华丽的辞藻，调动充沛的感情，用极简洁又流畅的文字表达对产品的赞叹。称赞是一门艺术，一门我们必须掌握甚至精于此道的写作技巧。

（一）普通但不平凡

当广告越来越重视产品，就像那些经典广告总结出的经验，把本行业的惯例第一个说出来使产品成为行业代表后，越来越多的广告在产品制造流程中寻找创意。就像奥格威说模仿是创作广告的一个秘诀，使用相同的手法创作一则风格完全不同的合格的广告，是作为成熟广告人必备的写作技巧。于是我们看到这样的广告，从专业的角度看是一篇优秀的作品，也许很多观众觉得普通，但把一个普通的产品描述得不普通，本身就是出色的感知。服装广告能把消费者关注的款型、面料、合身、舒适等细节以可信的方式展示出来，回应消费者关心的问题，就是一个合格的赞美广告。

下面这则文案最大的优点是利用数字有力证明了该品牌值得信赖。

1000名商品企划师网罗全球潮流

从100种蓝色中选出适合夏天的蓝

每天分析50000笔男性时尚偏好

---

① ［瑞］Alstair Crompton. 创意之道: 32位全球顶尖广告人的创作之道［M］. 英国设计与艺术指导协会, 1995: 59.

淘汰600种纱线只为更体贴一点

气候分析师预判未来3季面料趋势

掌握亿万中国男性版型数据

一年创造10万种搭配可能

男人的衣柜　创造不平凡

在平凡中创造不平凡的方式很多，很多对社会有贡献的杰出代表都有过积蓄力量的沉默期，但对广告人来说却是一个痛苦的过程，就像蝉蜕一样，需要解除它平凡的外表，让普通的产品和普通的生活场景在他笔下如羽化成蝶一样翩翩飞舞，或如蝉一样长鸣树林，但也许寿命只是一个宣传季那么短暂。创作者自身的风格也许神秘，也许如尼尔·弗伦奇这样生就是怪才，颓废、堕落、玩世不恭，却不能否认他作为广告人具有与生俱来的创造新奇的能力。

我只有一条原则，我这就向你推荐它。大部分人会告诉你，任何广告都至少包含四个要素：标题、图片、文案、商标。别去管说明文、广告语、图表那些都可随意附加。90%的平面广告所需要的最少要素是四个。

但只用这些要素中的一个你就做出了广告，那你就是个赢家。

只用了两个要素，这广告还不错。

用了三个，它还是比报纸里的其他东西看起来都好。如果你没办法精简到四个以下，很可能广告想要表达的基本理念就不够坚实，也可能是你还没有充分地将其表述出来。[①]

越是表面玩世不恭的花花公子，越可能热爱生活，他们抛弃一切道德、伦理的束缚，只为在生活中感受生命本身的快乐。弗伦奇创作的广告，想象新奇，风格与众不同。宣传生发剂他用的是长了毛的蛋，宣传酒时他敢对问价格的人说翻页吧，这些作品都是从解决但不展示人生苦恼的角度创作出来的精彩广告。如果我们把目光放在产品或广告本身，很多人会有被挑战的感觉，尊严、伦理、社会法则似乎完全不在他的考虑中，他

---

① ［德］普瑞根. 广告创意完全手册: 世界顶级广告的创意与技巧［M］. 初晓英，译. 北京: 中国青年出版社, 2005: 85-88.

只考虑产品能不能帮助人活得更开心快乐。站在享受人生这个立场看，弗伦奇就像一个天真的孩子，在阳光笼罩的沙滩上，举着啤酒杯傻笑着看这个世界。他的作品反而成为传递他的快乐的中介。广告也需要合适的观众，就像文学作品需要理想读者一样。

（二）阅读与品质

越来越多的人选择看视频或者出门旅行作为消遣方式，这样生活很惬意，人生很轻松……在新媒体时代人们越来越不喜欢读书，比读书好玩儿的事情太多了，读书回归到它理应属于的小资情调。社交媒体上越来越多的人强烈推荐读书，无论是著名作家，还是畅销书作者，甚至很多与阅读没直接关系的人，包括导演、视频制作者、网红、运动员等，这是一个很奇怪的逻辑，越有名气的人，越喜欢闲暇时阅读作品，而不是刷手机、看视频，读书是他们推荐的填满闲暇时光的最好方式，因为读书能让灵魂变得丰富。

许舜英的意识形态广告代表了后现代文化对广告创作的冲击，也曾经是最具创意的广告艺术。她的广告中展现的对生活的翻转，对广告艺术的创造性理解，对产品的创新性展示，与后现代重新解读世界的方式一脉相承。

书妆打扮——秋冬服装书展

川久保铃的服装染上三岛由纪夫的黑。

伊夫·圣罗兰的房间以《追忆似水年华》的角色命名。

罗夫罗伦专柜的长裤和衣衫间摆一本《临床心理学》。

GIANNI VERSACE的皮革配真丝暴露了肉感的意大利古典主义。

哈美奈把佛教的戒律学和集体潜意识哲学反映在运动衫的设计上。

服装让身体自恋，阅读让心灵自觉。

对漂亮衣服和好杂志一样没有抵抗力的男人女人，

《诚品阅读》提供了服装之外更多让你自信出门的生活情报。

弗伦奇为海底公园写了一则广告，用的是小学生写作文的方式，风格奇特，是广告界的清流。

周末记事

《一条鲨鱼作》

外面天气潮湿，所以那天从早上开始就很美好。话说回来，外面总是湿的。如果外面总是干的话，我们鱼类的日子可就不好过了。

我决定到那个叫作海底世界的新地方去看一看。

（话又说回来，我一点都搞不懂它们为什么取这名字，照我看起来，全世界可不都在海底下吗？不过我又知道什么呢？我只在这里工作。）

这地方有个好处：如果你是鱼，入场免费。

显然，非鱼类的展览品每个付9块大洋来被瞪着大眼看，从这你就知道人类的智商和海参差不了多少。

相信我，它们真的很呆。

事实上，在最惊人的愚蠢海洋生物大赛中，这些大条海参一定可以和那些笨头水母并驾齐驱并以一头（这正是水母们没有的东西）之差险胜，如果它们两个之中有哪一个搞得清楚怎么填报名表的话。说到哪儿了？

哦！对了！海底世界。哎呀！你知道我们鲨鱼就是这样的啦！要有什么风吹草动，我们一定马上就到。这就像第五感，总是比行动快，我们就是这样。

所以，我和我那些朋友一大早就到那里啦，然后整天和其他的鱼类在那边挤来挤去。

全海底的生物都认为，花一两个小时看那些闷声不响的两脚哺乳动物张个大嘴从管子里滑过去，真是让人笑掉大鳍的新鲜事。我们还每天出来看他们大概是对纾解压力有效吧，我想。比目鱼挤得满满的（比目鱼plaice和地方place发音近似，这句是一个双关游戏）！鳗鱼、鲤鱼、大个子鱼、小个子鱼、打扮诡异的胖小伙子鱼、海星，甚至水母！全部挤在那里瞪着那些展出的人类看。

其实，说实在话，我觉得人类没什么好看的。不说别的，它们全都长得一个样，真是无聊透了，一点都不好玩。[①]

---

① ［瑞］Alstair Crompton. 创意之道：32位全球顶尖广告人的创作之道［M］. 英国设计与艺术指导协会, 1995: 63.

宣传海洋馆的广告很容易写得呆板，但尼尔·弗伦奇就有这奇特的本领，转换成鲨鱼和海底世界的动物的视角看来参观的人，角度新奇、想象奇特，也只有他才敢使用这样的写作方式和写作角度吧，一般的广告人还真是不敢这样写，即使写了一般的艺术总监也不敢批准使用，当然也只有能写出这样的广告他才成为我们心目中的广告怪才。很多人不喜欢他的创意，认为过于挑战读者的伦理道德和自尊心，但不可否认他的广告都极具观赏性。

（三）风景怎么歌颂

有人说旅游是从自己活腻的地方花钱到别人活腻的地方去寻找美和灵魂的自由。不可否认，旅游因总能遇到新奇的人和事，它们总能超越日常的想象而令人惊喜。广告人写过无数旅游广告，或者说旅游广告是众多文案大师们共同经营的一种类型，它传统而又追求时髦，一成不变又在不同时期载有不同的文化理想，也因此在不同广告人手下焕发出不同的色彩。

梦想Dream文案创作者：李欣频

因为还有未来，所以今日有梦

有了梦，我们就有新的动力，向明天大举跨步

凡·高说："你可以感觉到星星和无限的天空，尽管有许多杂物，生命还是像一则童话故事。"60亿人口，60亿位梦想家，60亿种进化的方向，让地球得以每天不同，没有人能对未来准确预言。趁着好奇心还在，让我们如孩子般，在未来的梦里大胆涂鸦，把灵感发射升空，向流星许愿，整个2007年，就是我们梦想成真的一年！

创意Creativity文案创作者：李欣频

普鲁斯特说：真正的发现之旅，不在于找寻新天地，而在于拥有新的眼光。创意，就是依自己的梦想，展现出独特的生命力，活成一个造物主的最大潜能。所有梦、故事、幻想、希望的旅行里程最远，所有的绝妙灵感，都要以光年计算。年轻，是人生最美丽的奇迹——就让我们以永远不老的想象力、加量的青春活力，创造各式各样的惊奇创意。有一双让生命丰富、让生态活络的眼，就能换一个有趣的观点看世界。有创意，就能让

你的生活与众不同!

通过这两则广告,可以看出面对小资情调浓厚的读者,中国的文案创作者也能够写出融合自然、天文、人文等知识于一体的好作品。康德说"我们头顶的星空和心中永恒的戒律值得我们尊重和珍惜",我们可以进一步说自然的风光也值得我们珍惜,尤其是融合了人文价值的自然风光,尤其值得我们珍惜。在原子化的社会,我们与亲人、朋友相处的时光格外珍贵,即使独处的珍贵时光也与自然有着亲密的关系,后现代社会人类社会感情越疏远,便越觉得真情实感值得加倍珍惜。

(四)赞美高跟鞋

在今天这个追求舒适和自我的时代,像维多利亚那样用一双高跟鞋赢得男人的赞许最后因脚骨变形要做手术的事情,对很多女生来说恍如天方夜谭。所以读到下面这则广告,很多人可能会觉得有些陌生,好在即使在今天,依然会有魔鬼身材和一双高跟鞋走过街头,似乎带起一股沉潜的魅惑暗流。许舜英写作的这则广告,让我们体会到对女性美的"刻薄"。果然最能刺穿你心理防线的,是与你棋逢对手的"敌人"。许舜英击溃了以身材魅惑世界的女人的心理防线,既否定了她们的骄傲,又增加了她们对鞋子的渴求。

不要让你的上半身配不上一双有深度的鞋

完美的比例往往不是数字而是一种化学作用

九头身的魔法在缺乏一双正确的鞋的合作下将会完全失效

用脸孔及身材迷惑男人的女人还未想清楚是什么创造了一种高度的昏眩

毕竟没有一件衣服可以让165厘米的女人拥有170厘米以上的骄傲

小心不要让你的上半身配不上一双超级厉害的鞋子

经过数百道繁复工艺的鞋如何能容忍美丽是肤浅的

美丽的制造者从来不是那些衣服,不信脱下你的Stella luna看看

对高跟鞋的赞美,我认为是对女人的骄傲和追求美的极致的态度的赞美,女性因她们的自身美和着装美而被世界认可和赞美。

(五)赞美美食

美食是我们魂牵梦绕的家乡和远方的味道,它已经成为各地吸引关

注的另一张名片，自然风光和美食，成为吸引游客的绝佳搭档，从视觉、味觉等感官感知方面全方位吸引人，内外结合共同抓住游客的心，让他们从内到外都记住这个地方的好。下面这一系列广告文案正是抓住了各地的特色，让我们看到风景与美食的结合，创造了新时代旅游广告新风尚。爱美食不是因为我们"饿"，而是因为我们是快乐的吃货，是乐享人生的现代中国人。新时代新风尚，从内到外全方位了解中国，从文化、风光到美食，才能更好地读懂中国，读懂中国人。

"你爱外滩绝佳绵延的风景线，你爱老码头游艇外的夜色。而你最爱的，是你将盘中精心制作近乎完美的米其林菜品，一口一口吃掉。仿佛在舌尖上游遍了世界，老嗲额！"

"可能你一不小心坐过了站，眼前就是我刚烤好的烤鸭；哪天你不经意走进了隔壁的那条胡同，我正等着跟你一起涮羊肉。这北京城这么大，有谁能门儿清呢？"

"我想写一卷肠粉，让乳鸽带给你，加两笔虾饺作落款。可是我担心它飞累了，会停下来喝个早茶，所以出发前帮它添了一对凤爪，让它在游过云吞面的时候，有扑街。"

"离港不远，离你也不远。我愿意在早晨为你熬一砂锅的粥，在午后用香甜柔软的鸡蛋仔博你一笑。而夜晚的生蚝刚捞上来，客官您看清蒸还是酥炸？"

"煎饼果子说：我们俩碰一块啊热乎，一加一大于二。十八街麻花说：你可别纠结啦，变成跟我似的可不好。狗不理包子说：别人只看你好不好看，可我知道你的内在更值得我爱啊。"

"我不在你身边，那么我一定是在厨房里为你包抄手；我数学不好，只好在你饿的时候帮你多抓几根串串。连辣椒都帮你买好了，巴适得板！"

"水光潋滟晴方好，山色空蒙雨亦奇。在这个风情万种的天堂里，肉是东坡的，醋鱼是西湖的，虾仁是龙井的，而我是你的。"

"山是我的名片，川是我的谈吐。山雾缭绕的街头巷尾，辣子鸡和水煮鱼是我热情又大胆的情话。今晚的火锅，我想和你一起吃，好不好嘛？"

"刚到家吗？我给你下碗biangbiang面吧，桌上有个肉夹馍，你先垫垫肚子；你尝尝这个羊肉泡馍，是不是嫽扎咧？"

"我想住在海边，面朝大海，春暖花开。我想和你一起剥大虾、啃梭蟹、吃扇贝。我想和你坐在海边喝散啤。我想你。"

（六）赞美修养

传统观点认为女人应该温柔如水，贤淑端庄，男人应该宽容大度，胸怀天下，现代人更认同一个人在人群里用修养展示自己的独特风采的观点。但如何称赞良好修养者的风度，是对广告人的挑战。风度本身就指一个人在说话行动中体现出的得体与优美，当我们把得体的行为和话语在广告中展示时，对广告人来说不仅要展示修养，还要显示广告人对修养有高人一等的认知，这就要求我们广告人不仅有正确的价值观，还要有把价值观化为引导社会行为的能力。通常认为广告人更适合表现购物快乐，不擅长对人的行为规范指手画脚，下面这则广告是中国广告中不多见的称赞修养且达到国际水准的广告。

别克·君越

这个时代，

每个人都在大声说话，

每个人都在争分夺秒，

每个人都在宣告自我。

你知道吗？

我们用最快的速度站上高度，

但是，也在瞬间失去态度。

当喇叭声遮盖了引擎声，

我们早已忘记，

谦谦之道才是君子之道。

你问我这个时代需要什么？

在别人喧嚣的时候安静，

在众人安静的时候发声。

不喧哗，自有声，

别克·君越，新君子之道

这样的广告在世界广告史中也不是比比皆是，而是比较少见的。这样的劝诫，是其他行业比如西方的牧师、中国的心灵鸡汤制造者的专业行为，广告人对这一领域涉猎的比较少，但并不代表广告人不关注社会的修养问题，相反，我们有自己明确的标准——追求社会身心的健康。许多所谓得体是以束缚和克制为标准的，这不利于人性的健康，而随性的人生又被指责为不够成熟稳重。这是价值标准的碰撞，广告人选择低头做事，用行业的蓬勃发展证明自己价值观的社会价值。广告人需要创作更多对修养发声的广告，逐渐增强行业在社会修养方面的引导力量，引领社会构建有利于身心健康的快乐的生活方式。

（七）赞美酒

竹林七贤之一的刘伶爱酒，常醉不醒，驾车时让仆人带着铁锨，"死便埋我"是他的名言。生活中也有很多酒徒，钟爱酒的滋味，喜欢微醺的感觉，此情可叹。人迷恋酒，固然有些是因生活中有无尽忧伤，何以解忧唯有杜康；有人却因生活有无限温暖，翩翩起舞方为美；有人因和爱的人在一起，酒杯叮当，飞盏流觞，吟诗作赋，享文化之美；有人因独坐无聊，饮酒解闷；有人因举世无双却无人赏识，饮酒自洽……

广告语：尽情享受两全其美

正文：深黑不失清醇。出奇地顺畅和清爽。选用黑啤材料，以白啤的方式，独特创酿出更加香醇的酒味，犹如宝剑出匣，令人折服。

酒的美是为数不多的被大家公认的能解忧的产品，千百年来大家对它爱恨交加，而酒一直以它无可替代的美吸引着一代代君子的喜爱。

（八）赞美零食

零食是现代社会的最佳创意，它能让人的生活充满新鲜滋味，不受季节影响，也是科技改变生活的最佳注脚。但零食的广告并不好写，因为它与人的闲暇、娱乐有关，又不属于大宗产品，规模一般不大，这就需要广告主和广告创作人员有共同的默契，既要找到目标客户，又要扩大行业影响。找到目标客户并得到回应，是一件困难的事情，并不容易成功。扩大行业影响最终获得的并不能保证是广告主。这是这类广告的两难之处。下面这则广告因产品的独特性和差异性获得成功，证明在零食行业差异是最好的标签。

鲜菜果蔬食品有限公司

正文：在你品尝过各种零食之后，甜的、咸的、酸的东西想必你吃过不少，很容易腻是不是？现在，我们把苹果、菠萝、香蕉，还有刀豆、黄瓜、胡萝卜、土豆等制成原色原味、香脆可口的新款小零食，这就是来自阳光下的贝尔脆——天摆果蔬脆片。25g贝尔脆就有250g新鲜果蔬的营养，对不喜欢吃蔬菜的孩子来说是最好的补充。从今天起，还有一周的免费品尝活动在各大食品店举行呢。

注意，不要错过噢！

当年霍普金斯也曾写过同类的广告，不过他面临的问题要更加复杂，因为他面临的是膨化食品销量下降的情况，所以他要有更新的创意，吸引目标客户回来重新享用膨化食品。这在很多人看来简直是不可能完成的任务。

我弄明白了大米和小麦膨化的原理。它们让每一个植物细胞都发生膨胀，我亲眼看到这两种谷物变成平时的8倍大。这可以使每一个细小的分子都变成食物。

我观察了它们的生产工艺。谷物从一种特制的"枪"里喷射出来，立刻就变大了。我因此想到了一句广告语："枪里射出的食品"。

这个想法引来了一片批评声。国内最大的一个食品广告主就此写了一篇文章，说在所有的笨蛋食品广告中，这无疑是最愚蠢的一个，用"枪里射出的食品"打家庭主妇的主意，是低能儿才会有的想法。

但是，事实证明这种想法真的能够吸引人，它引起了主妇们的好奇心。而我们知道，在和人打交道时，引起对方的好奇心是最有效的刺激方法之一。[①]

霍普金斯的成功证明，越是日常用品，广告的创意和切入角度的新奇越能引起观众的好奇心。当然能吸引消费者的关注并得到他们的认可非常

---

① [美]霍普金斯. 我的广告生涯和科学的广告[M]. 邱凯生，译. 北京：中国人民大学出版社，2007：105.

重要，但能让消费者觉得广告帮助他们解决问题，包括摆脱选择焦虑，让生活变得更科学合理才是成功的关键。消费者消费的动力是"有用"。

（九）赞美水

农夫山泉在几十年前曾遇到过三个创意，一个是"有点甜"，一个是"优质水源"，一个是"不生产水"，最后确定使用的是"有点甜"这一创意，但其他两个创意也没有被抛弃，而是后来根据情况逐步在创作广告时使用。事实证明这三个创意都是好创意，都帮助农夫山泉在不同阶段成为饮用水行业广告创意的引领者。这一事实证明一个好的企业，当发现优秀创意时，要敢于买下来，然后在合适的时机推向市场。虽然只是一个卖水的企业，农夫山泉创造富豪的能力丝毫不输于高科技企业。赞美水，也需要好的创意，水是人类最重要的生命资源，也是地球稀缺资源，人类从开始就为了水而奋力抗争，水并不因简单平凡而被忽视。

台湾地区黑松企业黑松天霖水电视广告文案

挑逗的水（画面为香水）

游戏的水（画面为游泳池中的水）

补充的水（画面为输液的药水）

冒险的水（画面为托起小船的海水）

享乐的水（画面为酒）

成长的水（画面为奶瓶中的乳汁）

发现一瓶好水——黑松天霖水

我们赞美水，并不仅因水的珍贵，也因人生焦渴难忍。水也是人类必然关注的健康元素。无论我们的阶层差异有多大，水、空气是我们的必需品，谁也无法逃避空气和水对身体的影响，这是所有人为了安全健康必须关注的对象。

（十）赞美手表

百达翡丽的广告语提醒消费者"你从来不能真正拥有一块百达翡丽，你只是把它传给自己的后代"，因为"传家宝"是大家对该品牌的共识。好的广告是对好产品的社会解说，它要走进大众心灵的私密花园，在心里种上一棵幻想和美丽的种子，然后等它成长为最佳风景。

我们来欣赏一则瑞士欧米茄手表的报纸广告文案。

标题：见证历史　把握未来

正文：全新欧米茄碟飞手动上链机械表，备有18K金或不锈钢型号。瑞士生产，始于1848年。对少数人而言，时间不只是分秒的记录，亦是个人成就的佐证。全新欧米茄碟飞手表系列，将传统装饰手表的神韵重新展现，正是显赫成就的象征。碟飞手表于1967年首度面世，其优美典雅的造型与精密科技设计尽显贵族气派，迅即成为殿堂级的名表典范。时至今日，全新碟飞系列更把这份经典魅力一再提升。流行的圆形外壳，同时流露古典美态；金属表圈设计简洁、高雅大方，灯光映照下，绽放耀目光芒。在转动机件上，碟飞更显工艺精湛。机芯仅2.5毫米薄，内里镶有17颗宝石，配上比黄金罕贵20倍的铑金属，价值非凡，经典设计，浑然天成。全新欧米茄碟飞手表系列，价格由八至二十余万元不等，不仅为您昭示时间，同时见证您的杰出风范。备具纯白金、18K金镶钻石、18K金，及上乘不锈钢款式，并有相配衬的金属或鳄鱼皮表带以供选择。

广告语：欧米茄——卓越的标志

（十一）赞美牛仔裤

牛仔裤能成潮流，本身就是现象。我们都知道它本来是工装，却因结实耐用成为人类新宠，随着时尚元素的加入，牛仔裤变得越来越流行也更时尚，在原来宽大、厚实的工装之上，更发展成为潮人必备的"炸街"装备。服装和时尚的关系过于紧密，我们很难理解牛仔裤能成为人类至宠的原因，但有一点我们知道，即使时尚达人，都会有一套牛仔行头，以显示自己的硬派，展示自己酷酷的时尚风格，丰富自己的服装搭配方式，展示自己的多重魅力。

ARE YOU TYPE1? 够胆试吗?

LEVI's TYPE1，新派牛仔"酷"

正文：04年春夏，又有什么更大胆、更有创意的牛仔能让我们比明星更酷? 经典牛仔品牌Levi's一向具有不断创新的精神，这次隆重推出Type1系列，在欧美、日本、中国的台湾和香港等国家和地区曾风靡一时。Levi's Type1系列走出传统牛仔裤的框框，放大了Levi's特有的撞钉、红旗、皮印章、加粗双弧线，形象够创新。

如果够胆，够潮流，就来试一试吧。

正是因为牛仔的百搭，它不挑颜色、款式、造型，随便穿件衣服配牛仔都有合适的理由，所以它可以让潮人避免出门前的衣服选择焦虑症。出门一整天会遇到各种意外，但牛仔能让我们保持着外形的坚挺，这也能保护我们脆弱的内心，维护我们的外形尊严。当休闲与时尚融合为一，任何场合都可以穿件牛仔，不仅硬朗，而且干练和自信。所以现代人爱牛仔是有深刻的心理基础的。

（十二）赞美小众鞋

鞋是必不可少的装备，也是现代社会的身份象征，它不仅是为了方便行走，也是展示自我的窗口，是保护身心安全的装备。鞋对我们生活的影响有时超过我们的想象，直到穿上合适的鞋，我们才明白它的重要。现代人遇到越来越多的行走麻烦，关节炎、腰椎间盘突出、颈椎错位等小毛病让我们不良于行，而一双不合适的鞋带给我们的痛苦，让我们每走一步都是惩罚。所以说一双合适的鞋很重要，一双够时尚、够舒服的鞋更是重要，能让我们脚下生风，每一步都是自豪。

马汀大夫鞋

不要告诉我做什么才是对的

我逛二手店

我吃棒棒糖

我看NBA

我穿马汀大夫鞋

广告口号：自信？固执？永不妥协

鞋类品牌追求大众化，这也是耐克、阿迪等世界品牌价值惊人的原因，它们在全世界的客户数不胜数，然而一些品牌因其独有的特色，使其产品成为小众展示自我独特风格和价值追求的标配，满足了小众消费者独特的与众不同的新需求。人们在大众化品牌上寻找到从众心理的安全感，在小众品牌中寻找到精神特立独行的独特自由感。我们总是在从众与自我追求中遇见艰难选择的自己，正如我们站在大众品牌前的人流中的自得然而时常感觉到平凡的惘然，站在小众品牌前有些孤独然而有时会有独特的骄傲，我们难免在有限的开支计划面前左右为难。

（十三）赞美家电

不要因为家电是日用品，我们就忽略它们的价值，也不要因为它们的普通和常见，而觉得一切的安全可靠都理所当然。越是普通的商品，对我们生活的影响越是巨大，比如电冰箱，如果没电了，它突然不工作了，我们的生活立马一团糟：冰箱里的食物会解冻、会坏掉。冰箱带给我们的安全感和现代感，让我们觉得一切都可以冷冻和保质，但它的真实价值，需要我们努力寻找。

科龙冰箱平面广告文案：

广告语：梦想无界，科技无限

标题：或许，精美的干花对干燥室早就艳美不已

正文：科龙星云座，以独树一帜的专利技术——多功能干燥室，完全颠覆传统冰箱的概念，开创性地于冰箱中配备了可在1℃~25℃摄氏度自由调控的防霉防潮储物间，平时可作为干货、药品、胶卷、香烟的专用存放空间，如果需要更可借助"分立四循环制冷系统"，自如转换成冷藏室。一个空间，两项功能，实属智慧科技的经典杰作。

三菱空调报纸广告文案：

标题：老婆说"这个真不错"，我选择三菱空调

正文：世界上独具特色的"气流控制"技术，能快速使房间每个角落都变得舒适。外出回来，一键按钮，迅速地使房间的每一个角落都变得舒适。三菱电机空调的先进气流控制，根据您的喜好和房间的特点，搭载有可选择的"自由""手动""摆动"三种气流控制的性能，不论是谁都会认为它能让生活非同一般，这就是世界一流科技的超能力。

广告语：不同之处，在于世界水平——三菱电机

飞利浦真柔灯泡广告文案：

子夜，灯一盏一盏熄了

浓密的夜色淹没了初歇的灯火

万物俱眠

怎舍得未归的人

独自在黑夜赶路

且点上一盏灯

点上家的温暖与期待

让晚归的人儿

不觉孤独

飞利浦真柔灯泡

为晚归的人点上一盏温馨的灯

正因为家电是日用品，它和家的联系日益密切，和关怀、温暖的情感属性的联系也越来越紧密。如果不是这些家电用品便利了我们的日常生活，我们的现代感不会如此踏实可靠。如果不是它们默默地支撑着我们日常生活的顺利进行，我们的人生不会如此便捷。

第五章　群体影响与品牌管理

一个人在他擅长的领域，别人的正面评价，可以促进他增强自己的优势反应，能做得更好。但如果他顾及其他人的反应，那么他就会分心，影响优势反应。在日常生活中个体会偷懒，即群体中的个体身上出现了懈怠现象。群体决策时又会更加冒险，发生"风险转移"现象，还会发生社会群体极化现象，即各自强调自己的观点和立场，甚至在明知对错的前提下依然坚持自己的观点。[①]这提醒我们在管理品牌时要关注我们的优势，集中凸显我们的优势和卖点；也要关注群体懈怠对品牌认知的影响，利用有效的宣传策略预防群体降低对品牌的归类式认知，把它简单归为某类产品而不思考品牌的丰富内涵；还要预防在传播中出现公关危机，导致群体风险转移而拒绝接受我们的危机公关。

建构品牌是广告宣传的目标之一，也是广告宣传的重要效果。品牌建设大力开展的广告活动主要在两个时期展开，第一个时期是品牌的发展期，品牌成立之初最重要的目标是在市场上存活下来，它需要满足客户的需要，得到消费者的认可，这时广告正好发挥它广而告之的功能，让更多消费者知道和了解品牌，提高品牌的知名度；第二个时期是构建品牌延伸期，即建立母品牌市场稳固地位的时期。在进行多元品牌建设计划之前，首先要建立母品牌的市场影响力，这才能把品牌的影响力传递到子品牌上，提高新品牌的存活概率，帮助淘汰率为60%的新品牌建设取得成功。

提高品牌影响是一个长期工程，并不仅靠一两次的成功就能完成目标。当年秦池成为央视标王风光无限时，很难相信它的下场如此令人唏

---

① ［美］迈尔斯. 社会心理学［M］. 侯玉波，等译. 北京：北京：人民邮电出版社，2014：268-282.

嘘。作为品牌管理和广告行业的观察者，我们也觉得极为痛心。如果我们在品牌管理上更成熟一些，在产品生产和市场准入上再谨慎一些，秦池也许会成为中国品牌建设的成功案例。在构建品牌形象、建设品牌版图的过程中，长期的、统一的、有明确目标和战略决策的广告活动，是成功的基础。广告的作用非常突出，但有时在综合的品牌建设活动中它的影响力也有疲软的时候，尤其当品牌战略出了问题时，再出色的广告也无法掩盖战略失误的后果。所以品牌建设过程中广告活动不妨保守，这就是尼尔·弗伦奇的"翻页吧，年轻人"被人弃用，连工作也丢掉的原因。出色的广告是和成功的品牌战略联系在一起的，它是品牌战略的组成部分，所以广告的宣传功能发展到专业化的水准之后，霍普金斯的优惠券推销法虽然一直在被模仿，但是已经远不能满足多元化战略的要求了，它需要我们有明确的目标，有媒体组合的策略，有多元广告风格，有多个同类作品，有创作系列广告的能力。我们不仅能写一则合格的广告，而且要高水平地创作出系列广告。广告的目标不仅要精准地传达给目标客户，保持他们的忠诚，还要改变非目标客户和不忠诚客户的态度，甚至让讨厌品牌的消费者变得能接受品牌，让不了解的消费者成为忠诚客户。广告的功能不仅是宣传、促销，还要改变消费者对品牌的感知、态度、立场、好恶，广告的能量要无限大。当然，广告的能量正在被充分甚至过度挖掘，照这种趋势下去，有不堪其重的倾向。这也是我们应该警惕的。

第一节　品牌形象与广告

建构良好的品牌形象，在消费者心目中留下预设的印象，是广告宣传的重要目标。为了完成这个目标，一代代广告人留下了饱含着他们汗水和泪水的奋斗经验。我们今天拥有的基础知识，都是他们无数次成败经验的总结。

奥格威曾用一首小诗来表现广告人面对客户需求时的应对策略：

客户要是唉声叹气，

把他的厂标放大两倍。

要是他还是执拗不已，

就用他工厂的照片。

除非万不得已，

切莫动用客户的尊容。①

无论是商标、工厂照片还是客户的照片，都曾是广告用来达到宣传目标的手段，扩大商标使得客户的品牌形象更清晰醒目，工厂照片是实力的证明，当年大庆油田的照片也曾让全国人民兴奋不已；使用总裁、创始人的照片，则有利于与消费者建立真实的情感联系，把抽象的现代工业商品，变成活生生的科技成果。

品牌格调的表现方式与广告人的风格有密切联系，当品牌与广告人风格产生良性互动时，有利于创造出精彩的广告。比如奥格威的"这辆车六十迈的时候最大的噪声来自它的电子钟"，许舜英的中兴百货系列广告，孙大午先生的保德信广告，都是广告风格与品牌格调良性互动的优秀成果。同样，时代特色也会影响大众的需求，但善于讲述故事的广告人则能利用一切元素一直创作出精彩的广告。

史蒂夫·海登在分享自己创造文案的经验时说了如下一番话：

因此，不论你写的是什么产品的广告，见见其董事长或总经理都是有好处的。如果他们是伟大的演讲者或是卓越的思想家，如果你能撇开驱动着大部分企业的愚蠢与贪婪，他们听上去会是什么样？你的工作是创造出客户最好的自我。所以，捕捉他们的闪光点，并将其展示出来。②

我们广告人就是聆听着为世界做出贡献的、对人类有巨大价值的伟大的声音，在取媚世界、读者、消费者、客户、自己中，在金钱、地位、荣誉的诱惑中砥砺前行，寻找到艺术冲动与商业实践的平衡，发现品牌的魅力并为之添砖加瓦，而且还能感受到助人为乐的快乐。功成身退是广告人的宿命，不要嫌回报太小，毕竟成功的广告很多。那么多优秀的广告，比如艾维斯的"我们是第二"的广告，比如戴比尔斯的"钻石恒久远"的

---

① [美]奥格威.一个广告人的自白[M].林桦,译.北京:中信出版社,2008:153.

② [德]普瑞根.广告创意完全手册:世界顶级广告的创意与技巧[M].初晓英,译.北京:中国青年出版社,2005:101.

广告，回报都与广告的影响不成比例，相比一些非常经典的创意却根本没有机会和消费者见面，能和观众见面就应该庆幸这个广告没有白做。这个世界上真正成功的品牌，在所有品牌中只占非常小的比例，而且曾经成功的品牌还可能被市场抛弃，曾经跟品牌一起成功的广告，也和品牌一起消失。所以，我们广告人想追求广告的生命天长地久，不能仅靠广告作品自身的力量，还要靠品牌的生命力。可口可乐的经典广告数量并没有想象的那么多，但我们翻翻广告史，我们又读过多少可口可乐的广告啊！我们得承认，优秀品牌能带给广告作品以盛誉。

一、我们都是爱问问题的有心人

现代教育的普及让我们知道的越来越多，我们对知识的渴望有了强迫的倾向，似乎对任一知识的无知都会在社交中失分，会降低自己的魅力。今天，掌握碎片的知识，也是生活的一门必修课。

知乎

没有谁的一天会过得毫无问题！

我们问自己、问别人，

正是这些问题让每件事变得有意思。

因为问题，

我们发现潜藏的乐趣、找到心中的热爱，

看清真实的自己和更多可能的自己，

也看清表面之下的世界。

你也是有问题的人吗？

对知识的焦虑不是今天才有的，来看一个老广告，它利用的和我们今天面临的是同样的问题——孩子在未来社会的竞争力是父母最大的焦虑。

给所有父母们的紧急通知

最近我们在试验中证明Healthcrfts牌维生素能增强孩子IQ的平均分。

这就是它的包装实样。

只有成就维生素才贴着由饮食研究基金会（DRF——一家独立机构）的认证标签，任何类似产品在出售时没有经过测试或得到DRF的认可。

今天中国广告界遇到的和要处理的问题和需求，大多都有据可查，其他发展较早的国家和地区已经遇到并处理过类似的问题，也替我们总结了经验教训。正如奥格威提醒我们的，模仿是一个不错的创作方式，今天很多广告人的作品有很重的模仿其他优秀广告人作品的痕迹，虽然我们知道这情有可原，因为不仅人类的创意神似，模仿也是广告人迅速取得成功的诀窍，但还是想提醒广告人成败的关键在于能不能在模仿中创新，能不能在创新中抹掉模仿的痕迹，消费者喜欢新奇的商品，也喜欢全新的广告表现，如果连看到的广告都似曾相识，会影响消费者对产品的态度，他们不相信连广告都模仿前人的制造商能创造出优秀的新产品。

二、利用诙谐俗语让印象更鲜明

许多国外品牌名称的翻译堪称经典，比如"可口可乐"的翻译，让我们感叹语言的魅力。当然也有过于追求高大上而失败的，包括劳力士和百达翡丽，在翻译时可能用的是"港普"，并没有达到传神的效果，当然这不影响这些品牌广受欢迎，因为它们的产品本身确实非常优秀。可能受品牌自身定位的影响，这些品牌不能接受诙谐的土语翻译，但在广告中，偶尔使用这样的手段，能提高传播的效果。

我走的时候，叫Timberland

回来时，才叫踢不烂

来源：踢不烂

忘了从什么时候起

人们叫我踢不烂

而不是Timberland

从那阵风开始

当我被那阵风亲吻

被月光、星光、阳光浸染

被一颗石头挑衅

然后用溪流抚平伤痕

当我开始听到花开的声音

当我不小心闯对路

又认真地迷过路

当我经历过离别

又曾被人等待

我知道

已和一开始那双崭新的Timberland

完全不同

在时光里

我变旧变皱

用伤痕覆盖伤痕

每天当太阳升起

我又是全新的

我走的时候

叫Timberland

回来时才叫踢不烂

但踢不烂的故事

还远远未完成

踢不烂，用一辈子去完成

相关文章：《"踢不烂"的文案，真不赖！》

利用诙谐俗语创作的文案，在特定时期有出奇的效果。当然这样的传播手段并不适合所有品牌，它和品牌文化、调性有密切的关系。但我们知道，正如奥格威等优秀广告人所总结的，只要我们找到合适的角度，总能寻找到幽默的切入点，而幽默是广告成功的必杀技。幽默的广告利用的正是人类的娱乐精神和消费冲动，达到推销产品的目的。

泰晤士电视台的广告："最糟糕的事莫过于一家广告代理商说它是客户"。

在似乎嘈杂的对话中，展现的是广告部真实的工作状态，这是广告部自己特别熟悉的场景，现在居然有勇气把这样的场景真实地再现在广告中，这确实不是一般勇敢。因为这里面一点体现不出广告部的专业性和服务的优质性，它过于混乱甚至令人怀疑它服务的水准。我们想象中的广告部应该是喝着咖啡打着领带，优雅地谈论着艺术，以轻描淡写地从容解决客户头疼的销售难题，但这是虚假的想象，真实情况就是这样混乱甚至不堪。没想到这自揭其短的广告竟然成为经典。所以说势无常势，成功的办法也并不相同。有一点我们要知道，幽默广告是系列广告中必备的撒手锏。

三、同感共鸣的贴心小棉袄

许多大品牌更愿意采取尊重、引起共鸣的方式和女性消费者进行情感沟通，而不是简单地讨好她们，讲述女性的故事，使得这样的品牌叙事成为赢得女性关注的成功之处。下面是She's Mercedes平台推出的系列广告的广告标题，仅仅把标题放置在这里我们就可以看到这个平台的叙事特色，它希望通过表达女性的心声使得品牌能成为消费者生活态度的代表，也希望能借此增强品牌和消费者的情感联系，增加消费者对品牌文化的了解和信赖感。

买包解决不了的事情背包试试。

她有三千烦恼，更有万千解药。

做好大孩子，才能养好小孩子。

饿出来的好身材，总是少了些味道。

别人说的，听听就行了。

睡一觉，说不定灵感就醒了。

摔倒了，正好躺下歇歇。

握好手中的方向盘，无论去往哪里。

She's Mercedes是奔驰打造的一个全球女性交流平台。广告片借七个不同角色、不同性格的女性之口，传递了七个不同的人生观。这些观点涉及了人生的不同方面，但都统一在"遇见知己，更看见自己"的主题下传达出了要"做自己"的新女性精神。

人类偏爱故事，女性比男性更偏爱些。作为优秀的广告人的苏茜·亨利的经验让我们看到女性广告人的魅力：

平面广告生命短暂，所以要让它熠熠发光。你只有一次机会来吸引读者，告诉他们一些他们没见过或是没想过的事，要煽情，别讲陈词滥调，要令人信服。

认识我的人都知道，让我快活的事我肯定会唠叨几句。如果面前有一排花园篱笆，那我肯定会探过身去。刚开始写作时，我的文案之"唠叨"，以至于一个创意总监评论说我写得"像度假村里打杂的"。当时我还挺愤慨，不过，重读了早期为贸易联盟写的一则广告《洪水》后（约1978年），我同意了他的见解。那不太像平面广告，倒像是《每日镜报》的独家花边小料。（我妈妈和姑姑都是记者，我的小报腔调大概是从她们那里学来的。）[①]

我们能从她的字里行间看出她对这个行业的热爱，尤其从她的故事中体味出她对广告的热爱。她喜欢故事，喜欢观察生活也热爱生活，这是她创意的来源。妈妈和姑姑的记者生涯，培养了她对故事，尤其是讲故事的钟爱。她这经验之谈，更像是自己人生经验的介绍，从中我们既能看到她成长的过程，也能看到她在革新广告表达方式时的勇气和坚定。正是源于爱和自信，才让她能顶住各种误解坚持到最后。她和贸易联盟合作了17年，更换了4家公司之后双方依然继续合作，彼此保持着对对方的信任。我们感激品牌对自己广告格调的坚持和对广告人的不离不弃，这对广告人和品牌都是有益的事情。

在中国，很多品牌做了优秀的广告，尤其是一些大品牌在地区广告上取得了佳绩，但令人感到非常遗憾的是，这些成功的广告和活动之后却没有坚持下去。也许是受求新求变思潮的影响，很多品牌在讲故事的时代只追求故事的哗众取宠，却往往忘记了故事有自己独立的生命力，动人的故事可以穿越绵延的时间而长久保持自己的生命力。当年奥格威创造戴眼罩的男人形象后，可是用了很多年，吃了很多复利的，巴菲特这样的富翁靠的就是复利才成为股神，品牌也要靠重复讲述同样的故事才能成长。就像

---

① [德]普瑞根. 广告创意完全手册:世界顶级广告的创意与技巧[M]. 初晓英，译. 北京:中国青年出版社，2005:120-121.

耐克的"just do it",用了这么多年,已经成为耐克的企业文化了,每到换季时只是替换一下海报的画面,更新一下广告的表现方式,而广告口号和推崇的精神还是"Just do it",它依然能打动人心。虽然它已经使用了十几二十年的时间,每次走过它的新海报,你依然会感受到海报中蕴含的澎湃的动力,陶醉于它激发的你都可能忽略的生活欲望。虽然世界每天都在改变,但有些东西却没有变,就像"认识你自己"横跨几千年,"有朋自远方来,不亦乐乎"穿越了中国历史,有些基本的精神和价值观是不会改变的,就像我们对好故事的喜爱一样。对好广告和好创意坚持使用才能等到日出,才能收获价值观相同的忠诚客户。

四、小可爱能否做成大生意

在追求有趣这件事上,广告界确实一直在努力。当然不是所有有趣的广告都能获得消费者的青睐,相反,有时还会弄巧成拙,比如当年经典的不粘锅的广告,让一个男人夸张地表演自己做菜的技巧,"看我,单手",结果就把鸡蛋打到了锅外边。大家哈哈大笑,却没有记住锅的名字,也没有记得应该去买一个这样的锅。许多家庭主妇反而说,千万不能买这个锅,买回来丈夫一做饭就要玩个单手,在物价飞涨的年代可浪费不起。你看,广告真成了弄巧成拙,想用幽默打动消费者结果成了自取其辱。

但我们不能因此而放弃追求有趣,因为它是广告的生命线。

我在那篇文章中没有用过一次"有趣的广告"字眼,但是,为什么会有那么多人贸然断定我很中意"有趣的广告"?经过反省以后,我恍然大悟!在国内,除了"有趣的广告"之外,没有可以用来形容广告的趣味性的字眼。因此,使用"具有趣味性的广告"的字眼是不能令国内读者接受的。

"有趣的广告"乃是借表现出来的趣味性与其他广告明显分别,因此,该则广告的价值、目的全在于表现趣味性。

至于"具有趣味性的广告"的目的并非"趣味"本身,而是为了要使讯息能够以更明白易懂的方式传递给读者,而把"趣味"当作润滑油使用。而且,这个润滑油有必要加。

　　前者是把焦点集中在有趣的创意的表现上，后者则是运用有趣的手法使注目的焦点集中在创意上。

　　由此可见两者的差别的确很大。^①

　　既要让广告创意飞扬，又要想尽办法讨好消费者，广告人真是费尽了心血。但我们还要清醒地知道，随着对消费心理研究得越来越深入，广告的有趣与否成为成败的关键，尤其在消费市场多元化的时代，幽默简直就是广告的使命，也是我们吸引消费者关注的最大本钱。

　　如果没有很多钱，至少要有很多头发，防脱发控油按摩强健发根，激光生发梳。

　　嗯，听什么都要过脑子，韶音，无线挂耳式骨传导耳机。

　　年轻人的上班时间，都有一定的水分，哥尔小型加湿器。

　　无人与我立黄昏，有人问我粥可温，北鼎多功能养生壶。

　　每一个女孩都要看清这个危险的时代，Tonot，多功能智能眼镜。

　　帮你温柔脱毛裤，飞利浦脉冲光脱毛器。

　　爱抖小机灵，雅萌环形射频美容器。

　　掌控太多，我有点儿方，欧瑞博智能无线遥控。

　　这个价都不买，是不是有"猫饼"？小熊薄饼机，全自动迷你电饼铛，蛋卷机春卷皮煎千层蛋糕。

　　凉凉人生，记得保温，北欧欧慕折叠双电压烧水壶。

　　说的比唱的都好听，猫王积木式收音机。

　　真正努力过的人，会明白颜值的重要，tripollar美容仪，多级射频美容器瘦脸嫩肤。

　　现实黑粗硬，梦想瘦白甜，美国诺思得其棉花糖机。

　　养成拍完丑照随时打印的好习惯，口袋照片打印机。

　　如果屋子很空，冰箱一定要满，小咖小黄鸭限量迷你冰箱。

　　相关文章：《京东爆火文案完整版出炉，不是杜蕾斯写的！》

　　虽然这些广告只是一次促销活动的海报，不可否认它还是起到了吸引

---

① 　[日]西尾忠久.如何写好广告文案[M].黄文博，译.台北:台湾出版社,1998:170-173.

眼球的目的。老派广告人追求趣味与创意匹配，趣味达到高质量的幽默并不容易，特别是系列广告都保持高水平的幽默，对广告人的挑战不亚于让他爬珠穆朗玛峰。高质量的广告实在难写，创意本身就难寻，幽默技能是救命的本钱。

五、把禁忌变成时尚或擦边球的快乐

弗洛姆曾说："男子的特性可以解释为具有洞察力、控制力、积极进取、严守纪律和勇于冒险这些品质；女子的特性——从品质上说——是在创造性地接受、保护、温柔、务实、忍辱负重、母性（务必记住：在每个人身上，两种特性是融合的，只不过是具有属于'他'或'她'的特性的优势而已）。非常常见，如果一个男子因为在情绪上还很孩子气而削弱了其男性性格特征，他就会加强男性气质来试图弥补这方面的缺陷。如果他需要在性方面证明他男性的才能，当男性气概丧失到极端时，就会成为虐待狂（使用暴力）——一种堕落成为男子气概的代替物。如果女性特性被削弱或扭曲，便会变成受虐狂或附属物。"[1]在性的问题上，无论是男性还是女性，都有纠结。男性需要展示他的进攻性和男子气概，女性要展示她的温柔和魅力。男性需要展示进攻和占有，女性要展示她的包容和美丽。但社会又禁止公开直白地谈论它，广告需要特殊的话语技巧才能做到含而不露。

任何一个社会总有一些话题禁忌，但很多人又以谈论它、打破禁忌为乐。在中国，性是最敏感话题中的一个，杜蕾斯的广告在冲破禁忌、寻找到独特的话语空间方面做出的成功探索，值得广告界一再称赞。它创造了许多既令人兴奋又含而不露的典范，令人叫绝。不得不说，有创意的广告人会制造时代经典，也在改变时代风尚。

在平面化、原子化的现代社会，孤独和疏离感是社会流行病，有些严重的人会陷入半疯狂状态，人会寻找各种方式泄压，其中之一就是性。它"能自动地导致精神恍惚飘然""倏忽之间的狂欢状态中，意气风发的外

---

① ［美］艾里希·弗洛姆. 爱的艺术［M］. 刘福堂，译. 北京：上海译文出版社，2018：41.

部世界消失了，随之而消失的是与外部世界的分离感""人在一段时间内可以摆脱过多分离导致的痛苦。慢慢地，这种焦虑又增加了，之后又由于这仪式的表演一再重复而减少"。[①]这种迷狂状态是很多人迷恋的泄压方式。

杜蕾斯的广告已经成为改变思维习惯的利器，这样的广告和品牌成为热词也在情理之中。

> 独一份的时尚，
>
> 我这么一个人，
>
> 哪懂什么时尚，
>
> 留过时的发型，
>
> 唱过时的歌，
>
> 跳过时的舞，
>
> 穿过时的衣服。
>
> 我这么一个人，为了时尚的你，通红着脸，学了几个时兴的姿势。

> 南方的阳台，
>
> 是个残酷的地方，
>
> 过年没吃完的鱼干还在晒，
>
> 至少要花一个小时才能泡开。
>
> 正午我从那里路过，
>
> 想起身体某一处的柔软，
>
> 是遇见你这样的阳光，
>
> 才硬朗了起来。

@Nineteen-O 神回复：西部的沙漠，是个干燥的地方，所剩不多的水在水瓶里叮当作响，至少要走数十里才能找到沙漠中的绿洲。今天我从这里穿过，想起身体某一处的干涸，是遇见你这样的绿洲，才湿润了起来。

禁忌与创意的关系神秘莫测，禁忌会压抑创意，要求创意避开禁忌，

---

① [美]艾里希·弗洛姆. 爱的艺术[M]. 刘福堂，译. 北京：上海译文出版社，2018：14-15.

另一方面创意又会与禁忌有关，很多世界经典作品都与打破禁忌有关，许多我们耳熟能详的作品都是如此。同样，戴着镣铐跳舞一样可以创作出优秀的广告，比如江小白的许多文案，都以兄弟情、同学谊为卖点，许多打动人心的文字看着更像催人泪下的散文。

杜蕾斯的广告又与江小白的广告作品不同，安全套的特性决定了它要把性这隐秘私事公开讨论，这就决定了它必须以含蓄的方式进行，幽默是杜蕾斯广告团队成功创造的广告风格。目前杜蕾斯掀起的借势营销、热点传播的传播方式成为流行的营销模式，证明了它们的成功。杜蕾斯也证明打擦边球是有效的营销模式。它开创了一种新的广告写作模式，对广告创作有深远影响。

六、消费与女性主义的新风尚

21世纪的文化全方位地提升了人的地位，尤其是女性的地位，今天，人们更在乎男女平等、性别平等，这样坚定的文化立场是之前不敢想象的。女性对待生活的态度也有巨大变化，她们变得更积极主动，更敢于实践自己的生活理想。之前我们会天然认为女性面对爱情就应该羞怯和保守，今天，人们会认为女性也可以勇敢去爱，潇洒自如地展示自己对爱情的态度，之前文学作品中的患得患失的女性形象远不如今天文学作品中敢爱敢恨的女性形象所显示的生气淋漓和生意勃发。虽然不是所有人都能活出自我，但用性表达爱是男性的错觉，女性价值观矫正了这种错误的倾向。在女性价值观的矫正下，更多的人希望做好心理准备后再去面对一份值得珍惜的爱情，这样在相处的磨合过程中就能做到不轻易放弃。女性对爱情的质量要求比较高，广告针对女性客户时多使用情感沟通的方式，通常把甜蜜的爱情作为吸引消费者的手段。这确实有助于我们写出优秀的广告。

如果你每天看很久电脑，脖子很酸，头昏脑涨，你的救星来了！这个颈部按摩器我用了3年，强力推荐！

别看这家伙只比巴掌大点，力气却很大，开关一开，你会感到两股电流刺激颈部穴位，一阵酥麻蔓延全身，震得脖子都左右摇动。

两种按摩模式，一种像小拳头，"哒哒哒……"一下一下地敲打颈部，疲劳感一下就缓解了；一种像单手按压，好像泰国技师用食指、中指、大拇指揉按穴位，阵阵酸麻，舒服得让你上瘾，希望它永远不要停。

15分钟一节，摘下仪器，颈部的紧张沉闷感竟然消失了，有一种连上5天班终于周末的欣喜，你会情不自禁地长出一口气，"呼……"，感觉像是换了个新脖子。[①]

我害怕阅读的人。一跟他们谈话，我就像一个透明的人，苍白的脑袋无法隐藏。

我所拥有的内涵是什么？不就是人人能脱口而出，游荡在空气中最通俗的认知吗？像心脏在身体的左边，春天之后是夏天，美国总统是世界上最有权力的人。但阅读的人在知识里遨游，能从食谱论及管理学，八卦周刊讲到社会趋势，甚至空中跃下的猫，都能让他们对建筑防震理论侃侃而谈。相较之下，我只是一台在MP3时代的录音机；过气、无法调整。

……

他们是懂美学的牛顿，懂人类学的梵高，懂孙子兵法的甘地。一本一本的书，就像一节节的脊椎，稳稳地支持着阅读的人。

我害怕阅读的人。我祈祷他们永远不知道我的不安，免得他们会更轻易击垮我，甚至连打败我的意愿都没有。

我害怕阅读的人，他们知道"无知"在小孩身上才可爱，而我已经是一个成年的人。我害怕阅读的人，他们懂得生命太短，人总是聪明得太迟。我害怕阅读的人，他们的一小时，就是我的一生。

我害怕阅读的人，尤其是，还在阅读的人。[②]

毛巾的质地比较粗糙，但脸皮肤是比较敏感和细嫩的，稍用力就容易伤害皮肤。

① 关键明.爆款文案[M].北京:北京联合出版公司,2017: 12.
② 关键明.爆款文案[M].北京:北京联合出版公司,2017: 16.

早晚各洗两次脸，那么毛巾就长时间处于湿的状态。南方冬天是湿冷的，春夏的时候又经常下雨，特别是梅雨天气的时候，毛巾特别不容易干还会发臭，很容易滋生螨虫，对皮肤造成二次污染，令毛孔变粗大，简直白瞎了之后用的护肤品了。

棉柔巾可以完美替代毛巾洗脸，用完即弃，每一片都是崭新的，对皮肤无污染0伤害；由100%纯天然棉花制成，十分柔软，对敏感肌和角质层薄的小仙女真的很友好，特别是可以呵护好眼周的皮肤。[①]

SARA青春学：青春有所味

青春啊，没有你想的那么不堪一击，也无须像谁说的应该怎样。

01，第凡内的冰果室。

总是迟到，又是球衣那一套，有时候，你真没有那么重要。

臭男生，我喜欢你，不需要答案。

于是，爱情的香气，弥漫久久不散。

爱上了，就去追，爱打篮球的男生，喜欢你不需要理由，这个夏天的冰果室是属于我的恋爱记忆。

这些文案都是从女性视角表达对消费时的细腻感受，结合了消费者对生活的幸福体验，组合成独特的氛围，这个氛围是柔性和温暖可爱的，既让人陶醉，又让人长愿岁月静好。

女性视角下，爱情是神秘的，酸甜的滋味令人欲罢不能，而男性视角下的爱情想象呈现出不同的面目，男性的更具有进攻性和占有欲，女性的想象更具有两情相悦的平等和互相尊重的特点。我们知道爱情的真实面目，我们永远难以准确把握，有时爱情是甜蜜的，让我们即使因爱心碎却依然迷恋它的甜蜜滋味；有时爱情是残酷的，可是我们却无法自己切断爱情的根脉，很多时候越是阻遏它生长得越是蓬勃发展。爱需要我们付出关爱和用心守护，需要我们终生探索两个相爱的人最佳的相处模式。"以女人而言，她是一种既复杂又单纯的动物，她的花样、心思有如海底针，形

---

① 关键明.爆款文案[M].北京:北京联合出版公司,2017: 31.

容女人的心态、描述女人的个性是一件很花脑筋，但绝对很有意思的工作。"①针对女性消费者的广告，还是女性能写得更出人意料吧！

七、"女王范"该怎么表现

随着男女平等观念的普及和实践范围的扩大，女性成为社会栋梁的现象越来越普遍，同薪同酬越来越普遍。凭着个人的才华、努力和韧性，女性越来越证明男女平等理所当然，她们对社会的贡献完全可以与男性相当，人与人的区别是天赋、能力的区别，而非性别的差异。

随着优秀女性的数量越来越多，表现女性的优秀，或者说表现女性具有"女王"风范的创意越来越普遍，那么我们该如何表现优秀女性的独特气质呢？

幻 是流动和变化

乐 是比语言更自由的表达

城 是意念堆积出的境

这些都是心的体验

心 寂静 包容 永恒

我是王菲

欢迎和我一起用心体验幻乐之城

王菲无论是个人的情感心路还是演艺历程，都证明了她的优秀和特立独行，敢爱敢恨、潇洒自如。无论是她的表演还是她参加的活动，都自然带有她特有的标签，女王风范是我们的共识。王菲的"女王范"不是高贵典雅，虽然日常生活中她和家人的服装、配饰都是价格不菲的产品，但她营造出的氛围是趣味的高雅和精神的自由，面对生活、歌迷和媒体都自然坦率，不为名声所累。活得坦诚，能自如驾驭媒体和舆论，才是她的"女王范"与众不同之处。

相比而言，下面给出的广告人杨黎鹤的观点不够男女平权，虽然他是以讨好女性消费者为出发点的，这就提醒我们广告人在把女性需求商业化

---

① 杨黎鹤. 广告文案传真［M］. 汕头：汕头大学出版社，2002：105.

的过程中，要警惕犯下冒犯女性的错误：

我发现即使是资质平庸者也能写出许多精彩的词句。以此类推，可将产品特性做交叉或多样的组合，再凝神撰写，也许一句漂亮的"主标"就在游戏中完成了。诸如内衣类——女人与蕾丝的关系、女人与密码、女人与三围，女人与内衣不妨先拟定一些题目自由发挥，再选一句最"强"的，就是一句好标题了。还有女人与零食、男人与枪，男人与方向盘、小孩与童话，太多太多题目可以发挥，千万不要怕多写主标，练习或发想时写越多越好，然后整理归纳，把最喜欢的放在最前面。①

品牌在宣传过程中要从大处着眼，从战略的角度规划品牌与消费者的关系，包括互动、宣传、公关等活动全方位地拉近与消费者的距离，情感和心理距离都拉近，把品牌形象植入消费者心中。广告的作用就是把品牌形象以令消费者最易接受、最易理解且不易磨灭的方式刻印在消费者心中，我们不能害怕打破禁忌，而应该利用幽默和趣味，利用一切可利用的条件，争取把品牌宣传成为消费者心中排名第一或前列的品牌，把一个健康的品牌形象、亲切的商业产品推荐给消费者，并让他们产生深刻的记忆。如果在广告活动结束一段时间，比如一年后，消费者对广告还留有鲜明的印象，那是我们辛苦劳动的额外收获。

第二节　品牌功能与广告

功能，是产品的市场生命，是产品内在与外在属性的综合。一般而言，内在属性需要消费者在使用过程中具体感知，外在属性则是消费者判断产品的基础。广告是外在属性的延伸，一个好的品牌和有效的广告推荐共同影响着消费者的购买决策。

品牌功能不是功能本身，而是消费者的心理体验，是生产者的承诺和消费者心理需求的满足。品牌功能不是由市场，也不是由生产决定的，而是品牌与消费者的潜在协议，是消费者利益得到满足后的心理体验。

---

① 杨黎鹤.广告文案传真[M].汕头：汕头大学出版社，2002：109.

两个产品有着彼此相似的地方，并且可能有着相同的质量，但是其中一种产品没有建立品牌（比如无商标的或只打了商店品牌的产品），消费者常常会根据品牌的质量保证或者品牌所有者的声誉而选择贵一点的品牌产品。因此，品牌可以被看成是一种竞争力区分工具，以区分那些与顾客或消费者拥有长久关系的产品、服务和组织，而这最终将带来竞争优势收益、长期盈利和增长。

进一步说，品牌能够比产品持续更长的时间，而且不用经历从导入期、成长期、成熟期到衰退期的生命周期。它们能够经历成长期或成熟期之后继续存在。如果管理得好，品牌能够保持活力和增长，老化的品牌也能恢复活力。[①]

正是媒体变革的影响，广告与品牌传播的模式发生了很大变化，之前行之有效的手段现在变得笨拙和落伍，原来新颖的手段现在变得普通平常，创意和传播需要跟着时代的脚步变革。我们广告人应该在变与不变中寻找到平衡，这就需要我们把目光从之前的技巧更坚定地聚焦到品牌上，从产品到广告到品牌再回到产品然后再回到品牌，这样曲折的发展经历让我们看到广告与时代发展的紧密关系。回顾这样的历史也给我们以乐观的信念，无论自媒体与公众号营销发达到何种程度，专业的、充满创造力的广告是商业时代的刚需，距离广告死亡的时间还很久远。

一、时间与功能

科幻文学非常喜欢重置时间，作者依靠自己的天赋带领读者迅速进入一个特异的科幻世界。正是摆脱了客观时间的束缚，科幻文学才得以进入异度空间，进入一个与现行世界似乎并行不悖的世界。

重置时间会挑战我们的现实感，其实最大的挑战来自我们感知外在世界的方式发生的巨大变化。我们厌倦了日常生活的庸俗，科幻感十足的虚幻世界能重新激起我们对世界的想象，但有一点我们无法回避，超越时间的冲动依然存在，我们希望这个世界发生实际的改变，而不是新世界仅仅

---

① ［英］西尔维·拉福雷. 现代品牌管理［M］. 周志民，等译. 北京：中国人民大学出版社，2012：3-6.

停留在想象中。广告就是要在时间的稳定和变革的冲动间找到平衡的艺术创作，这也是我们把它认定为工艺作品的重要原因。广告追求创作出让消费者在科幻文学中也寻找不到的新奇感，而且还通俗易懂。是的，这是一个非常难于把握的主题，所以广告佳作并不多，像许舜英这样借助后现代文化思潮达到的创作高度，对时间超稳定结构的质疑能力，对科幻世界的疏离和摒弃的艺术勇气值得赞扬，也正因此，她的风采才那么炫目。她的广告，是特异才华在合适时间遇到合适的文化环境才能绽放的花朵。

二十世纪最有影响力的人物，

可能是二十一世纪最没有影响力的人。

如果二十世纪的影响大师活在二十一世纪，

凡·高可能是整日坐在办公桌前的电脑绘图师，

尼采可能是宣称老板不在家的超级推销员，

李小龙可能是高级私人健身房的专属教练，

三岛由纪夫可能是日本偶像剧里的第二男配角，

沙特可能是拒绝二手烟的文宣代言人……

在网络入侵、情报袭击全球的二十一世纪，

人类面临着最大的文明革命，

所有的沟通、思考、消费、价值观迅速改变，

广告更无法再紧抱着旧经典进入未来。

赫塞说："前天还是神圣的事，今天听起来已经变得几近滑稽可笑了。"

不要穿着二十一世纪的高跟鞋走着二十世纪老奶奶的路线。

看完这则广告你对落伍没有焦虑，你焦虑的是你的高跟鞋是不是老奶奶穿的。在物质富裕的低欲望的新躺平时代，有些人对追求时尚深恶痛绝，但还是忍不住翻看自己的鞋柜，生怕老奶奶鞋是自己的新宠。这是她文字的魅力所在，蕴含着超越时空的新鲜和激动。虽然她是以否定的语气在讲述追求的冲动，但和后现代文化那否定的激情混合，让她的作品充满了朝气和追赶潮流的冲动。

但我们要认清一个事实，消费者虽然在品牌和购物中并没有真正实现

价值，没有一购物就达到自己的理想状态，但无法否认他们购物时是快乐的。

情感利益是品牌的购买者或消费者在购买过程或使用体验中的一种心理感受。打个比方，坐在沃尔沃车里面会感到安全，穿着李维斯牛仔裤会感到强壮健美，在星巴克喝咖啡会感到如家般的舒适。形象利益也可以指向外部，通过使用品牌，消费者在外人面前塑造了自我。这种自我表达的利益与品牌的一种能力有关，即提供一种媒介，使得一个人可以表达出一种特定的自我形象。例如，购买迪塞（Diesel）服装是一种时尚；穿着拉夫·劳伦（Ralph Lauren）时装则展示出优雅的形象；开宝马车能够体现一种成功和有实力的形象。购买和使用品牌是满足情感和自我表达欲望的一个途径。①

二、品质

品质是品牌的基础，也是产品常销的保障。对广告来说，品质有描述的空间，当消费者产生购买冲动时，消费的借口常令我们始料不及。

对品牌的影响力进行排位的话，最流行的与最强大的品牌会影响我们的购买决策，让我们在购买时毫不犹豫。因为强大的品牌意味着品质和可靠，而流行品牌则意味着时尚和流行。是选择一个强大的品牌，还是选择一个更受人青睐的新品牌，有时会影响消费者的购买决策。

"对消费者而言，什么东西最重要？"

能够回答这个问题，就等于找到了"影响购买行为的因素"。

简单地说，就是人们凭什么要买你的东西？

你可以总结某一类产品的特性——比如电池的耐用性，这是各种电池共同的。

也可以选择独特的一点——比如洗发水类别，可以是发质护理，可以是价格优势，也可以是强效去屑。

从历史的经验来看，优势宣传到位的产品往往更容易获得成功，当然

---

① ［英］西尔维·拉福雷. 现代品牌管理［M］. 周志民, 等译. 北京: 中国人民大学出版社, 2012: 14.

了，前提是那是一个值得宣传的优势。①

我们在整理创意时，或者在帮助消费者确定购买决策时，应该从以下几点开始我们的创意：

明确你要宣传的优势，一种很好的方法就是"进阶"。

阶梯里较低的位置与产品相关，而较高的则与消费者相关。

最高的一级叫"价值观"，往往和人们内心的需求和自我形象相关。

我们所使用的每一种产品，最终都关联到我们所认可的价值观。

那些价值观激励我们奋斗，

鼓舞我们成功，

也希望我们快乐地享受生活。

价值观就是这么重要——不过，还要记住，它和产品的对应关系还不至于那么绝对。②

看下面这则广告，它利用的就是特殊的情感依恋，展现了独特的品牌利益：

她整理衣柜时发现他没有带走的白衬衫。她以为原本与他有关的东西已经完全离开她的生活了。白衬衫除了樟脑味，还有一种他身上惯有的香烟气味。

她开始犹豫衬衫该怎么处理，"就洗掉吧，反正都过去了"。她看着白衬衫，和她的衣服在洗衣机里周旋着。

她晾着洗干净的衬衫闻了闻，洗衣剂的清香外，似乎还残存着一些他的味道。

她松了一口气，再好的洗衣机也洗不掉记忆。

电冰箱再袭击，冰箱广告陷入了创作"怪圈"：

连续三天，早上打开冰箱，里面竟然空无一物，昨晚从超市买回的一大堆食物都不翼而飞了，只剩散乱一地的包装纸，她开始怀疑有附近的流

---

① [美]布鲁斯·本丁格尔. 广告文案训练手册[M]. 谢千帆，译. 北京：中国传媒大学出版社，2007：128-129.

② [美]布鲁斯·本丁格尔. 广告文案训练手册[M]. 谢千帆，译. 北京：中国传媒大学出版社，2007：129-130.

浪汉闯入家中。但她没有报警，只是买了更多的食物，睡前仍把冰箱重重封锁，这下该万无一失了。不料隔天发现又被洗劫一空。她不禁怀疑冰箱监守自盗，偷吃她的食物，不过这个可能性她很快就排除了，就算她拔掉冰箱的电源，同样的事故照样发生。第七天她决定报警，警察在她家装上摄像机，终于抓到偷吃食物的窃贼，就是她自己，她每天晚上梦游到冰箱前狼吞虎咽吃光食物，然后心满意足地回到床上继续她的美梦。

接受治疗时，心理医师告诉她："你应该感谢冰箱，你的冰箱在夜里静静地填补了你白天的空虚和不满。"

食物会以你对待它们的方式回报你：

早上8点10分，吃着用心冰在冰箱中的自制蔬果，一种新鲜的幸福感滑进了胃，我开始相信，"食物会以你对待它们的方式回报你。"

真实瞬间和生命激越的永恒：

在玛丽莲梦·露快要晕倒的一刹那，他伸手接住她。当芭比的盛宴端出最后一道甜点时，她的舌尖尝到鲜奶油融化的香草气味。

高科技拜物，我们对科技产品的数据崇拜已经成型：

他在东京新宿三目银雾塑钢材质的新一代数码相机，解析度1204×684，一次可拍128张。

他因为银灰色塑钢材质的立体切线，买了一次可剪12音轨的电子编曲机SEQUEENCR。

他为他纯白色人造聚酯的PLAY STAION添购了同色系的六度空间滑鼠，微态方向盘，360°模拟摇杆。

时尚不只是穿衣打扮，时尚是生活理念，是人生态度：

关于1990秋天女人流行的样子，特立独行的样子，打扮成巴洛克的样子，从衣柜飘出来的样子，虚构欲望的样子，懒得和男人争辩的样子，发型复古到家60年代乃至20年代的样子，爱好流行却忍不住叛逆流行的样子。

袭击高级时尚的放假旅程：

即日起至9月5日，中兴百货和高级时尚决定放假，袭击放假前的行李，然后你也找个地方玩，因为休息是为了穿更漂亮的衣服！

三、运动与体验

运动可以释放生活压力，运动可以转移注意力，在现代快节奏的生活中，运动不仅让你出汗，让你变得健康，也是休息大脑、放松身心的好办法。作为一名优秀的广告人，莱昂纳尔·亨特在创作广告时就喜欢利用运动来转移注意力。

你也许能从我的照片中发现，我没有带乒乓球拍。（我希望你看见了照片，为了拍它我花了不少时间。）这有些误导。我发现，如果你无法在最后期限内完成任务（就好比现在），那么用大量的宝贵时间来打几局乒乓球就显得尤为重要。请原谅，我得去打几拍。

感觉好多了。压力全无，肾上腺素大增，我沉浸在成功之中，感到自己无所不能。①

下面这则广告让我们看到正是依靠运动让人快乐作为卖点，吸引消费者把旅游作为释放压力的方式。生活中压力无时不在，来一次说走就走的旅行，成为许多人的小理想。这样的氛围下旅游行业怎能不成为一个热门的行业呢？

体验旅行

释放探索者的激情，

体验旅游者的乐趣，

在平凡世界发现风景，

在陌生旅途探索奇迹。

载着梦想起航，

体验生命之旅……

四、消费的迷茫与选择的轻松

建立品牌对制造商来说意味着市场认可与溢价带来的超额利润，这也

---

① [瑞]克朗普顿. 全球一流文案：32位世界顶尖广告人的创意之道 [M]. 邹熙，译. 北京：中信出版社，2013：137-138.

是广告不能被取消、被替代的重要原因。

从消费者的角度来看，品牌化是为产品或服务增加价值的一个重要方式，因为它往往有助于呈现出某些魅力品质或特性。如前所述，为了给消费者创造卓越的价值，差异化是至关重要的。价值必须独特，即必须将公司提供物与竞争者区隔开，而且必须持久。渐渐地，营销经理意识到仅仅靠产品或服务的差异赢得竞争越来越难了。最终，消费者不是和产品或服务形成关系，而是和品牌之间形成了情感纽带。有了它，消费者感受到强势品牌所带来的价值、利益，甚至是心理舒适。单纯的产品或服务是很容易模仿的，但要模仿品牌，即使可能的话，也是格外困难的。[①]

对消费者来说，选择更著名的品牌是安全的选择，可是在差距不明显的品牌间如何选择？广告会用竞争性宣传的手段，充分呈现赢得客户的最大优势。

在性能上，旭派电池是长寿命蓄电池品牌，是专业从事蓄电池研发、制造、销售和服务为一体的高新技术企业。在动力电池、锂电池、储能电池、通信电池、UPS电池、起动电池、起停电池等方面拥有非常丰富的产品研发和制造经验，掌握核心制造技术，并竭力将最新科技成果渗透到各个领域、各个环节，为客户提供成效卓越的产品！

在服务上，旭派始终以用户为中心，不断完善售后服务流程，365日无假服务，产品全天无间断供应，全方位的技术支持，让消费者无后顾之忧。

寿命和安全让旭派电池在同类产品中脱颖而出，虽然它的客户并不是普通消费者，而是使用电池的厂商，但把产品做成家喻户晓的著名品牌，对厂商同样有用，因为品牌可以在广告中特意提及使用的著名配件可以旁证产品品质的可靠，这种做法也是巧用了好马配好鞍的大众心理。

五、过于追求独特会失去品位

"当代资本主义社会已经篡改了平等的含义。人们就机器的平等而言平等，就已失去了个性的人之平等而言平等。今日的平等意味着'雷同'

---

① ［英］西尔维·拉福雷. 现代品牌管理［M］. 周志民，等译. 北京: 中国人民大学出版社，2012: 15.

而不是'一致'。"在美国，"认同民主党还是共和党……诸如此类的东西都成了他们表达个人之间差别的手段。广告标语的'不同'，表明了这种对不同的可怜的需求，而本质上几乎没有什么差别"①。因此我们也要意识到我们追求的品牌差异的可怜之处，产品雷同而强求差异是现代商业社会的悲剧。但我们必须创造不同，因为消费者需要不同。他们在生活中感受到了同化的烦恼，雷同没能带来快乐，差异也许可以。我们广告要做的就是让他们尝试差异的快乐，摆脱雷同的烦恼。

追求差异性的竞争性广告也有致命弱点，无论是百事可乐和可口可乐围绕着超人形象进行的竞争广告，还是下面的真黑金电池广告，都体现出明确针对性的竞争广告不以塑造品牌形象为动力，而以竞争品牌的广告为攻击对象，虽然也是在展现自家产品的优势，但给消费者的感觉是急切和攻击性的，失去了品牌广告应有的展现品质和特色时的从容和自信。越是后出的竞争性广告，成为双刃剑的可能性越大。

2004年人类发现石墨烯，2016年天能用石墨烯打造出天能真黑金超能量电池。天能真黑金超能量电池拥有"行业三大顶尖材料，六项独创工艺，一个独家研发"，它是一款不怕跑、不怕冷、不怕重、不怕鼓，综合性能极优的超能量电池。

解读天能"真黑金"背后的技术秘密。

一

3大顶尖材料：

石墨烯（又名黑金）：负极添加剂——低温性能好；

超稳定碳纤维：正极添加剂——强动力；

多元复合稀土合金：板栅合金——长寿命。

二

6项天能独创工艺：

连铸连轧连冲连涂极板连续化生产——更稳定；

真空合膏技术——更稳定；

① [美]艾里希·弗洛姆. 爱的艺术[M]. 刘福堂，译. 北京：上海译文出版社，2018：18-19.

150

双层双效隔板——更强动力；

蜂窝状高能电极——更长寿；

四段法极板固化工艺——更稳定、更长寿、更强动力；

汇流排直连铸焊结构——更稳定、更强动力。

三

1个独家研制：

神秘塑壳配料：极大增强塑壳散热性能，防止电池鼓包！

揭秘到这里，你是不是也明白了天能"真黑金"的秘密了？

事实上，天能的"真黑金"不仅仅是材料之王石墨烯单一材料所成就的，它更是一系列材料组合，一系列技术组合打造而出。这一切都凝聚着天能技术团队不断追求的"工匠精神"。

不是所有的黑金都是天能真黑金！

真黑金的竞争广告因为过于针对旭派电池的广告，反而让我们觉得失去了品牌广告的品格，许多宣传有夸大之嫌。竞争会带来"敌意"。像《蝇王》这篇小说所展示的，竞争让孩子们分派且互相攻击伤害。为了研究小组竞争问题，社会心理学家谢里夫组织了为期三周的夏令营活动，将22名来自俄克拉荷马州互不相识的男孩分成两组，并用巴士把他们带到不同的童子军营地。两个童子军营地相距半英里。第一周，两组童子军都不知道对方的存在，两个小组分别给自己起名为响尾蛇和老鹰，为表达他们对童子军生活的满意，其中一间小木屋上还写上了"家，甜蜜的家"的字样。在群体认同确立后，两个小组发现对方出现在自己的棒球场，后来双方进行棒球、拔河、营地内务检查、寻宝等竞争性活动。"必须分出胜负，所有优待归胜者。整个营地逐渐进入公开的战争状态，冲突从比赛过程中的对骂开始，迅速升级为餐厅内的'垃圾大战'，烧毁对方的旗帜，对对方营地进行抢劫甚至互殴等严重的争斗行为。当被要求对另一个小组进行描述时，男孩们使用的形容词包括'卑鄙的''自作聪明的'和'臭鬼'，而在评价自己的组员时使用的则是'勇敢的''坚强的'和'友好的'。这段艰难的经历致使一些孩子尿床、逃跑、想家，并且之后总是回忆起一些不愉快的经历。"①从男孩们的后期反应可知,过于强烈的竞争会给人留下精神创伤。

这更让我们意识到竞争广告属于剑走偏锋,并不是广告的常备格式。虽然艾末斯的"我们是第二"的广告让我们耳目一新,但它体现的是品牌的自省,是市场定位广告,是USP广告的成功案例。

竞争广告在追求独特性方面超过产品应有的独特性时,就有了降低品位的嫌疑,毕竟消费者在选择时并不像产品间的竞争那么激烈,他们有自己的利益和追求,产品的安全、可靠与值得信赖才是他们追求的目标。

六、感激时代与品质信赖

改革开放为个人创造社会财富打开了方便之门,让中国经济腾飞,也让普通人的生活水平有所提高。一些有能力、有勇气、有技术的个人在财富积累和社会地位上都明显提高。改革开放创造出的社会精英对这个时代是充满感情的,尤其当他们回顾生活、审视现实、规划人生时,他们都对这个时代充满感激。

这种对社会的感激在经济发达地区更为明显,那里的广告赞美改革开放的意识就比较明显和自觉。

改革开放打破均贫的时代,

二十多年的飞速发展,有产者迈向历史舞台,

今天的信息革命,寄予全球化新的经济浪潮,

众多的精英蓦然觉醒——

我们需要回归人文自然,携手全球文明进城。

简约代替繁复,自由取缔束缚,

研读西方,感受法国,探寻世界自由的航向,

在精神荒芜的都会,构筑归隐的田园,

在一次次推演之后,终于知道那叫"中产"!

---

① [美]戴维·迈尔斯. 从玫瑰到枪炮:心理学实证研究社会关系[M]. 侯玉波,等译. 北京:人民邮电出版社, 2020: 196-198.

可以优雅自如地打高尔夫，亦可"凌波微步"于橄榄球场；

可以马球场驰骋，亦可海上冲浪；

可以爱足球，亦可跑帆船；

可以很庞克，亦可如绅士。

在工作中享受乐趣，

在生活中恪守格调，

在闲暇运动中完成身体与精神的升华。

Goldrooster,

让中产剧情景深的运动时装，

令顺势而生的流行风尚，尽情疯长！

这样直接赞美改革开放的广告作品并不多见，因为广告主要针对的是普通的消费者，像这样抒写社会精英的社会责任与创造激情的广告，确实不多。在品牌管理领域这样的理念也不常见，只有奢侈品牌而且是世界大牌才敢这样定位自己的客户吧。这需要对品牌进行长期的深耕细作，才有勇气选择与消费者建立这样的情感联系，这牵涉到一个概念：品牌隐喻。

隐喻在字典中的定义是"象征""意象""修辞"或者"寓言"。深层隐喻是我们理解周围世界的基本框架和方向。深层隐喻大部分是无意识的和普遍的，它形成了我们与世界融合的方式，这构建了一种虽然无声但却丰富、生动的语言，以表达我们的思想和观点。世界上多项研究表明，深层隐喻是最好的预测方式，可以预测消费者的想法，以及他们会如何对待新的或已有的产品和服务。隐喻对有效营销很重要，因为营销者需要从更深的或者情感的层面来了解顾客，以便进行有意义的交流。

对营销者来说，深层隐喻有三个主要作用：第一，它们是最好的方法，一些语言学家更是认为这是了解情感的唯一方法。例如，当一个广告、品牌名称或者一些其他的刺激物引起了一些消极的反应，深层隐喻能让我们发现，羞愧、罪恶感或者其他消极的情感是否正在引发负面或消极的体验。

第二，深层隐喻给人们围绕营销传播而编造的品牌故事提供了根基。如果品牌经理想要影响消费者创立的故事，或者想要影响消费者与品牌、公司的关系，他们得知道深层隐喻是如何运作的。这些观察让品牌经理能够在广告、包装以及产品设计等方面进行很好的调节。从这个方面来看，深层隐喻是发展客户关系的基石。

第三，由于深层隐喻是那些表面存在很大差异的消费者内心所共同理解的，因此它们在开发新产品概念、品牌传播、重建细分市场战略和简化产品设计流程等方面成了强有力的工具。它们提供了一种方式来回答一个重要问题——"消费者的共性是什么，他们之间有什么区别？"

下面是两个运用深层隐喻开展有效营销活动的例子：

1.可口可乐的"我想教全世界唱首歌"（I'd like to teach the world sing），就运用了关联的隐喻，使品牌有能力把不同的人联系在一起。它也通过音乐隐喻强调了和睦的概念，从而实现了社会平衡的深层隐喻。

2.米其林轮胎的广告把轮胎刻画成一个容器，这是一种全家安全，特别是孩子安全的深层隐喻。它的上一版播了很多年的广告是一个孩子坐在一个放在潮湿地面上的轮胎里，旁边还有一些成双成对的动物。这激发了人们对诺亚方舟的联想，一个帮人度过大灾难的著名的"大容器"。

研究人员常常运用民族志的方法去观察深层隐喻如何影响消费者的行为和举止，他们会花时间到消费者现实生活的环境中，在消费者的家里、购物旅程、社交场合或者工作地点观察他们。[1]

品牌隐喻强调的是品牌通过创造独特的形象促使消费者产生类似的联想和印象，海尔早期使用的海尔兄弟形象，大白兔奶糖的大白兔商标，都是品牌隐喻的体现。之前我们认为这些品牌利用卡通、动物等可爱的商标形象吸引消费者的关注，拉近与消费者的心理距离，与消费者建立情感上的联系。今天我们知道这巧用了品牌隐喻，是英语轭式思维的巧妙运用，也是中国修辞中联想、通感等艺术手法在品牌管理和广告宣传中的妙用。

七、中国骄傲与民族情怀

如果绝对一点说，没有人不受地域、文化、民族情感的影响似乎也不

---

① ［英］西尔维·拉福雷.现代品牌管理［M］.周志民，等译.北京：中国人民大学出版社，2012：18.

算错。广告人发现民族品牌的感召力十分强大，国人对华为、鸿星尔克的追捧力量就可见一斑，不仅中国如此，受儒家文化影响的日、韩表现得更夸张，即使是多元文化区，人们对民族品牌的热爱也是超乎想象的。就拿牛肉来说，中国南北地区对黄牛肉的偏爱，日本人对和牛、韩国人对韩牛的热爱就证明民族情感对个人认知的影响。虽然牛肉的味道差不多，而且在我们看来和牛过肥，韩牛味道比较淡，而中国的黄牛肉才香嫩可口，炒着吃炖着吃都是美味。在牛肉品牌中我们会毫不犹豫选择中国黄牛作为原材料。这一选择受我们味觉和习惯的影响，但从品牌和广告的角度看，这无疑是民族情感影响消费选择的案例之一。

下面这则广告，就是我们经常看到的利用民族情感推广品牌的广告作品。

灵魂没有国界，时尚没有疆域。

男人的着装，不应有太多的桎梏。

身材挺拔，应与摩登同台；

体型稍胖，应与儒雅同流；

身型较小，应与睿智同居一室。

东方独有的版型配以西方大胆的流行台步，

走出令人痴迷的型男本色；

感性与知性之美，

展现在魅力绝伦的身体风景之上。

男人要"修身"，

四海龙，休闲裤世家。

从品牌管理的角度看，产品的产地对品牌的接受有着不容忽视的影响，品牌产品在其他地区由当地的制造商生产，还是会影响消费者的购买决策的。比如今天在中国购买耐克，中国制造的售价就高于越南和非洲生产的同类产品。同样，苹果在世界的售价也不完全相同，美国本土并不便宜，中国的售价也偏高。苹果是美国品牌，主要在中国生产。耐克、苹果这样的品牌是强势品牌，它们的国际性会削弱购买决策时民族情感的影响作用，但它们非常精于使用民族情感的传播策略，比如选取当地的明星作为地方代言人，和地方明星联合推出签名产品等，都是活学活用民族感情的成功策略。

虽然四海龙是一个专门为中国人生产休闲裤的地方品牌，它理应强调自己更专注研究东方人的身材和体型数据，作为服装界品牌，它在广告中又不得不承认时尚前沿并不在中国，而且中国作为一个开放的国家，审美也日益国际化，一个专门为中国人生产休闲裤的品牌，它的设计灵感并不仅限于东方文化和中国元素，它吸收的是世界文化的优秀成果，在具体选择上，比如时尚和面料的选择，则要跟上世界发展潮流。中国与世界融合深入的程度，从小小的一个广告就可以看出来。中国人的时尚理念已经达到国际一体化的程度。哪怕是一个小品牌，或者一个地方品牌，它在设计自己的品牌形象时已经不局限于一时一地，而是有清晰的发展理念，有明确的融入世界的规划。

第三节　品牌利益与广告

品牌利益，是指品牌能为消费者提供的利益，包括功能，尤其指舒适、使用体验、生活改善等主观感受，包括身份象征等附加值。今天假冒伪劣产品，即使高仿产品也已经无法获得消费者的青睐，因为今天的消费者对价格不再那么敏感，对品质和售后服务则更为关心。现在市场还可能有假冒伪劣产品，那是市场监管有漏洞被人钻了空子，消费者很少再主动购买假冒产品。我们重新研究品牌利益时突然发现一个根本的转变，今天品牌利益对消费者而言是品质和服务，对厂商而言是市场地位和利润，价格的影响已经鲜有人提及了。中国人的品牌意识已经彻底苏醒了，原先那种粗疏的发展模式已经不再适应今天的市场。我们创造一个新品牌，设计品牌利益时不仅要关注品质和售后服务，更应追求与消费者在价值理念上达成统一。

这些努力并不只是这一品牌的附属品，它们就是品牌本身。消费者在其店内也总能感受到这一理念，进入一家美体小屋，总会有一个员工向你致意，他不仅穿着印有一些公益广告的美体小屋的T恤衫，而且他对公司的事业、价值、产品坚信不疑。在店内的商品和试用样品之间摆满了海报和五颜六色的宣传手册（印在再生纸上），里面提供有关产品、公司支持的公益事业以及消费者如何能参与到公益活动和从事公益事业的组织中去等方面的信息。①

随着社会文明程度的提升，简单的品牌宣传和广告传播已经不能满足消费者的需求，他们需要更多元的信息，需要品牌积极介入社会公益事业，承担自己的社会责任。当满足消费者新需求的品牌获得成功之后，会激发更多的品牌做出类似的举动，这会形成新的社会潮流。品牌本要与消费者建立商业上的信赖关系，现在要更努力建设健康的社会形象才能与消费者建立信赖关系，这样的关系不再是简单的生产、购买的关系，而是社会共同体的关系。

一、赢得尊重

作为追求人文关怀的广告人，我们的工作目的之一是为消费者筛选出值得购买的产品并推荐给他们，并不是先骗取他们的信任然后把产品卖给他们，尤其在今天这个产品质量得到全面保障的时代，我们的工作更加复杂，除了找到最值得推荐的产品，还要引导消费者理性消费。我们要提醒消费者学习消费的艺术，花费同样的钱可以做到提高家庭生活品质，让家人生活安心，这样的消费能力并不是与生俱来的，它需要认真学习才能做到。但我们在广告中直接说消费艺术可以让消费者提高生活品质、让他和他们的家人安心这样的话是没有效果的，以前有许多这样的广告人，把没有用的安心、安慰、保障、信赖等词语不负责任地用在文案中，却没有提供证明这些言论的事实根据，不仅没有赢得消费者的信任，反而因为过于注重推荐产品而使得消费者误以为他们只是用美丽的谎言骗取信任然后

---

① 北京新华信商业风险管理有限责任公司. 品牌管理［M］. 北京新华信商业风险管理有限责任公司，译校. 北京：中国人民大学出版社，2004：9.

卖华而不实的产品给消费者。这样的广告人没能一直成功是广告行业的幸运，不然他们真的以为只要用华丽的语言就可以骗取消费者的信任从而卖掉产品赚取巨额广告费。其实道理很简单，就像我们无法相信一个卖唱的摇头晃脑地坐在那里吹嘘他巴结的老板为人诚实可信一样，消费者无法相信一个吹嘘产品质量可靠的广告人。仅仅依靠语言技巧不能保障广告和活动大获成功，广告人要和消费者真诚地交流，消费者更喜欢决定权在自己手中，不会轻易为花言巧语买单。

我们希望消费者明白，我们把他们当作一个直接对话的个体，而不是一个人口统计学上的数字。我们理解他们的生活，以及为什么我们的品牌会和这种生活契合得天衣无缝。我们把这看成一个逻辑说服和情感戏码的联姻。并非所有人都这么做，但我们喜欢把这看成我们的创作风格、我们的策略。我们期望得到两个结果。我们希望消费者以最理智的方式告诉他们自己："我明白你的话。我理解你的品牌能带给我什么。"然后我们希望每一个消费者都能在情感上感受到："说心里话，我喜欢你的话。你就是对我说的。这就是我的生活。"①

我们需要找到目标人群并用他们的思维方式构思文案。长文案主要针对的是精英或喜欢阅读的人，因为长文案不仅体量大，里面传递的信息也比较多元和丰富，有充分的细节（虽然是稍微认真一看就懂的细节描述），还有专业术语，喜欢钻研的消费者有可以挖掘的内容。文案并不是简单的信息堆砌或漂亮口号的堆积，它需要广告人成为产品的专家，不仅熟悉服务的产品，也是市场上同类产品专家，最好是对市场行情和发展趋势有独特认识的专家。

"猜作者，赢卡拉OK"这则广告巧妙使用了"改变视角"的策略。当我们整日陷入故事情节、文字魅力中无法自拔时，是我们这些文学爱好者单向度地觉得文学是生活的调剂。当我们回味分析文学故事中的细节时，会发现阅读的乐趣无可替代。

---

① ［美］杜森伯里. "洞"人心弦：一个广告人的洞见与事件［M］. 宋洁, 译. 上海：上海远东出版社, 2007: 53.

改变视角是广告创作中常用的创意手段，它的特点是能令人耳目一新，与文学创作中的陌生化艺术手法类似，换个角度看问题往往会发现有趣的新细节。

在创意过程中，视角的变化首先是一种能够引起创作冲动的有效方式，其次，在广告中它可以从一些新鲜或者富于趣味的角度把产品展现在目标群体面前。……通过视角的变化来创新有两种途径。第一，空间上的改变，从一些不同寻常的角度展现事物：比如通过鸟的眼睛，使用大特写，拉大距离，将它们从时空中分离出来，从太空观察，或者最简单的，从任何一个可能的角度。第二，想象你的灵魂离开了自己而进入了其他物体或者人和动物的躯体。很多创意大师都是通过这种途径找到了崭新的视角，促进了创造力的发挥。比如说，沃尔特·迪斯尼，他总是感到自己变成了他正在绘制的角色，像他们一样说话和行动。

一条狗永远是一条狗，一朵花也不可能变成别的东西。在这个世界上，只有人类能够改变自己的身份，或者想象从其他人或事物的角度来观察面前的一切。只要你有足够的胆量和想象力，你就能变成先知、预言家或者巫师，经历从史前时期直到今天的所有时代，从任何一种有生命或没有生命的东西的角度出发去寻求新的想法。想想自己如果是某种与广告的主题有关的事物的话会怎么做、怎么想。[①]

二、恐惧与社会责任

BBDO的信念是：当消费者抱怨的时候，他们的感受最诚实、准确。当消费者描述一个产品或服务时，他们容易有所拘束或是不够坦率。他们不是对产品或服务本身做出反应，而是在向你复述他们从广告中得到的对产品的了解。这对你而言毫无新意。因此，如果你想从消费者那里得到真相，那就让他们表达他们对产品的不满。

---

① ［德］普瑞根. 广告创意完全手册：世界顶级广告的创意与技巧［M］. 初晓英，译. 北京：中国青年出版社，2005：85-89.

消费者喜欢抱怨，并且在抱怨的时候最坦白、公正。①

同样，我们表达我们的恐惧时，我们体会更多的是社会责任。虽然很多文化精英多次公开批评大众关爱邻居的热情远比不上关爱汽车尾气、生物灭绝、森林滥伐等问题的热情，大众却并不因此而改变自己的做法。这样的做法是历史教训规训的结果。曾经的公地悲剧大家都知道吧？占便宜的人伤害了大众的利益最后还把大家都变成了坏人，结果每个人都是公地恶化的责任人，公地悲剧导致的危害远大于邻居个人的悲欢。很多悲剧发生的原因，是"与所有人都密切相关的事情（比如环境保护）竟成了无人关心之事"②。为了避免公地悲剧的重演，人类对公共危机的敏感远超过对一己悲欢的重视程度。诉诸恐惧的广告，创意动力正是来自大家对未来的担忧。面对未来，大家更能意识到人与人有密切的联系，也更关注能影响社会未来的事件。

下面是一则公益广告的节选，通过这个小片段就能看出创作者对该问题的明确立场。

如果你对堕胎表示赞成，那么，第一种情况下，你可能已经杀死了耶稣基督，接着你可能杀死了贝多芬，然后杀死了伟大的卫理公会福音传教士约翰·卫理。

正如你刚刚发现，要决定是否堕胎是一个非常困难的会导致长期后果的决定。因为，从受孕的那一刻起，一个完全的、独立的、活生生的生命就诞生了。

这样的广告提升了我们的社会责任意识，无论我们的性别是什么，关爱女性健康是我们的共同责任，如何解决类似的问题，则是我们共同面临的问题。虽然在生活中，我们对女性有不同的想象，有不同的态度，但我们希望女性是健康和幸福的，但女性的健康和幸福不是凭空得来的，需要我们共同努力才能实现。所以，为了未来，为了我们每个人的幸福，为了

---

① ［美］杜森伯里. "洞"人心弦：一个广告人的洞见与事件［M］. 宋洁, 译. 上海：上海远东出版社, 2007: 67.

② ［美］戴维·迈尔斯. 从玫瑰到枪炮：心理学实证研究社会关系［M］. 侯玉波, 等译. 北京：人民邮电出版社, 2020: 190-191.

我们的民族未来，我们应该从支持公益机构工作，从积极为它们提供资金援助开始。

三、无知导致的内疚

因爱导致的伤害最令人无法释怀，尤其是因自己的无知。这样的生活悲剧比比皆是。受伤害者身心俱得恶果，施害者也会因内疚而终生受悔恨的煎熬。这样的广告，会令人对健康、良好习惯等生活常识格外重视。在"旁观者效应"中，不止中国出现过有人受伤路人视而不见的情况，全世界这样的情况屡见不鲜，这不是文化的堕落或社会的崩塌，这是人性的自然结果。在公开场合大家会以为别人早已经做了应该采取的应对策略，比如看到一个女生在公开场合被袭击，旁观者都觉得别人可能已经给警察打过电话，结果却发生了命案且凶手在众目睽睽之下从容离开的事件。1964年3月13日凌晨3点，一个酒吧女经理在她纽约皇后区的公寓楼下遭到持刀歹徒袭击，她惊恐大叫并恳求帮助，"我的天啊，他伤害了我！来人哪！请帮帮我！请帮帮我！"有38人目睹了命案并到窗前观望，"目睹歹徒去而复返继续施暴，等到歹徒离开才有人打电话报警，但吉登维斯很快就死去了"。而埃莉诺·布拉德利是在一个购物中心被攻击的，但可悲的是被刺伤后她呼救了足足40分钟，"购物的人流只是从她旁边走过却没人管她。最后，一名出租车司机带她去看了医生"[①]。这是旁观者效应导致的公共责任无人承担的问题。因为发生在公共场所，似乎和大家有关但不会和其中任何一个人有明确的责任关系，但责任一旦确定，内疚会让当事人悔恨终生。在类似的案例中那些旁观者面对采访的镜头时，很多人失声痛哭，他们无法接受自己在别人眼中变成了没有爱心的人。社会中很多人无论是出自利他主义还是发自内心的爱和责任，都使他们在承担责任时难以做到心平气和、毫无负担，他们是在一定的社会压力和自我心理暗示中完成行动的。

① ［美］戴维·迈尔斯. 从玫瑰到枪炮：心理学实证研究社会关系［M］. 侯玉波，等译. 北京：人民邮电出版社，2020：233-234.

蒂姆死的时候，我就在他的身边。

4号病房，6号床，死神无情的手指紧紧攥住了我那可怜丈夫的心脏，把所有的生命力都挤了出去。

当时是上午9点。我记得很清楚，因为当值的医生来对他进行例行的检查。

早些时候，蒂姆就抱怨过在胸骨后面感到一种收缩性的压迫，这种感觉似乎向上辐射到他的喉部，同时向下辐射到他的左臂。我当然感到担心，坚持开车送他到附近的医院就诊。虽然他的脉搏只是稍微有点不规律，医生还是用ECG为他做了检查。后来他在药物的帮助下，看起来好多了。

蒂姆和我已经结婚25年了。我们像大多数夫妻一样经历了风风雨雨，但是，总的看来，他是个好男人，我也尽了我的努力做他的好妻子。

这对于我来说，就意味着尽量宠着他。只要是蒂姆喜欢吃的东西，我会保证它们总是摆满整张桌子，其中包括我的拿手好菜——烂炖五花肉。我没有意识到，就在那些时候，我是在一小勺一小勺地给他喂着毒药。

四、理性、良知与善良

社会责任还体现在出了问题时自觉防护意识，防护不是为了保护自己，而是避免伤害他人。这样的意识出自善良和责任感。

如果你得了严重的肺结核，你就不能读到这些文字了。

肺结核侵害你的肺部，令你无法呼吸。

它可以令你致残，甚至杀死你。

然而，许多人被肺结核病菌传染后仍然四处乱走，自己甚至不知道。

于是，这种严重的传染性疾病便通过一个喷嚏或一声咳嗽传播开去。

因此，如果你开始感到持续性的疲惫，或者夜里盗汗并发烧，体重下降或没有食欲，以及持续性咳嗽，那么你可能是患了流感。

或者，可能是肺结核。

这种疾病每个月大约杀死1000人。

如果你怀疑自己患了肺结核，请立即就医。

及时治疗，肺结核是能够治好的。

另一则广告的创意动力完全相同，但有一点我们知道，大家对同样的问题认识并不完全相同，创作手法和理念也不完全一样，这也影响到广告表现和效果：

如何杀婴？

这简单。你所要做的就是走近它。它不会逃跑。

然后，如同它信任地仰望你把你误认为其母亲的那样，你用棒球棒击碎它的脑袋。

这就是每年发生在加拿大持续六周杀害幼海豹的血腥仪式。

在日本他们采取了不同的方式。他们把海豚群赶到一处浅滩，任由潮汐将它们搁浅，接着，重复相同恐怖的过程。

当时那里有鲸鱼。你知道它们怎么了。

假如够暴戾，干掉它非常容易。阻止所有的屠杀是困难的，但有你能做到的事情。①

五、职业伦理与自我认同

一份出色的杂志必定有一套成熟且有效的理念，这些理念支撑着他们穿越了多变的时代风潮和激烈的观点交锋，维持着自己前卫的形象和位置，成为读者值得信赖的意见领袖。

时代周刊：杂志的作用，是向世界上最黑暗的角落，以及人类文化教育的若干隐处，投以搜索的光亮，高扬警铃，使酣睡中的人们自梦中惊醒，扭转那些向后张望的头颅，面向前方……

企业家：我是不会选择做一个普通人的。如果我能够做到的话，我有权成为一位不寻常的人。我寻找机会，但我不寻求安稳，我不希望在国家的照顾下成为一名有保障的国民，那将被人瞧不起而使我感到痛苦不堪。

我要做有意义的冒险。我要梦想，我要创造，我要失败，我也要成

---

① ［瑞］Alstair Crompton. 创意之道：32位全球顶尖广告人的创作之道［M］. 英国设计与艺术指导协会, 1995: 99.

功。我的天性是挺胸直立，骄傲而无所畏惧。我勇敢地面对这个世界，自豪地说："在上帝的帮助下，我已经做到了。"

纽约客：杂志是集体的力量，伟大的编辑隐于其中，每一本杂志的气质里，融合着的是众人灵魂集合时统一的发声。有的正确，有的正在努力正确。但一本杂志只要存在，那么就是正确的。尤其它若还能存在10年，20年，甚至30年，或者100年，这就是成功。编辑的纪念碑竖立在创意与创造的中间。

花花公子：我们喜欢调鸡尾酒，吃一两道开胃小菜，在唱机上放点有情调的音乐，邀一位女性熟人来安静地聊一聊毕加索、尼采、爵士乐……

当一个品牌经营得像杂志一样有明确的价值理念和追求，对顾客来说这是一种效应，也许是理念光晕效应，因其明确的目标、以爱护人类和世界的未来为企业的理念，这些理念受到大家的认同，然后大家也信赖这样的公司制作出来的产品，大家认为有这样理念的公司自然会生产出值得信赖的产品。

1968年冬季，在新汉普的华盛顿厚达566英寸的雪山，不幸发生了雪崩。

或者换句话说也就是57英尺少一些。

暴风雪风速每小时超过100千米，但它造成了因太过寒冷而无法使用现代工具的麻烦。

气象预报员按时发出警告，并宣布立即会有冰冻。

该州的一些老人被勾起1934年的回忆，那时这座山遭受了有史以来最为猛烈的狂风袭击，风速最高达到231千米每小时。

他们将毫不犹豫地告诉你，根据最近的气象报告穿衣比根据最近的流行式样穿衣更为重要。

对于那些常在户外冒险而无视气象预报的人来说这种服装是很理想的，他们为能对付最坏的情况而感到骄傲。

比如我们的Timberland羽绒服。这种羽绒是你能找得到的最优秀的，因为这是我们能找到的最好的。

为了找到符合我们标准的羽绒，我们走遍世界寻找供应源。我们坚持只从饲养在开放环境里的动物身上获取毛皮，而这使搜索更难了。也许听起来有点显得吹毛求疵，但你永远不会在Timberland的外衣上发现由倒刺线造成的损坏。

我们不再谈及在饲养时动物的皮毛被怎样关照，当把这些毛皮送入车间时我们也对它们进行特殊的处理。

Timberland用的一切皮草都在化工品里做过防水处理，然后，为了使它在任何季节看起来都崭新，我们对它进行特殊加工使它永远不会被穿破。

举例来说，我们进行了防止褪色的工序，所以它不止防雨，而且还防太阳光。

因为我们的Weatherguard Newbuck皮草还进行了独一无二的铬棕涂饰。

制作像Newbuck和Split Suede那样的皮革，我们注意到人不能单靠皮革生活。

这就是为什么在一些Timberland外套上我们也使用Gore-Tex，一种人造织物，它每平方英寸有九十亿个小孔。这些小孔的空隙能防水，但仍可以让汗分子挥发出去。

一旦有了合适的材料，我们就开始一年接着一年地做衣服。

我们在缝合处用了双倍的针脚。

我们在衣服的腰部装一根宽松带，使冷空气不能从下侵入，并且装了黄铜拉链，所以不会生锈。

由于人们经常穿着Timberland外套在小路上冒险，我们精心制作口袋，这样使它在剧烈的摩擦中不会被磨破，每个口袋都用厚皮革遮蔽，并用铜质、骨质的扣子加以固定。

你肯定永远不会看到木制的扣子（这比在草堆里看到一支蜡烛更为危险），我们用粗丝绳在每一个扣子背面加厚四分之一英寸加以保护。

制成品是一件能保护你远离寒冷、潮湿的外衣，在那些天气较为宜人的日子里，它看上去平淡无奇。

但这并不是Timberland服装的全部。我们的制衣范围也包括当温度升高至零度时你所穿着的衣服。

从耐用的材料入手，像羊毛、斜纹棉布、帆布和棉花，Timberland产品总是适用于野外家居生活。羊毛衫、裤子、夹克和衬衫，甚至装它们的行李袋。

每一件都设计成可以接受天气和时间的双重考验。

你不知道的是为什么它们能做到。

我们在一些靴子的缝合处用乳胶加固以确保水不能钻进你的靴子。

我们把制作鞋或靴的皮子浸透了硅酮，使它们寿命更长，鞋钉使用了珍珠双结法，使它即使不小心被切开也不会松散。油布领使它不会腐败，而黄铜孔眼不会生锈。

所列优点的表格，就像华盛顿山上的冬天，很长、很长。

Timberland可以自豪地说，制作外衣和靴子不再是一种生存方法，成了一种生活方式。[①]

如果不是对产品有深入了解，广告人难以写出如此精彩的文案。虽然它是一则广告，但更像是专业的推荐。当我们把宣传产品做到像亲人间推荐产品那样细致入微，需要品牌形象良好，产品品质过硬有保障，我们广告人只是把优点挖掘出来，通过广告宣传让更多的消费者知道。广告是助产婆，不是孕妇。

六、甜蜜与爱情或名人的爱情效应

现代社会最大的悲剧是人们拥有了更多的物质财富，更全面的自由，生活更幸福，却没有改变一个基本的事实，"这种新观念并没有必然地导致相爱的人增多，新伴侣可能像老伴侣一样，彼此一点儿也不相爱"。人们变得"冷静和现实"，"不再把性与爱情混为一谈"，人生活得更"诚实和坦率"，但同样窘迫的的，更理智地认识到生活难解之谜，新的伴侣与老伴侣相比，爱情的质量并没有明显提升，新伴侣像老伴侣一样，彼此

---

① ［瑞］Alstair Crompton. 创意之道：32位全球顶尖广告人的创作之道［M］. 英国设计与艺术指导协会, 1995：109.

一点也不相爱。①回顾传统社会，现代人最遗憾的是夫妻感情一直都是小说的主题，而现实的婚姻更多基于经济利益，夫妻二人为了子女、为了生存而继续生活在一起，有的夫妻甚至因仇恨、恐惧等而在一起。许多夫妻很早就意识到，甚至一直明确知道，他们根本就不爱对方，他们的一生甚至从没有相爱过。所以今天爱情是生活的目标之一并不奇怪。

在爱这个问题上大家的追求与品牌的市场定位类似，就是大家一直在追求但未必能追求得到，这需要天赋，需要优秀的管理团队坚持一个目标做下去。每个品牌都在市场上寻找自己独特的定位，这并不是件容易的事：

这就需要有高超的克制能力和精明之处。生意场上和生活中的大赢家都是那些在两极中间而不是边上找到空当的人。②

这也是达芙妮以爱情为主题，找各界名人陈述自己的爱情理念，希望以成功者安排生活的形式来吸引消费者的关注，从而与消费者建立情感联系，俘获消费者"芳心"的初衷。

爱是人类主动寻找打破隔绝和孤独的实践，"成熟的爱是在保持自己的尊严和个性条件下的结合。爱是人的一种主动的能力，是一种突破使人与人分离的那些屏障的能力，一种把他和他人联合起来的能力。爱使人克服孤独和分离感，但爱承认人自身的价值，保持自身的尊严。在爱之中，存在着这样的矛盾状态：两个人成为一体而仍然保留着个人尊严和个性"③。

不为一纸婚书的吴君如、陈可辛：

爱的承诺，不在于形式

拍过那么多爱情片，

其实我也说不清楚我们的关系从什么时候开始，

---

① ［美］弗洛姆. 占有还是存在［M］. 李穆，等译. 北京: 世界图书出版有限公司北京分公司, 2018: 52-53.

② ［美］艾·里斯，杰克·特劳特. 定位［M］. 王恩冕，于少蔚，译. 北京: 中国财政经济出版社, 2002: 262.

③ ［美］艾里希·弗洛姆. 爱的艺术［M］. 刘福堂，译. 北京: 上海译文出版社, 2018: 25.

因为真实的爱情跟电影不一样，
它是没有剧本的。
我想爱情到最后，
就是习惯，就是生活，
就是一家人坐在一起吃饭，
没完没了地和你聊天。
我们两个那么任性、霸道的人走在一起，
争争吵吵、磨合磨合，
互相尊重彼此的独立空间，
互相迁就对方的不可理喻，
其实也过了十几年了。
我求婚，你又答应了，
那其实不就等于结婚了吗？
领证、酒席，这些戏对我来说就太假了，
反正你也不喜欢别人叫你"陈太"，
那么，吴小姐，
我们以后多做点浪漫的事情吧！
比如晚上11点半睡不着，你陪我去看午夜场，
有些时候你要我跟你去沙滩裸晒，
做些啥事情，我也无所谓。
你不是总说十几年都是你让我，我在控制你吗？
你放心吧，我们还有几十年呢，
你绝对追得回来。
你，愿意吗？

李娜、姜山：爱，再次出发
回头看看过去的20年，
我们之间的角色一直在变：
队友，搭档，教练，跟班，助理……

现在，我们终于可以做一对平等夫妻，

做我们孩子的父母。

你已是我生命的一部分，

只要你最懂得我的愤怒和脆弱；

我心里知道，无论走到哪，

只要一回头，就能找到你。

你做过最浪漫的事，

就是放弃了自己的一切来成就我。

现在，让我陪在你身边吧，

你去哪，我就去哪，

因为有你的地方就是家。

你，愿意吗？

俗世情欢与生活味道的那多

赵若虹：只要你想吃，我一定帮你找来

烤猪蹄、烤羊肉、鲜奶小方、冷馄饨，

麻辣烫、酱猪尾、芝士蛋糕、奥利奥，

海胆、鲍鱼、大小黄鱼、澳洲龙虾、麻辣小龙虾，

生煎包子、排骨年糕、小笼锅贴、枣泥拉糕，

八宝饭、八宝鸭、八宝辣酱、糟凤爪，

盐烤蟹、盐烤蛏子、盐烤牛舌、猪油菜饭，

不论晴或雨、冬或夏，

不论岁月流逝年华老去味蕾变习，

只要你想吃，我一定帮你找来。

那么，在吃的时候分我一口。

你，愿意吗？

小时代的小感动的黄磊：礼物

年轻时我们相爱，

面对彼此之间送上的礼物,

都会急不可待,

爱的热烈张扬。

爱的久了,

礼物也就少了,

倒是开始为彼此拔了些白头发,

拔着拔着才发觉,

对方就是自己的礼物,

拆不拆都在那里,

不远不近,

让人心安,

坦然。

饶舌、夸饰或生活仪式化的郭敬明:只有一个问题是重要的

我爱你眼角的纹路,

那是欢笑留下的痕迹,

那是幸福的累积,

那是爱。

我爱家里座机电话响起的声音,

那是你,只有你。

你是你的思念穿行了几千公里。

我爱你毛茸茸的外套,

拥抱时像是拥抱着一座城堡。

我爱你下意识的呼唤,

宝宝,宝宝,哎呀,宝宝。

我爱你给我的Tiffany指环,

让我每一次和别人握手,

都能够想起你。

我想一直停留在

你已经长出皱纹的眼睛里，

因为在那里，我永远不会老去。

我想生活在你的生活里，

呼吸在你的呼吸里。

我比任何事情都确定，

我想要和你在一起。

生命很短，爱却很长。

生老病死，岁月发亮。

你穿着睡衣在家里走来走去，

我看书写字，

你把小狗的卷毛细心打理。

去旅行吗？

叫一份外卖吗？

你想喝咖啡吗？

你在外地出差吗？

需要我帮你签收快递吗？

我给你做了一道我家乡的传统菜，你想吃吗？

我生病了，你会照顾我吗？

那如果我失明了呢？

很多很多的问题。

但却只有一个最重要：

"你，愿意吗？"

七、换个角度放纵自己

任何一个认真生活的人都值得被尊重和爱护，我们也希望每个人都足够坚强，遇到再大的困难首先也能战胜它并且勇敢地让自己活下来，然后才有改正错误获得新生的可能。在压力面前，我们想要逃避，而且往往第一选择就是逃避，但逃避未必就是最佳选择，有时候我们需要的只是换个角度看问题，所有似乎不可战胜的困难都迎刃而解，不复存在了。下面这个旅行广告告诉我们的正是这个道理，在这个生活成本压力山大的时代，我们完全可以活得很幸福，只要你找到让自己获得幸福的新观念：当我们担忧能否买得起一个房子时，如果换个角度想，租房子一样可以活得快乐，而且还不用负担买房的压力。租房子可以活得安心快乐，购房焦虑的问题就没有了，我们的大问题解决了。没有压力的生活，让我们可以活得更轻松。

只要半个平方米的价格：

只要半个平方米的价格，日韩新马泰都玩了一圈；

一两个平方米的价格，欧美列国也回来了；

下一步只好策划去埃及、南非这些更为神奇的所在；

几年下来，全世界你都玩遍了，可能还没有花完一个厨房的价钱；

但是那时候，说不定你的世界观已经变了。

生活在于经历，而不在于平方米；

富裕在于感悟，而不在于别墅。

——北京某旅行社广告

作为广告人，要能在最低谷时看到未来生活的体面，认识到拥有的珍贵，才会意识到自己的幸福。这不是比惨，而是因为看到生活中不尽如人意的事情太多，我们才能明白幸福来之不易。就像很多人批评的，许多人只关注艺术，只关注古老的历史、远方的事情，却对自己邻居的生活毫无所知。如果不关注大事件，注定无法产生伟大的灵魂和坚强的意志。但我们也要敬畏生活，融入生活，关注邻居的悲欢能让我们更好地融入社区生活。

正是一些傻瓜让广告行业红火起来。他们有些偏离主流，而这个行业就是对这些人有吸引力。

那些在生意场中得不到成就感的人，到头来都进了广告界，他们每人都带着自己的问题，就像新婚喜车后面挂着的罐罐一样，他们都有自己的原因和计划，他们给广告界带来了创意、活力和混乱，他们也从广告业学到了专业、观点，并且逐步成长起来。

总之，这些奇奇怪怪的人，这些搞艺术的、这些阴阳怪气的、这些画漫画的、这些写诗的、这些披头散发的、这些动作缓慢又不爱讲话的人，让办公室的生活生动又有趣，更有意思的是这些人都富有出色的幽默感。办公室里你会碰到一个又一个搞笑大王，传达室里有他们，接电话的有他们，高层决策人物的办公室里也有他们，他们无处不在。①

---

① ［美］苏立文. 文案发烧［M］. 徐凤兰，译. 北京: 中国财政经济出版社，2004: 257-260.

第六章　社会责任与广告活动过程

　　利他主义使我们在明知无利可图、不期待任何回报的情况下也会付出爱心与行动，社会心理学家研究发现，社会交往同样遵循社会交换理论，追求成本最小化和收益最大化。如果利他行为能获得奖赏并提高社会地位，自私行为受到惩罚，人们会更愿意做出利他行为，并感觉良好，即使他没有获得应得的奖赏。好心情会推动人们做出好的行为，但坏心情同样也能推动人们做出好的行为。前提是人们不能仅关注自我的好不好。在社会交往中互惠规范推动人们对曾做出有利于我们利益行为的对象给予更多回报。因此社会责任规范强调我们应该帮助那些需要被帮助的人，至少不考虑公平交易。[①]

　　品牌战略推动广告活动少，甚至不考虑短期的回报，追求建构消费者信赖的品牌形象，而不追求促销产品。广告活动在执行品牌战略规划的任务时，主要从品牌形象、品牌与顾客的关系、宣传品牌文化等方面着手，为品牌声誉和产品信誉添砖加瓦。

　　反全球化运动人士兼作家娜奥米·克莱恩在其著作《拒绝品牌》（No Logo）（2000年）中，指责大品牌和大公司出于贪婪对世界公民和环境进行剥削。其他作家也指出，品牌称霸、专横跋扈、不道德的行为是司空见惯的（Kompella，2003）。例如，一些大品牌凭借自己的市场规模将较小的品牌挤出市场或破坏环境、剥削员工，或欺骗消费者。这些都是胡作非为或没有社会责任感的品牌。不良品牌和其他现代品牌有很多共同点：首先，它们以牺牲某类长期品牌建设活动（这些活动有助于公司长期利益和

[①]　［美］迈尔斯. 社会心理学［M］. 侯玉波，等译. 北京：北京：人民邮电出版社，2014：434-442.

为消费者创造品牌价值，从而提升其忠诚度）为代价，转而选择追求短期利润。其次，它们既不能与消费者建立良好的关系，也不能理解消费者的期望。最后，它们也不能对与自己有关并广为人知的不利报道快速做出反应。[①]

广告虽以促进销售为目标，但品牌化时代，除了促销之外，建立良好的品牌形象更为重要。品牌形象体现在广告制作水平、代言人形象、发布媒体影响力等各个方面。所以广告要注重自己活动的每一个细节，在传媒发达的今天，任何一个小问题都可能引起广泛的社会影响，一旦出现瑕疵，传播效果就难以控制。

第一节 广告的创作与表现

请名人做广告代言是品牌最常用的推销手段，越是当红的明星，代言的品牌数量越多，费用也会越高。这就推动许多品牌在艺人成名之前就提前签订长期代言合约，一旦艺人真的走红，这份带有赌博性质的合约，就变成了回报极高的精明投资。

一、广告文案与代言人形象

品牌和名人的关系，是商业社会无解的一对关系。双方相爱相杀，有时互相抛弃，却又难解难分。即使最爱研究产品，认为广告宣传不如优惠券有效的霍普金斯，在创建品牌时想到的第一件事，就是找到最合适的品牌代言人。

我脑子里有很多想法。我开始的第一个生意是做化妆品。我研究了那个行业的统计数据，发现妇女们每年要在化妆品上花7亿美元——比她们花在其他所有做广告的产品上的钱的总和还要多。我准备做一种化妆品，但我还没有找到理论依据。这个行业已经人满为患。著名的化妆品经销商们已在他们的货架上摆上了几千种产品，还有很多新的制造商每周都在招徕

---

① ［英］西尔维·拉福雷. 现代品牌管理［M］. 周志民, 等译. 北京: 中国人民大学出版社, 2012: 216.

生意，排着队求经销商们经营自己的产品。没有哪种产品独霸天下。如果某位妇女打算改换某种品牌，商店的导购员准保会向她推销其他的品牌。

我派人到巴黎和维也纳去找一些独特的产品，但是他们什么也没有找到，所以我决定放弃这一行。

就在那个时候，埃德娜·华莱士·霍柏（Edna Wallace Hopper）正在芝加哥演出。有一天早上，曼德尔兄弟商店（Mandel Brothers）在报纸上宣布，当天下午她会亲自到他们设在四层的美容商店去。我派去了一个密探，她看到那一层楼挤满了人，同一层楼的其他商店不得不让出自己的地盘，来容纳那些像潮水般涌来一睹霍柏小姐芳容的女士们。

埃德娜·华莱士·霍柏已经到了做奶奶的年纪。很多年纪稍大的女性在她花容月貌的时代曾经见过她，那已经是19世纪90年代的事了。然而，她的头发、她的身材、她的少女般的肌肤，使她现在看上去还像个19岁的姑娘。每个妇女自然都急于知道她保持年轻和美貌的秘诀。

曼德尔的经理建议她来找我。他说："你应该把你的名声当作资本，你应该把你的做法教给别的妇女。"

第二天，埃德娜·华莱士·霍柏找到了我。她随身带来了无数关于她的各种报道，还有她自己写的如何保持青春的文章。

那一天我找到了我的理论依据。现在我手中有了这么个女人，一个在美国被人谈论最多的女人，一个在35年前就让自己成为著名美人的女人，一个使自己的美貌一直保持到了做奶奶年纪的女人，还有她找遍了全世界获得的美容良方。

我和她签订了协议。她让我使用她的美容配方，她的名字，还有她的影响力。我为其他女性生产这些产品，和她使用的完全一样。她为了取得这些配方曾经花了好多钱。说到美容可以给生活带来些什么，她是一个最突出的活生生的例子。依靠那些产品，我们建立起了一家很大的化妆品企业。①

---

① ［美］霍普金斯. 我的广告生涯和科学的广告［M］. 邱凯生，译. 北京：中国人民大学出版社，2007：140-143.

　　在品牌管理的领域，寻找合适的明星代言是迅速提高品牌知名度、快速吸引目标人群的最有效的办法之一。不断推出新产品，保持品牌的创新能力和市场领导力、竞争力，是品牌常葆吸引顾客能力的办法之二。霍普金斯虽然没有今天品牌管理的知识，但他的做法暗合品牌管理理论的精髓。所以他的成功，值得我们学习，我们今天的知识，是他们在黑暗中摸索出来的成功经验的体系化总结。

　　我们在品牌运营和广告活动中寻找合适的明星，甚至可以决定我们的成败。并不应该是最红的明星，而应该是最合适的明星。最红的明星固然好，但明星的个人风格与品牌的基调、文化是否匹配，是我们要考虑合作与否的重要因素。否则可口可乐、百事可乐、耐克这些品牌也不会漏过很多具有号召力的明星，它们更考虑品牌自身的实际情况，才会去招徕与自己品牌基调、品牌文化匹配的明星，而不是只要是当红明星，就聘请为自己的代言人。

　　（一）柔情/硬汉：细腻/粗犷

　　中国男装品牌曾做过很多优秀的广告，但它们在国际品牌面前没能保持住竞争力，许多都被收购或无法继续成长，甚至成为代工厂。但他们在竞争最激烈的时代，确实做了许多符合科学规律的品牌战略推广和广告宣传活动。

　　爱都男装"花样情怀"：

　　"男人，花一点也可以"

　　简练中寻求精致，

　　粗犷中雕琢细节。

　　当保守沉闷遭遇炫目缤纷，

　　当单调划一邂逅纳锦穿花，

　　男士演绎别样的精彩。

　　爱都"花样情怀"，

　　男人，花一点也可以。

　　爱都男装报纸广告：

爱都·花样情怀

那些早已消逝的岁月，

仿佛隔着一块积着灰尘的玻璃，看得到，抓不着。

细碎而绵长的日子，轻轻地踏着生活的单一，

堆砌情感的沉默。

难道花一样的年华，就这样在刻板中流淌？

男人着装，如何更能绽放美丽馨香？

敬请关注——

10月10日爱都2008春夏流行新品发布会，

为你诠释男人的"花样情怀"。

露友·我型我塑

拥挤的都市里生活，

被各种压力吞噬着。

唯有——

做自己想做的，

梦自己想梦的，

爱自己想爱的，

玩自己想玩的，

秀自己想秀的，

露友，

Be your personal，我型我塑！

宝威：

男装·时尚舵手

生活如广袤的海域，我似轻舟航行。

扬帆远航，勇敢面对，方能乘风破浪；

启动心锚，锁定目标，驶向成功彼岸。

宝威，做人生的舵手！

　　这些广告的市场效应并不像今天我们看上去的那样普通，这些广告曾为这些品牌做了差异化和独特性的宣扬，这些符合品牌管理科学规律的广告宣传很出色，符合定位理论和洞见理论的原理，市场反响也令人非常满意。

　　如果追根究底，那么任何商业洞见的目的都是进行某一方面的提高，使你的公司表现得更好。在我们这一行里，目标就是为客户创作出优秀的广告，促进销售。我没法说得更简单些了，客户做广告的首要目标是：销售产品。

　　至于如何做到这一点，客户和客户之间的做法迥异，广告和广告之间也不同。但目标从未变化：移动销售额的指针。

　　注意我没有说"使指针飙升"。对于大部分客户来说，这个目标太大了。这种说法让人觉得商业上的巨大增长很容易实现。从我的经验来看，这不容易，也没有必要。你不需要把别人做过的事重做一遍，或是摧毁你的对手，或是一夜之间从行业的第17位跃升至首位。这些目标的成本都太高，而且没有人能保证一定可以实现。移动指针是一个谦虚得多、可行性高得多的目标。这是一个明智的目标。①

　　广告与品牌管理都需要做好一件事：保持耐心。只有选定目标，并坚定地走下去，只要大方向不错，都会距离目标越来越近。操之过急是失败的动因。很多品牌管理之所以出现管理、资金等方面的意外，很多时候都是操之过急导致的。既不能操之过急，也要保持耐心，有毅力并且坚持下去，规模不急于扩大，品牌影响力也不追求一鸣惊人，经历市场的几轮淘汰，存活下来的品牌才有可能成为下一阶段的明星品牌。

　　（二）内向/张扬：丰富/鲜明

　　奥格威说自己不喜欢文学化、散文化的文案创作，也许和他不能掌握英语的俗语，不能熟练使用美国的日常用语有关。文案写作出现散文化的风格，如果与品牌文化和产品的特点契合，一样令人耳目一新。

---

① 　[美]杜森伯里. "洞"人心弦：一个广告人的洞见与事件[M]. 宋洁，译. 上海：上海远东出版社，2007：71.

天姿·有氧运动

感受气血的畅通活跃，

聆听身体健康的声音，净化心灵的尘埃，

心清意静……

天姿，引领全民有氧健身时代，

摒弃身体剧烈无氧的猛烈爆发，

舍去挥汗如雨的激烈对抗，

享受自己的活跃气血，

品味节奏和谐的心律音禅。

让身、心、灵在轻松中邂逅，

谱写健康、快乐、美丽的幸福乐章。

天姿，引领全面有氧健身时代！

天姿，我的内衣会呼吸，

承袭有氧运动品牌秉性，

甄选国际流行前沿至臻品质面料，

轻盈、透气、吸湿、细腻。

动静之间，毛孔依然恣意呼吸。

沉醉、乐享，天姿内衣。

Swimming wear/海滨畅想

（一）

飞越海的胸膛，

悠闲漫步；

是谁着一袭霓裳，

伫立灯火阑珊处？

（二）

五月的海滩，

安静得就像被偷了灵魂。

年华，灿烂如繁花模样，

如此羞涩，又如此张狂，

那种温柔的美，

随清风吹起的霓裳，

不经意地触动心底的是

出水芙蓉般纤细的纯净。

（三）

凝望的双眸，

无人知晓

在你视线中是什么画面。

只是一身妖娆的色彩，

轻轻摇曳于凉风习习之中，

嘴角似乎微微一翘，

似乎是微笑的容颜，

也许

此刻这就是一道亮丽的风景线……

来看另一则偏理性的小文案，它是一篇优秀的文案，无论是数字的运用、口号的提炼，都堪称优秀之作。从写作角度看，它尽善尽美了。这是中国广告人创作的优秀作品，虽然它只是一个小广告，却体现出中国广告界的活力和创造力。品牌是小众品牌，企业文化也不是鲜明动人，却从实际情况出发，从企业生产和日常工作中提炼出具有动人效果且能满足消费者需求的元素，像动静有型、体型数据等，都是令中国消费者心动的卖点。在购买国际品牌时，中国消费者最大的尴尬是欧美版型和中国人的身材不匹配，经常出现过肥过大的情况，而中国本土品牌在设计上既能吸收西方的时尚成果，版型上又为中国消费者服务，自然能打动中国消费者的"芳心"。

老人城·男裤·动静有型

源自米兰服饰设计灵感，

依托数十万中国男人体型数据库，

360° 契合腿、臀、腰；

360° 契合站、行、坐。

雅致男人，动静有型——

老人城360° 动态休闲裤。

（三）实力/偶像：理性/感性

客户更在乎的，是你能不能帮他解决问题，顺利地清空他们的产品库存，其次，才是你的创意有多厉害。创作者只有在营销层面上给客户一个可以打动他的理由，才有可能让他认同你的天才想法。而且，很多实际问题，并不一定就直接显露在他们之前的广告上，很有可能还会出现在品牌的视觉体系、公关形象、产品、渠道、促销及服务等诸多方面。

这时，你要面临的，绝不仅是创作单独的一条广告，而是要制定一套整体性的策略，也就是通常所说的"策划案"。你需要透视客户的"前世今生"，探听它的营销计划和广告目标，挖掘大量的市场数据，然后再结合产品和消费者的特性进行分析，拟出一个既省钱又有效的强大计划，最后，还得考虑怎样实施与检验。下面这两个方法可以帮助你更快地进入状态，找到客户的症结所在。①

对广告人来说，采取合适的广告对策也是广告活动成败的关键，我们不能改变企业的文化、形象、产品的设计、企业的管理等方面的问题，每个企业都有这方面的问题，即使是国际大企业。但我们可以在产品质量合格、服务水平令人满意的前提下，替客户找到消费者，并让目标人群接受客户的产品和服务。最有效的沟通是用目标人群自己的思维进行思考和表达，当一个人听到自己的心声时会不管它是不是广告，他会觉得那就是自己而欣然接受。

田亮代言的达派箱包文案：

激情动力篇

思想，在徘徊和失意中成熟

意志，在残酷和无情中坚强

生命，在挫折和磨难中茁壮

---

① 乐剑峰.广告文案：文案人的自我修炼手册［M］.北京：中信出版社，2016：4.

青春，在运动和休闲中飞扬

恬适魅力篇

走过，每一段生命旅程

记录，每一处别样风情

分享，每一道美丽风景

感悟，每一段别样人生

自然简约篇

胸怀，是包容天下的宽广和深度

个性，是壁立千仞的执着和坚强

生活，是明快多彩的简约和纯真

心灵，是浪漫坚贞的情怀和梦想

（四）时尚/常青树：动感/沉稳

创作文案时不能受品牌和代言人的影响改变自己对产品的判断，有些品牌如果存在问题要及时和品牌方沟通，不能因代言人很著名就回避问题。合作一定要建立在平等、互利的基础上，品牌方和广告人合作虽然不是让广告人来提出问题而是来解决问题的，但广告方发现问题如果不提出，会破坏双方合作的基础，会影响广告创作。广告创意不会为了一个有问题的产品起舞，它一定是为那些令你满意的产品而做。所以文案与广告人都要解决问题才有价值。

好的文案是善用代言人的标签，为品牌的优势欢呼。

张学友代言的希尼亚的文案：

一路上有你

人生如同一段旅程，

入行二十几年来，我阅尽浮华，游历世界，

渐渐懂得人是需要用心去感受这段旅程风景的美好的。

那些给我支持和鼓励的家人、伙伴、歌迷，无时无刻不温暖我心。

感谢一路上有你。

希尼亚·轻装上阵　轻松携程

撕开前尘的扉页，欣赏旅程的风景；

拉去距离的隔膜，感悟职场的精彩。

驾驭人生，放飞心情，轻装上阵；

一路有你，自由商旅，轻松携程。

希尼亚，为2008中国年喝彩！

影响我们写作的原则有很多，创作时具有清晰的问题意识也是非常重要的。

1.你一定要知道自己在讲什么。

为了具备资讯性——还不要提说服性——你必须知道汽车如何装配，鸡肉如何切斩，界面活性剂如何作用，人在外国会碰到什么状况，炼油厂究竟怎么炼油等等。

欠缺这种知识，你就注定越来越靠形容词过日子。

2.务必记得是靠谁在说话。

形象、性格、语调、质地、甚至个性——这些词我们用得都可以互相代换了。可是不管我们用什么样的词来称呼，都必须明显、突出、一致。这甚至比友善、亲近和能被接受来得重要。

意欲将公司或者——老天不许——自己的特征放到客户的文案里的文案都应付出失去工作的代价。离职补偿金就是他写作的那只手。

3.你必须知道你在对什么人说话（或者，更好的是，在对哪个人说话）。

这个真要做好可能会很难，"18至34岁男性"和"户年收入120万元以上"的分类不只无用，还具有破坏性的效果，你可能真的必须赴消费者座谈会的幽冥一游（记得买来回票，不用先订位）。

最好的策略是创造出自己的消费者，好好把他隐藏起来，生活里的实际事物就不会来麻烦你了。

同时，好好记住，你的消费者（即使是你创造出来的）很可能比你聪明，而且更有警觉性。他毕竟不是做广告的，你才是。[①]

（五）科技与偶像的结合

巨大的厂房、高耸入云的烟雾、先进的实验室、精益求精的研究场景、电子显微镜下的细菌、DNA等科学成分的3D展示、科学家的推荐、科学术语的专业解释等，这些都是广告宣传时常用的科学元素。杰士邦超薄广告的成功告诉我们，在科幻时代，科幻感十足的科技与偶像结合的广告创意，才是时代需要的创作手法。百事可乐联合邓紫棋推出的音乐广告，让我们感受到科技感十足的广告作品的魅力。

欢迎来到大数据音乐列车0636，今天状况良好，点击量又有攀升，系统一切正常。

已根据喜好度匹配100%。

数据给了我们不会错的方向，但听从内心，才是我要去的地方。

警告：歌曲推送已暂停，请回到车厢，只有数据才能让音乐成功。

这才是我爱的音乐，听自己的，热爱全开，百事可乐。

百事可乐与邓紫棋合作推出的这则广告，充分利用了邓紫棋的音乐影响力和百事可乐的欢乐元素，创造出独特的广告，既有邓紫棋爽朗的个性影响力，也有百事可乐的快乐元素，二者完美结合，场景设计更是科幻感十足。音乐列车是电影《雪国列车》的广告版。这则广告无论是创意、情节还是结尾，与科幻大片都有异曲同工之妙。它创造的场景科幻感十足，而邓紫棋也以科幻电影主角亮相，增强了广告的科幻氛围。

不要批评这则广告只是借用了现成的电影创意，广告中充满了流行的电影元素无可厚非，这是对流行文化热点的成功借用。广告本身就是混合艺术，它的创意法则更多来自后现代的拼贴创意。原创性广告固然好，但在文明成熟度如此高的今天，混合和拼贴也是魅力十足的创作方式。

我们来看鲍勃·列文斯对文案写作的反思式广告。

我们是一个聪明的民族。

---

① ［瑞］克朗普顿. 全球一流文案：32位世界顶尖广告人的创意之道［M］. 邹熙，译. 北京：中信出版社，2013：154.

并且，大多数聪明人都忽视广告，因为，大多数广告都忽视聪明人。它们取代了我们互相交流。

我们无止境地讨论媒介和信息。胡说，在广告中，信息本身就是信息。[①]

今天科技感十足的广告效果惊人，耐克、阿迪等著名品牌都曾推出过科幻感十足的广告。当然我们要保持克制，只有认识到广告不是为了展示我们广告人的创意，而是用我们的创意打动消费者，让他们接触、接受、认可客户产品并成为忠诚客户，才是我们创作广告的原动力。所以科技感十足的广告，只是吸引消费者关注的手段，至于它的创意是否原创并不重要。它的场景最好能令消费者感到熟悉，只要能打动消费者，我们广告人可以和影视作品的版权方合作，拿到我们需要的版权，拍出消费者喜闻乐见的画面。

二、广告文案与修辞

在谈论广告修辞之前，我们要有一个基本的理念，今天广告的所有活动，都围绕着构建品牌形象展开工作，是品牌战略的组成部分，是品牌与制造商展现企业文化和企业活力、构建品牌形象、与顾客建立情感与利益联系的宣传活动。只有从这个角度，我们才能更好地理解广告修辞的社会心理动因。

品牌形象（从品牌拥有者的角度所理解的品牌概念）是任何品牌创建计划的基础。无论是追求用替代方式或者采取多种传媒手段来创建品牌，还是两者同时利用，一个公司必须有一个深入的、结构清晰的品牌形象，以使那些设计并执行宣传计划的人不会错误地向消费者传递自相矛盾、令人迷惑的信息……一个清晰、有效的品牌形象必须与企业的发展理念及企业的文化和价值观联系起来，企业上下对这个品牌形象都应该有恰当的理解和认可。它应当能提供像这样的指示，即哪些活动和宣传可以支持和强

---

① ［瑞］Alstair Crompton. 创意之道：32位全球顶尖广告人的创作之道［M］. 英国设计与艺术指导协会, 1995: 66.

化这一品牌，哪些将削弱和混淆这一品牌。知道什么时候说"不"非常关键，因为，如果一个品牌形象模糊、毫无特点，以至于对消费者的任何宣传都会被认为可行的话，这样的品牌形象毫无益处。[①]

比如哈根达斯要做广告，它以"我最愉悦的体验"为主题展开活动。它还积极主动与艺术活动建立联系，以匹配品牌管理者追求的典雅气质。它甚至出现在话剧表演现场，演员得到了一根真正的哈根达斯冰激凌。所以它取得的成就是惊人的。它的活动是一个个成功的建设品牌的故事，它震惊了当时的广告界：

企业协调一致创建品牌的努力取得了巨大的成功。例如在英国，几个月内就有超过50%的人知道哈根达斯这一品牌。其产品在欧洲地区的销售额从1990年的1 000万美元上升到1994年的13亿美元。今天，该品牌产品占领了最高品质冰激凌市场1/3的份额——尽管它的价格仍然比一些廉价品牌产品高出一大截。[②]

广告界同人不仅关注它四年时间扩张了1200%，也关注它的市场份额达到了1/3，这是惊人的成就。同样，我们更关注的是它"企业协调一致创建品牌的努力"，尤其是"协调一致"。对广告界来说，企业能否协调一致是成败的关键，广告只是为这些活动搭建的平台，广告是在前台唱赞歌，赚吆喝的，关键是台后的努力，是看不见的市场行为决定"吆喝"的成败。但企业往往把吆喝当成救命稻草，岂不知企业日常的生产管理能否协调一致才是成败的关键。

但广告文字的修辞对消费者确实是有影响力的。同样以哈根达斯为例，虽然它以价高质优为卖点，但它的"愉悦""体验"的文案，同样给消费者留下了深刻的印象，令我们体会到凉爽、甘甜的美好体验，会让我们回忆起生命的激情时刻。大家吃的不仅是一根冰激凌，而是对生活最美好瞬间的永恒回忆。这样的产品自然令消费者热爱且忠诚。

---

① 北京新华信商业风险管理有限责任公司.品牌管理［M］.北京新华信商业风险管理有限责任公司译校,北京:中国人民大学出版社,2004:7.

② 北京新华信商业风险管理有限责任公司.品牌管理［M］.北京新华信商业风险管理有限责任公司译校,北京:中国人民大学出版社,2004:10.

（一）标题/口号

所有广告人面临一个矛盾的处境，在他们的工作生涯中，追求真实是他们工作的第一原则，而消费者总把广告人视为靠吹嘘挣钱，靠骗人挣大钱的人。一代代广告人都在说消费者是比广告人更聪明的选择者，因为消费者不仅靠真金白银购买商品，也是商品的真正的客户。再完美的产品，消费者总有不满之处。有些是产品的功能限制，比如手机再流畅，也不能代替相机拍出高品质的画面，现在很多手机已经能拍出不逊色于专业相机的画面了，但消费者又有了新的需求，他们要更随心所欲地编辑图像。手机还要能操控自动化家具和家用电器；高科技产品更新换代速度过快，会对硬件提出更高要求，五年前的手机，已经无法连接今天新出的电子产品了。手机一般两年之后会出现变慢、卡顿、不能运行新出的大型游戏等问题。商品都有使用寿命，传说中的可以用上百年的电冰箱、空调、电视机等产品，今天虽然还可以使用，但消费者的很多需要已经不能得到满足了。

我们广告人没有办法改变产品与消费者之间的冲突问题，我们要坚持自己的原则：第一，要为自己尊重的品牌和产品服务；第二，在广告中不夸大事实，效果再好的化妆品，也不能再使用"今年二十明年十八"这样的广告语，虽然它确实能让你皮肤充满弹性，显得年轻靓丽。第三，我们一定要试用产品，如果有可能，要像忠诚客户那样长期使用产品，这不仅有利于我们客观评价产品，更有利于了解消费者的使用体验，这也是对产品品质的亲自检验。像最挑剔的客户那样挑剔产品，如果我们还能满意，那么我们就可以放心大胆地推荐给消费者了。如果有可能，还要坚持第四点：让身边最亲密的人成为产品的使用者，与他交流使用体验。这时你会有很多话要告诉消费者，他们提出的问题你也可以轻松解答，这时广告文案的文字水平就不重要了。再好的作家，在轰动性的故事面前都要逊色。这就是新闻能替代文学作品成为时代关注热点的原因。人们不仅喜欢看故事，更关注故事背后世界的真相。我们广告人就是要把关于产品的真相告诉消费者，虽然我们依然难免被消费者怀疑靠宣传挣大钱，这时我们可以把这样的怀疑理解为忌妒，因为我们的工作确实可以轻松地挣不少钱。

1.真实：标题与广告创作的第一原则

真实是广告人与观众建立稳固关系的前提。所谓真实，不仅要把产品非常优秀的真相告诉消费者，也要把真实的使用体验告诉消费者，真实要求我们不要夸大产品的优点，也不要夸大使用体验。我们广告人不可能靠虚假宣传而一直获利，我们靠的是真实信息赢得消费者的认可才能一直挣大钱，一直生活无忧，否则广告会被社会淘汰，我们也就没有工作可做了。当我们看似焦虑、实际轻松地做着自己喜欢的寻找创意、写文案、拍视频、剪视频等专业活动时，我们要知道消费者对我们的期待，有时哪怕冒犯客户也不要得罪消费者，当然也不要刻意取悦消费者，但是你有责任把你知道的真相都告诉他们。

真相，是消费者关于产品有权利知道的信息。无论这信息对客户来说是好是坏，这应该交由消费者来评判。

在美国历时27年后（将近600万辆Volkswagen），我们充分感到，要在这里安一个家。[①]

这则老广告如果没有真实的呼声"我不想，我想"，就真的没有呈现出在美国建厂这件事的真实意义。具有市场基础的投资修建新工厂，制造商觉得理所当然，消费者还未明白它的意义和价值。这个广告告诉我们，做这样的投资是明智的，因为有市场，更有顾客的欢迎。看完之后我们也觉得这个厂建得好。

2.通俗易懂：绝大多数读者都能看懂

奥格威的建议还是有参考性的，广告文案的文字水平要达到受过六年教育的人一眼能懂的水平，就是说受过小学教育的人一眼就能看明白你的广告文案。即使是教育普及的今天，我们也不能玩文字游戏，只有让受过基本教育的人一眼能看清楚、一听就明白的广告，才是合格的商业广告。

有些广告是针对特殊人群的，比如一些针对爱读书的人的广告，文字水平就要高深些，也要长些；针对一些爱冒险、有社会责任心的人的广

---

① ［瑞］Alstair Crompton. 创意之道：32位全球顶尖广告人的创作之道［M］. 英国设计与艺术指导协会，1995: 111.

告，风格就要粗犷些，语言就要尖刻些。整体而言，我们希望广告写得平实如话，就像胡适所说，话怎么说就怎么写，少用甚至不用典故，避免使用生僻字、意思晦涩的文句等，广告，通俗易懂是传播成功的关键。广告不是为了提高大众的文化修养，而是为了与大众交流产品信息。

> 在诗篇中为爱而死或许是美丽的，
>
> 丧生于车祸却愚不可及。[①]

这是一则广告的开头部分，这则广告简直是一篇夹叙夹议的小文章，开头探讨死亡的价值，借此提出死于车祸是最不浪漫也最没有价值的死亡方式。中间部分讨论驾驶准则的意义，它能有效减少车祸的数量，但再严格的驾驶准则也无法杜绝车祸。最后的部分也是这则广告的主要部分，全面介绍自己客户的汽车保险服务条款。行文流畅，一气呵成，而且环环相扣，逻辑严密。这样的文字水平并不高深，但做到了平白如话，既没有生硬的知识介绍，也没有严肃的告诫和呼吁，只是平实地介绍他所了解的死亡数字，介绍了青年驾驶员出车祸的主因，最后提出他的客户的保险原则——希望所有人都能成为它的终生客户。虽然广告中谈论到了死亡这个敏感话题，而且以指责我们不遵守规则导致发生意外的口吻，奇怪的是，我们不仅没有被激怒，反而会感激和认可这则广告。这就是沟通型广告追求的最好效果。我们可以谈论危险，可以谈论消费者最不愿提及的私事，但如果讲的道理和提出的解决办法能被读者接受和认可，不一定非要用最有说服力的方式把它说出来，读者也会认可广告人的"苦心"。

3.针对目标客户：关键信息清晰明确

写广告一定要透视消费者心理，即使从你掌握的信息中不能得出发人深省的结论，也要尽力把握目标人群的消费心理特征，使广告目标明确，卖点准确。以年轻、精英、理性消费者作为自己的目标人群后，宝马广告就集中满足目标消费者的消费需要。宝马的广告多聚焦在零部件完美无瑕之上，似乎一直在试图超越奥格威的"这辆车六十迈时最大的噪声来自它

---

① ［瑞］Alistair Crompton. 创意之道：32位全球顶尖广告人的创作之道［M］. 英国设计与艺术指导协会，1995：114.

的电子钟"这样的经典作品的水平。

正是这些导致许多汽车零部件发生故障。

石油具有软化某些塑料制品的力量。

水性液体对某些类型的橡胶化合物具有腐蚀性。

而防冻液能导致电气设备接触不良。

因此，一旦宝马汽车的工程师改进了一个零部件，宝马汽车的实验室技术员就试图摧毁它。

零部件不仅被浸没在它们可能会接触到的任何可疑的物质中，而且还要被浸没在它们不大会接触到的一些物质中。

关键项目如ABS刹车传感器甚至面临更严格的试验。

表面涂抹着大量的石油、柴油、水性液体、洗涤剂和刹车液，它被放入烘箱24个小时，温度为115℃。

如果传感器仍旧正常工作，这项试验就再重复进行16个小时，温度为150度（150℃）。

如果一切都好的话，接下来进行强有力的冲击和碰撞试验。不是一次，也不是二（两）次，而是要进行七十二次试验。

这样的试验不仅帮助宝马能设计汽车的零部件，而且还帮助他们开发一些用于生产零部件的原材料。

现在安装在许多宝马汽车上的合金车轮就是一个恰当的例子。

制造这些车轮的金属是按照宝马汽车自己的配方炼出来的。

他们继续对这个配方进行检测和试验。

从每一批交货量中抽出10个车轮，用铁制摆锤对其敲打。

这是模拟以每小时20英里的速度冲撞马路牙子的效果。如果车轮达不到标准，整批货物都被送往废金属堆。

如果他们通过了试验，那么在通过检验并送往装配线之前，每个车轮还要接受一次X光检查。

在所有这些程序的背后有一个原则：制造运转极佳的部件就是制造运行极佳的汽车。

对宝马汽车来说，这是真正的严峻考验。

宝马汽车，顶级的驱动机械。①

4.创意：时尚、趣味和吸引力十足

"宝贝儿，有什么事我们不能躺下来谈谈呢？"

这是杜蕾斯广告的标题，俏皮、有趣，特别符合杜蕾斯的气质。

"今天的我长得真好看"。

这是胡辛束文章的标题，同样的俏皮，更多了自信乐观的感觉，读者自然觉得他推荐的社交App软件好玩可爱值得下载关注。

"今天的我长得真好看。"原创，2015年10月1日，胡辛束。

全世界只有不到1%的人关注了胡辛束

你真是个特别的人

大家好，欢迎进入《"十一"七天乐》。作为主持人的我，先来简单介绍一下这个栏目。这七天具体是怎么乐法呢，其实很简单。大概就是前三天我给大家推荐点儿适合这七天休假的好东西，然后后四天我基本处于偷懒状态，趁着你们休假也享受一下生活。嘻嘻。废话不多说，先让我们进入第一期——"今天的我长得真好看"。最近，我终于开始对自拍上瘾了。也说不上是一场后知后觉的自恋，还是终于懂得发现生活的美了。总而言之，我对于这项女性化气息很重的运动，突然着迷了。

这样的文风有着浓厚的时代印迹，很多词语只属于它产生的那个时代，早了不行，晚几年也不合适。它的文字很幽默，在娱乐化时代，这样的文风确实能够吸引它的目标人群。

5.情感基调通达温暖

广告文案可以说理，也可以抒情，它的文字要带有感情，当然情感可以冷峻也可以温暖，但它应该让人觉得生活是美好和充满希望的。

海明威在这里写了一本小说，或许你也会受感染写下一两篇

当你在威尼斯的Gritti皇宫逗留时沉思会造访你吗？你会喜欢与海明威先生同样的创作灵感吗？

---

① ［瑞］Alstair Crompton. 创意之道：32位全球顶尖广告人的创作之道［M］. 英国设计与艺术指导协会, 1995: 124.

大运河依旧像过去五百年一样轻拍着西加旅店的大门。

Titian的16世纪油画"Doge Andress Gritti"依旧在西加旅店的墙上散发着迷人的光彩。

凭窗远眺，越过La Salute教堂，就能看见与美国作家海明威1949年10月初来乍到时看到的一样的风景。

Gritti行邸不仅是海明威写作的地方，而且他还在《跨过小河，没入林中》写到了它。

事实上，其他的西加旅店连锁店同样很吸引人。不论是卫星接收或空调都不能掩盖它们拥有的历史光彩。

在Asolo的Veneto群山之中，你将发现Cipriani别邸。那曾是罗伯特·勃朗宁和伊丽莎白·勃朗宁夫妇的家。

不过所有我们的连锁店中最具文学性的当属Meurice，它是巴黎Tuileries皇宫的围墙。[①]

广告文案是作者与读者在默认的协议中进行的写作，它有自己的规则和要求。

每个文案写手都得和读者达成一项协议。从读者的角度，协议是这样的：你让我一直感兴趣，我就一直读下去。所以要常问问自己：我的表达方式够不够新颖？我有没有始终做到简洁？我有没有做好自己在协议中的本分？……要当心，别在你的散文里加入太多的笑话和奇特的比喻。一般说来，写得越平淡，偶尔的闪光就越出彩。[②]

我们还是要回到平淡如话的文风上来，让我们的文字与读者的需要达成一致。这不是一个简单的过程，它充满了痛苦和重复。这也是文案人大多表面闲散，却整体苦不堪言的原因。

---

① ［瑞］Alstair Crompton. 创意之道：32位全球顶尖广告人的创作之道［M］. 英国设计与艺术指导协会，1995：125.

② ［瑞］克朗普顿. 全球一流文案：32位世界顶尖广告人的创意之道［M］. 邹熙，译. 北京：中信出版社，2013：127.

（二）有趣的广告

1.善于制造热点

就像弗洛姆所说，人"都有诸如饥、渴、性等需求"，"但是，引起人性格差异的那些冲动，如爱恨、贪求权力、渴望臣服及沉溺于恐惧或感官享乐等，都是社会进程的产物。人的倾向，最美好的抑或最丑恶的，并非人性固有的生物部分，而是创造人的社会进程的产物。换言之，社会不但具有压抑功能，而且有创造功能。人的天性、激情和焦虑都是一种文化产物；实际上，人自身就是不断奋斗的最重要的创造物和成就，其记录便被称为历史。"①

在人类发展的历程中，广告因为想改变人的选择习惯，改变人对商品的态度，因而难免会出现压抑人的理性，激发人对沉溺感官享乐、占有美好事物的冲动，所以引起弗洛姆这样严肃的思想家的质疑是难免的。但我们应该知道，找到合适的宣传基调，以低刺激创造的优秀广告，能起到激发和提升人创造新生活的愿望的作用，能促使人努力发现自我，找到适合自己的生活方式的办法。他们也许没有消费产品，但会对品牌保持忠诚，会分享广告带给他们的快乐。

可口可乐"台词瓶"：让分享更有戏。

7-11：好好活着，就是我爱你的证明。

桂龙药业：不爽你就含一下。

慢严舒柠：复方青橄榄利咽含片。

伊利：伊利，热杯牛奶温暖你爱的人。

宝洁：Always Like A Girl!

2.警惕冒犯观众

犯错是人生常态，工作中犯错也很常见，即使最精密的科学实验，安排得极其严密的活动，也会出错。广告出错也很常见，广告词不合时宜，使用的图片冒犯了观众，广告语违背伦理道德等，我们要铭记这些犯错的广告，不要再犯类似的错误。

---

① ［美］弗洛姆.逃避自由［M］.刘林海，译.北京：人民文学出版社2018：7.

很多犯错广告的用语所犯错误的简单令我们惊奇，就像辣条的平面广告，所犯错误的低级令我们抓狂。辣条被禁播的"鲜嫩多汁"广告配了一个美女图片，这简直是对女性赤裸裸的身体消费，简直是性别歧视。辣条投放这样的广告实属令人不解，它的消费者很多是女孩儿，甚至女性消费者占了绝大多数，他们没有想过女性消费者看了会怎么想吗？还是说从创意团队到艺术总监都是法盲，都是大男子主义的拥趸？广告是要追求传播效果，但不能为了引起关注而失去尊重和市场，这就不是宣传，而是自寻死路。广告希望影响甚至改变消费者的喜好达到促进销售的目的，但我们不能诋毁、侮辱消费者。辣条这条广告犯了这样低级的错误，居然通过了广告公司的层层审查，还能公开发布，实在令人大跌眼镜。

弗洛姆说，"把某种思想方法强加于人的方法是危险的，这不仅因为它迫使我们购买我们既不需要也不希望得到的东西"，它们使用的"催眠方法对人的心理健康，特别是条理清晰的批判思维和不受他人控制的情感是十分有害的"，"广告，主要是电视上的商业广告，它们运用纯诱惑性的方法向人们发起连珠炮般的进攻，使人目迷五色，头昏脑涨。这种对理性和现实感的进攻，时时处处都困扰着每一个人：在看电视时，在公路上开车时"，"这些诱惑方法的一个明显后果是，造成一种使人半睡半醒、将信将疑和失去理智现实感的气氛"。[①]因此他呼吁要停止播放这些广告。

我们广告界犯的错误不胜枚举，这些情况即使外界不质疑，我们业界的反思也不应停止。品牌时代我们更应该谨慎小心，避免出现挑战伦理、触犯观众的情况，因为这些错误对品牌的影响是长期和致命的。

3.借鉴其他艺术创作经验

英国六个单词的微小说：

Introduced myself to mother again today.

Strangers, Friends, Best friends, Lovers, Strangers.

Siri, delete Mom from my contacts.

---

① ［美］弗洛姆. 占有还是存在［M］. 李穆, 等译. 北京: 世界图书出版有限公司北京分公司, 2018: 210.

I met my soulmate，She didn't.

Sorry soldier，shoes sold in pairs.

Birth certificate，Death certificate，One pen.

Jumped. Then I changed my mind.

Finally spoke to her . Left flowers.

Mom taught me how to shave.

广告如果能比这些微型小说更幽默、隽永，自然能给消费者留下深刻的印象。

4.偶尔触动消费者的心理底线

秋天已见夏天的尾巴，

气温每天都下跌一个拥抱的温度；

这个不算太好的年份，

坏消息总比好消息来得快，散得慢。

2012的诅咒，

是句玩笑话，

但我们最好把它当真；

该爱的爱，该释怀的释怀，

该相聚的相聚，该离开的离开。

乘一架飞机掠过天际，

踩一辆单车晃晃悠悠，

收拾收拾，我们秋天见。

有手机、有邮件、有微博、有QQ，

有几个交心的朋友。

有公事、私事、这事、那事、家事、国事、天下事，

做过几件有意义的事？

去过南方到过北方，身在东方眼望西方，

有没有属于自己的地方？

有黄衫、黑裙、紫BRA、灰靴子和白袜子，

有没有多彩的日子？

做员工、做学生、做女友、做闺蜜、做女儿、做网友，

有没有做过自己？

商业时代随着影响力的增加，消费者的角色发生了转变，所有的广告战略都围绕着满足消费者的需求展开，令人恍然忘记商品中心时代对消费者需求，尤其是心理需求的忽略。在传统社会，销售人"基本上是理性的，他了解自己的商品，了解顾客的需求，并试图在这种知识的基础上销售商品……不过，为了更有效，广告就必须合理可信。但大部分现代广告却是另外一番景象，它并不诉诸理性，而是情感；像其他任何一种催眠暗示一样，它先着力在感情上征服对象，然后再让对方受误导而在理智上投降。这类广告用各种办法打动顾客的心：一遍遍地重复同一模式；利用社会名媛，或专吸某个牌子香烟的著名拳击手之类的权威形象施加影响；用性感女郎既能吸引又能削弱他们的鉴别能力；用'体臭'或'口臭'恐吓顾客或通过购买某种品牌的衬衫或香皂刺激人的白日梦，让他们幻想生命突然发生变化。所有这些方法基本上都是非理性的，它们根本与商品的质量无关……它们像电影那样具有白日梦的特点，能满足顾客的某种需求，但同时又增加了他们的渺小感与无能为力感"。今天顾客在品牌面前是一个"无足轻重的消费者"，因为"作为一个个人，他对大商场无足轻重，作为'一位'顾客他是重要的；商场并不想失去他，因为这将意味着有些地方出了问题，而且会意味着商场会因同样的原因失去其他顾客。他作为一个抽象的顾客很重要，但作为一个具体的顾客则无任何重要性可言。没有人对他的到来感到高兴，更没有人特别关注他的意愿"[①]。关注消费者心理需求的广告，是商业时代最能打动消费者从而促进销售的广告。

广告人关注的是消费者的群体心理和需求，消费者群体数量太大，他无法做到关注每一个消费者的心理和需求，而且也没有必要，统计学也告诉我们群体心理更可能预测，过度关注单个消费者的心理和需求反而可能把广告人带入错误的方向。广告人要做的工作是关注和面对所有消费者、所有观众，制作出符合群体需求，符合时代特色的广告作品。广告人会使

---

① ［美］弗洛姆.逃避自由［M］.刘林海,译.北京：人民文学出版社2018：84-85.

用科学方法找到目标人群并与之进行有效沟通，把握市场特点后会进行针对性的创意和创作，完成广告的设计和拍摄，并选择有限的传播途径播放宣传，他的目标就是说服目标人群信服广告人的劝说并且把信服转化为购买。广告人也因此难逃弗洛姆的批判，因为我们无法让每一个人感觉到他很重要，无法让每一个消费者都意识到他的需求对我们很重要，并且广告人的最终目标还是购买转化率。我们的广告并不为某一个具体人所写，而是为所有消费者而写，为每一个人所写，当然无法令所有人满意，但这也不是广告人工作的目标，他更希望购买转化率令自己满意。

但广告人可以挖掘消费者群体心理的真实声音，找到他们的真实烦恼，通过调查、座谈、论坛回帖等各种方式找到他们的群体心声，了解他们的需求和愿望，写出他们的真实需要，把他们的心声表达出来，减轻弗洛姆对我们的指责，但也只能部分实现而不可能全部实现弗洛姆对广告人的期望。

5.理解年轻人的新价值观

落在枕头上的口水，脚臭，

睡觉打呼噜，

三天不洗澡。

因为你，

这些也变成世间最美好的事。

往抠门老板的咖啡里撒把盐，

在无聊领导做报告时放个动人响屁，

对大使馆的卫兵念首情诗，

在技术男向你表白时哈哈大笑，

录下男朋友打呼噜流哈喇子的表情，

对这个八股世界做个鬼脸。

做个坏姑娘的快乐，

比什么快乐都快乐。

圣诞节要来了，

"使坏"可能是今年最好的礼物。

睡前吃一块芝士蛋糕，

穿不下的裤子，买一条新的。

穿上棉麻长裙，

去跟西装们提案。

脱掉高跟鞋，

赤脚在街角，看人来人往。

向一个不可能的男生表白，

跟爸爸约会在情人节。

做一手好菜给自己，

写一封情书给孩子。

在不知名的火车站下车，向迎面的陌生人微笑。

在最好的时光里，

爱上自己，

每一天醒来都是情人节。

6.自我是世界的中心

换了新鞋子没什么感觉，

你可能要换新造型。

换了新造型没什么感觉，

你可能要换新风格。

换了新风格没什么感觉，

你可能要换新工作。

换了新工作没什么感觉，

你可能要换新男友。

如果连新男友都没感觉，

换新人生吧，姑娘。

是背包四方流浪，

还是留守格子小间？

是跋山涉水远足，

还是K歌狂欢宿醉？

是文艺棉布长裙，

还是老奶奶做的棉鞋？

是升职加薪，

还是炒老板鱿鱼？

是快乐，还是悲伤。

有什么样的愿望，有什么样的人生。

有的选，是我们最好的礼物。

再见冰凉和麻木，

再见枯枝和败叶，

再见坏天气。

再见臃肿不堪，

再见笨手笨脚，

再见头重脚轻的日子。

再见等不来的短信，

再见石沉大海的电话，

再见暧昧不清的你。

再见冬天，再见就是春暖花开。

这则广告是对自爱的理想注脚。日常生活中我们更关注自我，以为自己的任何改变都可以得到世界的回应。其实这是"自我图示"导致的"焦点效应"（即聚光灯效应），"我们会自觉地高估他人对我们的关注度。据劳森调查，有40%的人以为同学会记住自己衣服上的奇怪图案，其实记住的人仅10%。同样在另一个实验中，穿着印有令人尴尬明星图片T恤的学生原以为会有50%的人关注，却只有23%的学生注意到，远低于在胸前炫耀摇滚明星的关注度。这种焦点效应"不仅适用于我们另类的衣着和糟糕的发型，还适用于我们情绪：焦虑、愤怒、厌恶、欺骗以及对他人的吸引力。实际上注意到我们的人比我们认为的要少。我们总能敏锐地察觉自己的情绪，于是就常常产生错觉，以为他人对我们的情绪一目了然。同样，我们也会认为他人能够觉察我们的社交失误和公众场合的心理疏忽。但是研究发现，他人常常注意不到我们的苦恼之处，即使注意到也很快就会忘记。我们的自我意识越强，就越相信这种透明度错觉。"①有时我们以为在社交场合自己就是透明人，其实这是错觉，大家对我们的关注，并不像我们想象的那样多和持久。

但有一个例外，那就是对我们特别关注的对象，比如明星的铁粉、我们的爱人和对手，那些特别关心我们的人，对我们特别关注的人，对我们的反应最为强烈和直接的人。当然这些人对我们的关注依然比不上我们对自己的关注。不可改变的是无论我们如何想摆脱，都无法改变聚光灯心理效应对我们的影响。一个好消息是，在这个社会原子化、个人疏离感十足的商业时代关注自我、关注个人的社会影响反而是摆脱孤独的好方法，它可以让一个被社会边缘化的人获得内心的满足，这就是商业时代广告宣传满足个人心理需要的社会价值，广告是他们体验到幸福感的一个途径。

（三）遣词

1.动词：活力

从语言学的角度看，动词是行动本身，是在场，是推动事件的进展和明确行动的责任。如果从文学的角度看，动词是情节发展的核心，是作家设置人物关系的关键。如果从传播学的角度看，动词是传播的核心，是宣传效果成败的关键。如果从广告的角度看，动词是产品使用的展示，是消费者在广告中体会到的感觉，是感官的触动，是心灵的莫名颤动，是感情世界的觉醒，是追求幸福生活的急切愿望的勃发，是产品提升生活品质的证明。

动词的合理运用，能让文案充满动感和活力，对生活在被现代城市森林包围的人们，更多的时间花在和电子屏幕的对视上，和真实世界的接触反而大为减少，面对这样的现代人，利用动词让他们的精神活跃起来是最好的广告宣传手段。

海飞丝

心事去屑后如此纯净

---

① ［美］戴维·迈尔斯，琼·特韦奇. 我是谁: 心理学实证研究社会思维［M］. 侯玉波，等译. 北京: 人民邮电出版社, 2020: 52-53.

此刻微笑清爽而透明

毫无杂质的感情

是多为自己着想的约定

潘婷

橘红色的光影你听

是夕阳入睡前的声音

你细心修护梦里的风景

爱自己异常的清醒

飘柔

随风迁徙的蒲公英

柔顺却深爱着自己

灵动的心在草原撒欢

想落在哪里就落在哪里

沙宣

若深秋少了枫红为邻

那又是什么森林

檐下的风宠爱着风铃

在这里连故事都很轻盈

这几个文案初看上去似乎很平常，但仔细品味之后却又感觉味道隽永，之所以有这样的效果，究其原因是文案中的动词用得好，让平实的文字跳荡起来，让平静的意象有了动感，也就有了压抑不住的拨动读者情绪的力量。

动词的情感影响力在于在它的引导下我们会以为真的回到了生活，重新品味了生活细节里美好的瞬间，重新体验到了不可磨灭的生活味道。生活的内容千变万化，今天的生活和往昔的日子似曾相识，但内容、过程和结果不会永远一样，意外无处不在，惊喜和刺激也如影随形。广告稍做提醒就能让消费者深切体会到动词和它塑造的意境充满了生命活力，动词展示了生活的风云变幻，我们通常只能看到故事的开头却看不到结尾，因为生活是猜不透的，充满了未知，未来无法把握，而过程却永远那么惊险刺激。一场人生旅行，虽然没有神话传说中英雄历险所冒的风险那么大，过程也没有那么精彩，但相同的是，二者都要经历生与死的考验。消费者没有理由拒绝充满动感的广告，没有理由不喜欢充满动感的作品。虽然它只是一个广告，它的本来目的是促销，是构建品牌形象，但消费者会从另外一个角度欣赏这样的广告，重新阐释广告作品的意义，甚至会强调创作者都没有意识到的蕴含的心灵的波动。

2.名词：清晰

名词一定要准确而且优雅。从修辞上分析，名词是核心，是行为的发起者和行为旅行的终点，也是我们表达的对象。它在广告中出现的频率最高，作用也是最重要的。

①除了这一生，我们又没有别的时间，能走多远，就走多远。

——《花儿与少年》宣传片文案

②我会好好珍惜那一段记忆，却没办法再珍惜你。

——婚戒定制中心

③每个人都是一条河流，每条河都有自己的方向。

——网易新闻

④努力活在四处碰壁的世界，直到在多次元壁碰到自己。

——网易新闻

⑤They lived happily everyday after separated .

——六个单词一个故事

⑥看过世界的孩子更强大。

——Jeep

⑦喜欢这种东西，捂住嘴巴也会从眼睛里跑出来。

——网易云音乐

⑧二十年前张惠妹选择成为张惠妹。

——一段唱片文案中的一句

⑨酒，两个人分着喝就会觉得更暖

——吉乃川

⑩"你未必出类拔萃，但肯定与众不同。"

——还记得你最初求职时的心情吗？

⑪"痛楚难以避免，磨难却可以选择。"

村上春树在2012年第一次执笔广告文案，而获此殊荣的品牌是来自北海道的札幌啤酒。自1982年村上春树开始自己的写作生涯，也开始了每天写作四个小时，跑步十千米的生活，跑步成了他每天生活的一部分，2009年他还出了随笔集《当我谈跑步时我在谈些什么》。所以2012年札幌啤酒以"跑步"为题的广告请村上春树老师来写确实更让人信服。

2012年8月伦敦奥运会后，NIKE推出了一组主题为"活出你的伟大"的广告。每一句都结合热点赛事打出了高燃励志的Slogan，其中我最喜欢的"伟大的反义词不是失败，而是不去拼"，是在李娜女网单打首轮出局后推出的。

⑫人生没有白走的路，每一步都算数

跑下去，天自己会亮

⑬每天一睁眼要养50个家，

把房子卖了，把工资发了，

只要风停了，什么猪都得摔死。

主动妥协的人不配幸运。

感觉自己这次会成功，这种感觉已经是第6次。

陪聊、陪酒、赔笑、赔本，

在车里哭完，笑着走进办公室。

"创业很苦，坚持很酷"。（钉钉广告）

⑭你原本是向日葵，何必要拼命活成玫瑰的样子。

在这些文案里笔者加黑的字并非都是语法意义上的名词，但它们在句子中的作用，都是起到定位的作用，与名词在句子中起到的作用基本相同。这些词给读者的感觉是生活中的细节被准确再现了，而且以全新的面貌重新出现在我们的面前。人这一生很奇怪，生活的面貌要经历无数次大变动，每一次变动都呈现出更精彩的内容让我们心惊肉跳、胆战心惊。这些文案中的词语再现的就是让我们情绪激动的瞬间。这些生活中惊心动魄的细节在经历时并没有那么难，咬紧牙关也就扛过去了，可是一旦它们被再现出来，重新展现在我们面前，虽然经广告人的手缓和了它曾经蕴含的剧烈的精神变动，却依然让人心神难安，曾经剧烈的精神活动又回荡在心间，让我们难以平静地阅读这些作品，而是跟着似乎平静的名词回味曾经的激动。

　　名词使用追求准确和生动，广告宣传的效果取决于名词选取的准确生动，好的名词也会有力推动购买转化率。名词意义准确、简洁、易懂，是提高表达效果、提高传播效率的关键。文案中的名词，就是广告人在读者面前打开的一扇扇窗户，就是展开的一块块幕布，就是一幅幅精彩的画面，选择名词时一定要慎重。

　　3.形容词/副词：生动

　　在形容词主导的词句中，我们的情绪总会被撩到。

　　人生最该追求的一张标签就是自己的名字。

　　我上班领的不是薪水，是精神赔偿金。

　　不完美又怎样？万物皆有裂痕，那是光进来的地方。

　　如果世界的恶意是子弹，我会是你的伞。

　　祝你今天愉快，你明天的愉快留着我明天再说。

　　你花的钱并没有消失，他只是以其他形式陪在你身旁。

　　如果你觉得自己不行的时候，那就去走斑马线吧，这样你就成了行人。

　　期中考过了，不露个一两手，老师还以为自己教得好。

　　你讨厌我没关系，我也没多喜欢你。

　　赚钱是一种能力，花钱是一种技术，我能力有限但技术高超。

　　你是牙齿吗？这么敏感。

　　那些手机永远转静音的人接电话是不是全靠缘分？

　　试着去了解那些你讨厌的人，你会发现真的是愈看愈讨厌。

　　永远都要记得自己是个很棒的人，因为我知道你偶尔会忘了自己是个怎么样的人。

女人也许会欺骗你，兄弟也许会背叛你，但数学不会，数学不会就是不会。

三岁时你说让我等你5分钟，23岁时你却还没回来。

刚刚摸了自己一下，啊，好痛，果然，美丽的玫瑰都带刺。

我喜欢夏天的雨，雨后的光和任何时候的你。

年轻时总想追寻诗和远方，长大后家却成为难以回去的远方。

我买得起玫瑰，但我还是想你送我。嗯，就像我可以一个人生活，但我还是希望有人爱我。

旅行就是从自己活腻的地方到别人活腻的地方去。

你长得很耐看，可是我没有耐心看。

有些人喜欢星期一，是因为他们是老板，而不是员工。

小时候以为早睡早起身体好是一句口号，长大后才发现那是三个愿望。

人生就是一场试炼，不多活几天，我还以为自己脾气很好。

小时候虽然穷，但是很快乐，现在不一样了，不仅穷还不快乐。

如果有人做出对不起我的事，我不会原谅他，原谅他是上帝的事，我的任务是送他去见上帝。

如果快乐太难，那我祝你平安。

去做自己喜欢的事吧，我不想在我老去的那一天找不到关于年轻的回忆。

当你不好意思拒绝别人的时候，想想他们为什么好意思为难你。

觉得很难的时候就告诉自己，值得的都不会太容易。

犹豫时就选择最辛苦的那条路吧。

从不想成为伟大的人，只想一辈子活得认真。

爱像太阳，不会因为分给别人自己就变少。

有时候遗憾是好的，有时候遗憾只代表那时的我选择了另一件美好但更重要的事情。

每一次你花的钱都在为你想要的世界投票。

人生没有最好的决定，只有在决定之后做到最好。

与动词和名词相比，形容词/副词本来是辅助它们的，没想到在广告中，形容词/副词的作用越来越重要，本来以为诗歌和小说里形容词/副词才不可替代，原来在广告中，形容词/副词的作用也越来越不可替代。因为人们发现，动词和名词代表的内容和动作我们都没办法远离，只能在程度上寻找精神自由的空间。上面选取的案例很多不是广告语，但可以展现时代精神，体现出语言的灵动和打破规范后的精神自由。

　　下面这些广告就像转述邻居的生活体验，读着这些广告语读者也许会在不经意间发现，原来世俗生活的味道最动人，它真实泼辣，让人感叹生活也是无情却动人的。得承认广告人在挖掘形容词/副词主导的广告语魅力上面，确实成果惊人，这些文案也确实更容易让消费者手随心动。

　　山叶钢琴：学钢琴的孩子不会变坏

　　柯达：串起生活每一刻

　　IBM：四海一家的解决之道

　　戴比尔斯钻石：钻石恒久远，一颗永流传

　　耐克：just do it（要做就做）

　　大众甲克克虫汽车：想想还是小的好

　　百事可乐：新一代的选择

　　可口可乐：永远的可口可乐，独一无二好味道

　　德芙巧克力：牛奶香浓，丝般感受

　　M&M巧克力：只溶在口，不溶在手

　　麦氏咖啡：好东西要与好朋友分享

　　麦氏咖啡：滴滴香浓

　　雀巢咖啡：味道好极了

　　这里的每一个形容词/副词都值得我们仔细体会，它们的作用都是准确传达主观体验的独特和不可替代。由动词和名词主导的广告语，表达效果和广告目的确实容易一目了然，但有时读者会觉得太直白了。广告要像咖啡糖，有一点时间反刍才能明白它的香甜，广告语的味道有时也需要一点点反应的时间才能清晰准确把握到，最后让消费者感觉惊喜。这就需要广告语增加形容词/副词的"戏份"。现在形容词/副词越来越占据舞台的中心，扮演着越来越重要的戏份，甚至成为表达的中心，成为我们最关注

的对象，也是时代趋势和大众需要了，一方面是因为它最能表现我们推崇的情绪与态度，另一方面也因为现在进入了传媒时代，消费者更受情绪和感觉的影响，广告人把形容词/副词提高到越来越重要的位置也是"与时俱进"的表现。

第二节　广告与媒体

平面广告曾经是广告界的主流，目前已经边缘化了，新媒体占据了广告主流位置后，广告的生态环境已经发生了巨大的改变。广告生态经历了平面广告时期以文字为主要表达方式的时代、以图片为主的彩色印刷时代、以视听为主的电视广告时代，以及全方位挖掘视听功能蕴藏的广告机会的网络媒体时代。今天是移动媒体时代，融合了以前所有的广告表达方式，与之前完全不同的是，读者不再是信息的接收者，他们可以利用灵活多变的方式参与信息的创作、交流沟通和广告效果的展示，广告越来越成为舆论生态中创造力无限丰富的广告人和消费者交流的途径和载体，广告不仅是宣传产品，也是消费者表达自我需求的渠道。广告的面貌变得越来越多样，广告也越来越不像广告，越来越好玩，有用的信息也在增多。广告适应了信息社会的多变特质，做好了随时根据环境转换自己形象的准备。现在，消费者对广告的心理戒备系统频频失效，不仅因为广告的面貌多样防不胜防，也因为广告信息内容越来越丰富，越来越不是广告宣传，而是广告人与消费者的心理沟通。

科幻气氛、科幻想象力十足的广告，正在和科幻大片一样似乎创造出全新的精神世界，全新形态的广告作品代表着时代新潮流。在时代新潮的冲击下，广告已经全方位提升了它的表现技巧和表现方式，这让它不仅适应了读者的新需求，也寻找到自己的新的生存空间。虽然观众依然嫌弃，依然拒绝参与广告活动，但无法阻挡广告影响依然渗透进生活的方方面面，广告依然在观众的戒备和嫌弃中茁壮成长，依然有着旺盛的生命力。

比较各个时期的广告作品，可以发现报纸广告的结构最为完整。一份合格的报纸广告，标题、正文、广告口号、图片、附文等广告要素都会出现。报纸文案是所有文案形式中发展最为成熟，也是新一代广告人理应继承的文化遗产。目前我们耳熟能详的大师们，他们最为光彩照人的作品，最被传诵的经典，大部分是报纸杂志文案。

标题：轻松能量，来自红牛

副标题：还在用这种方法（喝咖啡）提神？

正文：都21世纪了，还在用这一杯苦咖啡来提神？你知道吗？还有更好的方式帮助你唤起精神：全新上市的强化型红牛功能饮料，富含氨基酸、维生素等多种营养成分，更添加了8倍牛磺酸，能有效激活脑细胞，缓解视觉疲劳，不仅可以提神醒脑，更能加倍呵护你的身体，令你随时拥有敏锐的判断力，提高工作效率。

广告口号：迅速抗疲劳　激活脑细胞

健力士黑啤酒的广告文案：

广告语：尽情享受两全其美

正文：深黑不失清醇。出奇地顺畅和清爽。选用黑啤材料，以白啤的方式，独特创酿出更加香醇的酒味，犹如宝剑出匣，令人折服。

鲜菜果蔬脆广告文案：

正文：在你品尝过各种零食之后……甜的、咸的、酸的东西，想必你吃过不少，很容易腻的，是不是？现在，我们把苹果、菠萝、香蕉啦，还有刀豆、黄瓜、胡萝卜、土豆什么的制成原色原味、香脆可口的新款小零食。这就是来自阳光下的贝尔脆——天然果蔬脆片，25克贝尔脆就有250克新鲜果蔬的营养，对不喜欢吃蔬菜的孩子来说是最好的补充。从今天起，还有一周的免费品尝活动在各大食品店举行呢！注意，不要错过噢！

一、广告文案创作的难题

作为广告人，第一要做到用心体验产品，要和一个普通的消费者一样去试用、体验产品，只有用心体验产品，才能发现产品的功能特点和竞争优势，才会发现和体会到产品具体的优点和好处，才有真实体验和朋友、消费者分享。这才能做到第二点，即可以使广告表现和产品使用一样是生活真实再现的场景，是产品使用的真实情况。今天已经不再以产品和品牌为广告宣传中心了，消费者的好恶才是广告宣传的重心。曾经的以产品为中心的宣传策略已经过时，以消费者为中心的宣传策略才是今天的工作需要。今天广告人在广告中展现产品使用，在广告中宣传品牌的优势和特色，要回到消费者实际的生活情境中，才更有可能唤起他们的共鸣。而唤起消费者的共鸣，是我们要真正面对的难题。

（一）调查与预测失真

调查的权威性让我们相信只要我们完成问卷调查、座谈、访谈等专业而且科学的调查活动，就可以基本准确预测市场趋势，对吸引消费者眼球有了充分信心。但我们一定要明白，善变是人的天性，人随时处在变化之中，一件小事可能会改变人的信念和价值观。比如鲁迅的《一件小事》，比如很多作家写的灵魂觉醒时刻，并不是我们想象的历史大事件，反而都是一些旁人认为鸡毛蒜皮的小事，却改变了人的一生。但我们依然在被教导，如"要相信公司在推出每种新产品前都会做的市场调查和研究""每种新产品都会品质超群、价格合理并具有巨大的市场潜力"，因为它们在做这些事情之前都有周密、专业的安排，都有充分的市场调查和研究报告。

自我预测是最不靠谱的预测之一，我们与其自己去下判断，还不如求助于那些与我们熟悉的室友、闺蜜、知己和同事，甚至不及我们的对手。麦克唐纳和罗斯指出，约会中的情侣对他们关系持续时间的认知远不如他们的室友和家人预测的准确。学生对自己成绩的预测不如同学、家长和老师的预测准确。波士顿"大开挖"调整公路建设项目原计划在6年内完工，结果用了16年。已订婚的夫妇按时完成婚礼的数量不到1/3，而且只有4/10的恋人在自己设定的截止日期之前买了计划中的情人节礼物。学生对完成自己毕业论文的预计，比自己设计的"最切合实际"的时间晚3周，比最糟糕情况晚1周，而朋友和老师们大体能够猜到他们何时完成毕业论文。[1]

高估我们的行事能力是人类的天性，所以我们没有必要为自己预测的

---

[1] ［美］戴维·迈尔斯，琼·特韦奇. 我是谁：心理学实证研究社会思维［M］. 侯玉波，等译. 北京：人民邮电出版社，2020：62-64.

市场趋势失真而自责，也没有必要为自己的判断失误而苦恼，我们只需要找到对自己工作特别熟悉的人，或者特别熟悉自己工作方式和思考模式的人，让他们在我们研究的基础上提出他们的真实看法，把二者结合起来也许更接近我们需要预测的对象的真实情况。科学是为我们的工作服务的，调查、座谈、访谈等同样是为我们的工作服务的，在科学工作的理念指导下，借助心理学、社会学的理论来保障工作的科学性，不是依靠玄学和迷信，而是依靠科学来帮助我们完成工作。心理学已经成为工作科学化的保障，借助心理学的力量保障工作的顺利和有效，这不是迷信，而是科学。

（二）为认可的产品做广告

作为广告人，要坚守职业伦理第一条原则，即不推荐自己不认可的产品。自己不认可的产品，就不要向朋友推荐。就像之前讲到的，奥格威设想的创作广告的理想环境，是在一个烛光晚餐桌前，你面对一个心仪的对象，要为他/她写一段推荐产品的广告，如果产品不合格，你就可能失去这个朋友。在这样的情境下，我们自己对产品和商业利益的态度就非常重要，如果我们对朋友不负责，对产品信心不足，说话就没底气，那么我们花费时间、精力和金钱去做的广告活动，效果就会不佳，反之则会事半功倍。自己对产品都不认可，如何让顾客对产品有信心？自己都觉得价格不合理的贵，如何让顾客认为产品质优价廉？广告人可以把自我的消费体验当作工作需要，自己使用产品后，会发现产品对自己来说到底有没有用，产品效果到底好不好，价格是高还是低；还要和同类产品就品质和价格方面进行逐项比较，之后对自己产品的市场地位和表现才会有客观评价。广告人还会借此发现，这样的消费是最划算的投资，因为不但自己能够从产品使用中获得好处，而且还可以写出有真情实感，能真正体现产品特色和优点的好广告，还可能写出真能推动销售，真能打动消费者和广告评委，让自己名利双收的好广告。

（三）名人回忆的价值

消费时代我们对名人的态度非常矛盾，受传统文化理念的影响，英雄是我们膜拜的对象，是我们的精神依靠和行为楷模。弗洛姆认为"尽管占有物给人一种安全可靠的感觉，但是我们仍然钦佩那些有着新的想象、开创新的道路和勇于开拓的人们。在神话中，英雄就是这种生存方式的象征。英雄是勇敢的人，他勇于离开他所有的东西——他的故土、家庭和财产，走进未知的领域，他不是无所畏惧的，而是没有被这种畏惧所吓倒"。然后他列举各种宗教人物，以证明自己的观点。希腊神话中的英雄和宗教人物的事迹，他认为对我们的意义是一样的，虽然影响的目的和宗教人物的不完全相同，他们的目标从世俗变成了精神，从胜利、满足自尊的征服变成了信念。敢于离开世俗的认知范围而不惧艰难险阻，是他们的共性。当然这样的精神在资产阶级时代依然有限，那些离开家乡把商品运往世界各地的普通商人，其不畏艰难险阻的精神，与传统的英雄何其相似。"我们赞美这些英雄，假如我们能像他们那样就好了。但是我们害怕，所以觉得自己做不到这一点，只有英雄才能做到——英雄成了偶像。我们将自己前进的能力转移到英雄身上，而我们则原地不动——因为我们不是英雄。""成为英雄是令人向往的，但这是不合情理的，也违背了我的利益。"所以一个名人的出现，就成为我们寄托自己理想的目标。"因为我可能失去我所占有的东西，所以我天天担心我将失去这些东西。我害怕窃贼，害怕经济形势的变化，害怕革命，害怕疾病和死亡。我害怕去爱，害怕自由、发展、变化和一切未知的事物。我终日生活在忧虑中。"[①]

当我们崇拜的名人离开时，我们会放声痛哭，会心如刀割。因为它代表着我们的一段时光、一段生命的终结。不同的名人，承载着不完全相同的渴望，也代表着不同的理想。

名人的告别方式也不完全相同。

比如科比退役，牵动着全球球迷的心，很多非NBA球迷也喜欢科比，也关注了这件大事。因为科比不服输的精神，征服了无数人的心。他不仅获得了无数荣誉，而且也是从一个有缺陷的普通人成长起来的英雄，这更增强了他代表的不服输精神的光彩。

---

① ［美］弗洛姆. 占有还是存在［M］. 李穆，等译. 世界图书出版有限公司2018：122-123.

科比退役全文中英对照如下：

Dear Basketball

From the moment

I started rolling my dad's tube socks

And shooting imaginary

Game-winning shots

In the Great Western Forum

I knew one thing was real

I fell in love with you

亲爱的篮球

从我穿上父亲的圆筒球袜的那一刻起

想象自己身在大西部论坛球馆（前湖人主场）

投进制胜球的样子

我就已经知道一件事，我爱上了你

A love so deep I gave you my all —

From my mind & body

To my spirit & soul

As a six-year-old boy

Deeply in love with you

I never saw the end of the tunnel

I only saw myself

Running out of one

这种爱是那么深切，令我对你倾尽所有——

从我的身心

到我的精神、灵魂

当我还在六岁时就已经深深爱上了你

我从未想过自己结束这段旅程是什么样子，我只看到我自己一路奔跑
的样子

And so I ran

I ran up and down every court

After every loose ball for you

You asked for my hustle

I gave you my heart

Because it came with so much more

所以我不断奔跑着

不断在球场上奔跑着

拼尽全力争取每一次得到你的机会

为了你我全心全意

因为这其中夹杂着太多的含义

I played through the sweat and hurt

Not because challenge called me

But because YOU called me

I did everything for YOU

Because that's what you do

When someone makes you feel as

Alive as you've made me feel

我带着汗水和伤病在球场上拼搏

不仅是因为有挑战在等待我

更是因为你在呼唤我

为你我做了所有的一切

因你也同样对待我

你让我感受到自己鲜活的生命

You gave a six-year-old boy his Laker dream

And I'll always love you for it

But I can't love you obsessively for much longer

This season is all I have left to give

My heart can take the pounding

My mind can handle the grind

But my body knows it's time to say goodbye

你让一个六岁的孩子实现了他的紫金之梦

为此我将永远爱着你

但我不能再这样迷恋你

这赛季已经是我能够给予的全部

纵使我的心还能承受更多打击

我的意志还能够继续支撑我坚持下去，但身体告诉我是时候说再见了

And that's OK

I'm ready to let you go

I want you to know now

So we both can savor every moment we have left together

The good and the bad

We have given each other

All that we have

但没关系

我已经准备好离开了

我现在只想让你知道

这样我们就可以珍藏彼此一起度过的每段珍贵时光

无论好的或坏的，我都已经给了彼此所能给予的全部东西

And we both know, no matter what I do next

I'll always be that kid

With the rolled up socks

Garbage can in the corner

05 seconds on the clock

Ball in my hands

5…4…3…2…1

Love you always, Kobe

我们都知道，无论接下来我做什么

我都还会是那个穿着老爸的直筒袜

瞄准角落的垃圾罐的六岁孩子

假装进攻时间还剩五秒

5…4…3…2…1

永远爱你的，科比

官宣的严肃与个人告别时话语风格的差异是极为明显的，科比还用妻子瓦妮莎的ins账号发布了一封致球迷信，翻译如下：

当我们第一次见面，我还是个孩子，

有些人接受我，有些人不接受，

但是你们帮助成就了现在的我。

你们给了我信心，让我更好地利用自己的愤怒。

你们的质疑给了我决心证明你们是错的。

你们见证了我将恐惧化作动力，

你们的否定教会了我勇敢。

无论你们将我视作英雄或是恶人，

但请你们明白，

我为终身湖人的梦倾注了所有感情与热忱，

奉献了全部的自己。

你们为我所做的远远比我为你们所做的要伟大，

我知道自己生涯每一分钟都穿着紫金战袍站在球场上，

我为能参加今日比赛以及接下来的赛季都感到荣幸，

我爱这座城市、这个球队，爱你们所有人。

你们永不凋谢，

感谢这段不可思议的旅程。

科比·布莱恩特

对于出生于80和90年代的球迷来说，科比的意义基本就等同于NBA，突破、后仰跳投、拉杆上篮，"美如画"这个词几乎成了评价科比动作的专用词语。同时科比还有着和那些NBA的不少"数据刷子"不同的特质——他永不服输的斗志，手指骨折依旧打出高光时刻，跟腱断裂依旧回到场上罚中那两个罚球，帮助球队重返季后赛，这些高光瞬间俘获了无数球迷的心。

与之前官宣的退役信相比，瓦妮莎上传的信更具个人色彩，更像朋友间的通信，更像一个NBA退役球员写给球迷的感谢信，向拥护自己的球迷发出的一封告别信。

我们可以看出即使同一个事件，根据商业需要也可以把你塑造成英雄或者坏蛋。在商业社会，即使英雄也更愿意做一个普通人。因为普通人的生活更五光十色，与名人相比的话更少受伦理和法律的束缚，更有真情实感，更活得像自己，像一个快乐的现代人。

（四）父权文化的影响

根据马斯洛心理需要的五层次说，尊重和自我实现的需要是最高级也是道德理想最高的，它是驱动个体摆脱物欲束缚，达到符合社会伦理标准的内驱力，也是实现理想自我的精神动力。广告创作利用消费者寻找自我和实现自我的心理需求，创作出强有力的打动人心的广告作品，也是非常有效的吸引消费者关注的创作方法。我们来看诺基亚推出的一个智能手机的广告，它的题目是《Nokia Unfollow，不跟随》

如果多一次选择

你想变成谁

不

这不是选择

而是对自己的怀疑

我能经得住多大诋毁

就能担得起多少赞美

如果忍耐算是坚强

我选择抵抗

如果妥协算是努力

我选择争取

如果未来才会精彩

我也决不放弃现在

你也许认为我疯狂

就像我认为你太过平常

我的真实

会为我证明自己

从个人欣赏角度说，这是一个能令荷尔蒙飙升的广告，尤其当主角是女性时，更能看到时代的进步。但从回顾品牌发展历史的视角看，作为被苹果逼迫而退出手机市场的诺基亚，拍一部黑白大片，宣称不跟随，要保持自我价值的广告，更像被迫退位者的不甘的怨言。当失败者不能从失败中吸取经验和教训时，再次回到市场它也不能赢得市场的尊重和认可，它没有跟上坚持以产品为中心的宣传和推广策略的时代新潮流，它还是落伍者。在今天的多彩时代拍出黑白大片，更像珍藏和追忆，而不是回归。更何况它在原始冲动的肉体碰撞中体现出的激情，与今天游戏化时代广告作品中推崇的激烈的视觉刺激、完美的视听体验相比，又是落伍的证明。这不是一个广告，更像落伍者精神阴影的视觉化展示。更何况这则宣称重回智能手机制造的广告，重心并不是产品的性能，并不是相比主流智能手机的功能特点，不是它在这些方面有哪些特色更能满足消费者的需求，它的重心是代言人个人故事，这不是一个产品广告，而是演员个人故事的MV。但从代言人个人的发展来说，她接拍广告时尚处于传言纷飞的迷茫期，之后就成为众人皆知的著名演员，从演员所处的市场阶段来说，诺基亚的品牌管理者确实有清晰的市场感知力，产品、代言人和广告投放时间都堪称完美。但可惜的是，对产品本身，他们内部并没有形成高度统一的观点，通过广告可以看出他们对产品并不自信。

耐克、奥迪、苹果等著名品牌，都发布令人拍案叫绝的神文案。但是只看到过一次能让我震撼到汗毛竖起来的广告语，来自百达翡丽宣扬企业家精神的广告，也是男性父权文化主导社会发展野心和欲望的终极诠释。

You never actually own a Patek Philippe，you merely take care of it for the next generation。

（五）利己精神的影响

依照社会交换理论，利他主义是指我们在分析了成本和收益之后才做出的帮助行为。"作为利益交换的一部分，帮助他人的最终目的是最大化自己的回报和最小化自己的代价。"①我们广告就是社会交换理论主导下的利他行为。我们要为消费者带来利益，这个利益必须能令消费者得到真正的舒适和便利，得到他期望的结果。这样消费者才能产生愉悦从而通过人际传播和再次购买表达自己对广告的支持。

纸尿片最早就是靠共谋营销出去的。刚在美国销售时，广告当然是主打方便啦，不用像尿布那样一天洗好几回嘛！但很奇怪，广告打了，销量没见增长。于是，公司找来一群妇女做焦点小组访谈，调查员问："纸尿片怎么样？"都答："方便。""什么情况下最常用呢？"有人想了一会儿说："婆婆不在时会用。"问："为什么？"答："因为婆婆看不惯。"原来老美的婆婆和咱们的脾气很像，在很多婆婆看来，媳妇用纸尿片，那是懒惰，尿布不花钱干吗不用？多浪费钱啊！

当公司发现这一点后，立刻改变了营销诉求，改强调柔软、透气，预防小孩红屁屁。这下给媳妇一特棒的理由，我买纸尿片是为了孩子好啊！公司和媳妇共谋，瞒过婆婆，纸尿片很快迎来销售增长。所以洞察，不一定要把顾客心里话说出来，有时你要帮他藏着。（摘自网络）

广告就是这样善于发现和发掘生活中有趣的新情况、新变化，并用大众喜闻乐见的方式把它准确表述出来，这时广告人希望得到的广告效果和促销作用就水到渠成了。广告人不是生活的破坏者，它是新的生活方式的引导者，而且是健康的生活方式的引导者。

二、新媒体时代积极推动与消费者在社交媒体亲密互动

（一）互动，短时间提升亲密度的永不过时的妙招

"Share a coke"，看可口可乐的妙招：把一个罐子变成两个，好可乐和最亲密的朋友分享。到非洲建立太阳能冰柜，为干旱地区的非洲人民送去冰饮。看着淳朴的非洲人民乐滋滋地喝着冰爽的可乐，脸上浮现出幸福

---

① ［美］戴维·迈尔斯. 从玫瑰到枪炮：心理学实证研究社会关系［M］. 侯玉波，等译. 北京：人民邮电出版社，2020：237.

的笑容，你会不会也感觉一道光照亮你的精神世界？这就是送出真诚的帮助，让获益者的微笑温暖这个世界。第三个举措是北欧大雪时在雪堆里玩耍的小孩，和南半球夏天艳阳高照下在沙滩玩乐的孩子连线，雪地的孩子把大大的雪块送进机器，而夏天里的孩子立即被喷一脸雪花，两个人都可以喝到冰爽的可乐。看着两个孩子举着可乐庆祝的样子，你是不是也感觉到了生命的温度？

无论是参与者还是观众，都体会到"share"的快乐。

从古希腊埃克哈特的"生动和活力是一种快乐"，到今天物质时代过于注重占有而变成"没有快乐的享乐"，人们对追求感官享乐一直充满警惕，并且不断反思追求感官享乐的弊端。在弗洛姆看来，现代社会追求欲望满足，变成了追求感官快乐和刺激，整天忙碌没有"内心的生产、创造"，追求到的只是感官享乐，没有真正的精神上的快乐。人受物欲激发的情绪的支配，既不能解决人精神世界的难题，也不能使人变得强大和优秀。"享乐和神经刺激的高潮一旦过去，总是遗留下一种悲哀的情感。从兴奋中获得了充分的享乐，但是人没有发展。人们试图打破那种没有创造性的活动所带来的无聊，能够在短时间里将所有精力集中在种种目标上，唯独不包括理性和爱。人们想成为超人，而不想成为人。在成功的瞬间，人们觉得自己的目的达到了，但在成功之后，接踵而来的是深深的沮丧感，因为他们看到，自己的内心没有发生任何变化。"①

想在物欲满足的快乐中体验到爱的甜蜜，就要保持互动，保持情感联系，而不是物欲满足后中断联系。互动既是商家拉近与消费者关系的手段，也是保持亲密联系，提升顾客忠诚度的商业技巧。在社交中，互动是沟通的有效方式，在工作中，互动也是加强工作联系、提高效率和保障团队协作的方式。在广告中我们也要充分挖掘互动的潜力。其实霍普金斯的优惠券销售法，就深得互动之妙。

霍普金斯每次开展活动，他不轻易选择通过降价、让利的方式销售产品，而是通过产品试用、捆绑产品销售，让目标人群主动争取到优惠券

---

① ［美］弗洛姆. 占有还是存在［M］. 李穆, 等译. 世界图书出版有限公司2018: 130-132.

然后拿到试用品。通过增加接触门槛进行人群筛选，真正有需要的人才会努力拿到优惠券进而拿到试用品。这样商品试用一旦满意即可成为理想客户。他开展的活动极少失败，究其原因，主要是他通过互动提高进入门槛，让目标客户自己寻找试用的方法，就有效区分了市场和目标人群，通过有条件的优惠券活动他就实现了目标人群和客户的两层筛选，所以说霍普金斯的优惠券策略，堪称深得市场精髓的促销手段。

今天我们创作广告时常用的恐惧诉求、疑问修辞等艺术手法，都是增强消费者对广告文案的主观体验，在新媒体的帮助下也增强与广告方就广告进行互动的创作技巧。公关活动，举办产品体验活动，都是增加互动的办法。一些商家通过回答问题赢大奖，通过特殊方式拿到试用品的方式，都是在寻找与顾客互动的新途径。品牌赞助一些活动，包括提供产品展示、提供资金保障、提供技术保障等，也是为了提升曝光率，借助活动过程增加与观众互动。这些手段的目的也不完全一样，有的是有利于销售产品，有的有助于培养品牌好感，有的是培养未来客户，但设计这些活动的原则是增强与消费者互动，以提升品牌社会形象和增加品牌形象好感度为目的，当然都是一些很棒的点子。当然，我们总是根据需要改善我们的手段。

（二）游戏精神

现在游戏正成为最流行的消磨时间的生活方式。

MocoSpace最近的一项调查显示：80%的社交游戏用户选择在上班途中或等人的时候玩游戏，在家里玩游戏的人数则多达96%，他们窝在沙发里玩，躺在床上玩，几乎无处不玩。2009年，调查机构TNS Global表示，包括美国在内的西方国家中，经常玩游戏（包括电脑或家用机游戏）的人群占总人口的60%。这个拥有数千万人并且还在不断增长的群体，正在改变我们对游戏和游戏玩家的理解，他们也期望获得更多类似于游戏的体验。[①]

另一方面，游戏也成为企业提高管理水平，甚至成为日常工作的有力助手。

---

① ［美］盖布·兹彻曼，乔斯琳·林德. 游戏化革命：未来商业模式的驱动［M］. 应皓，译. 北京：中国人民大学出版社，2014：13.

全球化妆品巨头欧莱雅公司知道它需要更多合格的应聘者来填补空缺的岗位。同时他们也清楚，自己想要的这些人才，从程序员到工程师，他们对高端化妆品牌并不感兴趣。欧莱雅渴望这些人的加入，却面临着一个困难，就是要说服他们。因此，在2010年，欧莱雅推出了《欧莱雅在线职业之旅》（以下简称《职业之旅》）的一款具有竞争性的招聘游戏。这是一款用来让大学毕业生们了解化妆品行业的招聘广告。这个游戏面向大学毕业生，以重塑他们对实际工作环境感受的期望。欧莱雅的目的是为了让学生们体验从产品设计、市场营销到财务核算等各个环节，更好地了解一切，明白自己所学的技能是可以在化妆品行业中大有可为的。《职业之旅》也让招聘者能够接触到真实的工作环境。这样的设计对人选与职位需求进行双向匹配。①

欧莱雅推出的这款互动性小游戏，成为它们寻找潜力新人的得力助手。对应聘者来说，通过小游戏接触欧莱雅的工作内容，等于提前进入实习岗位，帮助自己认清工作需要与自己的个人追求是否适合，提前判断自己是否适合企业文化和岗位职责。这样的互动借助游戏的方式进行，避免了个人和企业的浪费，提升了企业的工作效率，也提高了应聘者的实习效率。

在最传统的销售现场，游戏也可以帮助消费者客观评价销售人员，有利于提升销售人员对自己工作能力的客观认识，对企业管理销售现场也有实际帮助。

在2000年中期，美国第三大零售商塔吉特公司收到了很多顾客对于冗长的结账队伍的抱怨。不管这家零售业巨头往店里增加多少额外的收银机，依然无法改变这种状况，面对收银员工作的迟缓，似乎无计可施。……于是，塔吉特做了一件让人惊讶的事情——该公司为结账操作增加了游戏机制。当时，即使是那些塔吉特的管理人员也并没有认为这是一个游戏，而大多数旁观者也不会觉得这是在"玩"。这个被俗称为"塔吉特结账"的游戏实际上很简单，就是当收银员扫描商品时，在屏幕上会显

---

① ［美］盖布·兹彻曼，乔斯琳·林德. 游戏化革命：未来商业模式的驱动［M］. 应皓，译. 北京：中国人民大学出版社，2014：124-125.

示一个字母，G（绿）或者R（红），表示收银员每次扫描商品的时间间隔是否够快。G代表适当的速度，R代表太慢。在交易结束时，在屏幕上以百分数的形式显示成绩……大家为取得了高分而自豪，并努力做得更好，不断超越纪录。[①]

同样，游戏已经改变了人们对外界的认知，甚至包括对太空文明的想象形式。比如电影《头号玩家》展示的科幻场景就和《星际穿越》有明显的不同。今天科幻电影中展示的场景，有些就具有很强的游戏界面视觉效果。无论是美国电影《头号玩家》，还是中国电影《流浪地球》，画面都具有强烈的游戏界面风格。而《疯狂的外星人》则因其现实、幽默、搞笑的风格与游戏界面风格的差异，没有引起以为的那样轰动。

广告模拟游戏风格展示作品，是接近年轻消费者的手段，也是广告人适应新生活模式对广告提出的新要求的方便、快捷的解决办法。

三、创造新文化

（一）新媒体与广告的解放

据调查，人在清醒时"28%的时间"在进行交流，"在非对面交流的情况下，全世界70亿人通过近70部手机用语音和短信互相联系，或者通过社交网络互相联系。在美国，94%的大学新生使用社交网络，27%的人每周花6小时或更多的时间在上面。在14岁至17岁的青少年中，有一半的人每天发送100条或更多的短信，87%的人每天至少发一次短信。我们对归属感的需要驱使我们与他人进行持续联系。"[②]现在这种情况自然更加严重。相对社会网络，游戏的影响也在日益增加，通过游戏交友是沟通和社交的新流行。

很多时候人们会认为游戏占用了太多的时间，所以我们的失败都是优秀造成的。国内发生多起因游戏导致的家庭悲剧，很多父母会认为小孩子学习不好是因为沉溺游戏导致的。一方面我们知道父母的指责有一定道

---

① ［美］盖布·兹彻曼,乔斯琳·林德. 游戏化革命: 未来商业模式的驱动［M］. 应皓,译. 北京: 中国人民大学出版社, 2014: 84-85.

② ［美］戴维·迈尔斯. 从玫瑰到枪炮: 心理学实证研究社会关系［M］. 侯玉波, 等译. 北京: 人民邮电出版社, 2020: 148.

理，因为沉溺游戏自然会占据大量时间，学习的时间自然减少，努力不够成绩自然下降。但是同时我们也要警惕父母犯了归因错误。

归因错误是一种普遍的社会现象，人在面对提问者时总是会把自己的错误归因于自己的愚蠢，实际上他并不像自己认为的那样无知。同时，人在犯错时也会把原因归咎于他人或环境的影响，其实是他自己的原因导致的错误。更重要的，记忆不是我们经验的完美复制，记忆是各种因素杂糅后形成的信息储存，它可能变形，甚至故意犯错误。之前有人说："科学业已证实，一生中积累的经验可以非常完美地保存在记忆中。"而心理学研究却"得出了相反的结论。我们的记忆并不像我们经验的精确复制品那样储存在记忆库中，相反，我们在提取时会重建记忆。就像古生物学家根据化石推断出恐龙的外形那样，我们也是用自身当前的感受和期望将许多不连贯的信息碎片融合起来，重构我们的过去。因此，我们可以轻易地（尽管是无意识地）修正我们的过去。因此，我们可以轻易地（尽管是无意识地）修正自己的记忆使其更符合我们当前的认识。"一个孩子曾说我6月份的杂志还没到，当别人告诉他在哪里时，他高兴地说，"噢，我就知道我收到了！"①

新媒体的热潮推动了自媒体的大量出现，个人记忆因为缺少监督和专业审核，借助自媒体的传播速度会使得重建个人记忆时发生的扭曲变形变成社会问题。在新媒体时代归因错误的现象更频繁而且因媒体传播的速度和广度使得它影响的范围更大，而且有时候信息制造者明明知道事情的真伪，却为了一己私利故意歪曲信息内容，这样的事情屡见不鲜，或他们明明不知道事情的真伪，为了蹭话题热度而妄加揣测，其实完全是异想天开，没有事实基础，而且无情违背基本的事实逻辑，更奇怪的是这样的言论竟然还有很多人相信，这样的事情也屡见不鲜。

在广告宣传中也会出现同样的问题。为了推销产品，明知道产品在某些领域属于一般甚至技术、品质已经落后于市场主流产品，却依然大言不

---

① [美]戴维·迈尔斯，琼·特韦奇. 我是谁：心理学实证研究社会思维[M]. 侯玉波，等译. 北京：人民邮电出版社，2020：128.

惭地宣传它在行业处于领先水平，或为了打击竞争对手，利用自媒体夸大宣扬对手的缺点和问题，误导消费者，使他们不能做出合理的判断。

新媒体的热潮也意味着广告宣传的渠道多元化，竞争也更加激烈，信息的真伪也更难区分。这样的情况既为广告发展提供了便利，广告发布可以打破商业平台的统治，避开某些不利的或人为设置的不合理的监察和审核，更方便发布品牌的多元信息，在危机公关时可以及时发布应对信息。同时也对广告宣传提出了更高、更专业的要求，因为新媒体时代也是信息传播极其多元快速的时代，一旦出现问题，多家媒体会同时报道，问题就会迅速传播，而且没有办法阻挡媒体的报道，可能会出现因一个非常小的问题发酵成为撼动领头品牌市场地位的大事件。

（二）广告的科技浪潮

随着科技的快速发展普及，具有高科技风的广告作品，理性、酷、个体形象超凡的广告作品日益增多，人们越来越喜欢借助科幻文学的创作经验创作广告。这样的现象在中国已成为广告发展新潮流，这既说明中国的科学技术发展已经十分成熟普及，也证明科技的确激发了人类的想象力和表现力，使得中国广告的表现方式和手段都跟上了世界广告的发展潮流。

同时我们也要看到这是广告迎合客户和消费者需要，维护他们专业前卫的广告创意人形象的需要。现在科幻作品是大众文化热潮，使用高科技制作广告也是维护广告人的社会地位，保持他们被尊重的社会形象的手段。受过高等教育，关注社会发展和知识进步的消费者，会更喜欢高科技风的广告作品。人们总是用各种方式显示自己的独特或优秀，高科技风作品迎合的就是人们拥护知识、拥护进步的需要。"我们的自尊犹如汽车上的油量表"，"促使我们对他人的期望更加敏感"。被人尊重的需求驱使大家在关注广告风格时选择大众接受的高科技风范，因为被社会拒绝会感到痛苦和压抑，降低自尊，因此大家会选择各种方式进行"自我改进或迁善，或者在其他地方寻求社会接纳和包容"。[①]

---

① ［美］戴维·迈尔斯，琼·特韦奇. 我是谁：心理学实证研究社会思维［M］. 侯玉波，等译. 北京：人民邮电出版社，2020：87-88.

拥抱高科技风的广告作品，能欣赏到新奇的具有奇幻风格的画面，而且与社会科技发展水平保持同步。除了展现事业有成、家庭幸福、个人取得成绩等来证明个人的成功，欣赏流行的高科技风的广告作品，对客户和消费者来说，也是有效的展现进步的手段。

（三）努力建设群体生活新模式

作为信息传播的一种方式，广告有效地传达产品信息给目标客户并推动他们行动起来去购买产品。但信息传播研究专家也发现，无意间受到的影响，比如在地铁、拥挤的公共场所重复听到的信息会更能影响受众的行为选择和态度转变，人放松警惕的时候更易受外在信息的影响。但这样的传播方式因商业广告在公众场合的"狂轰滥炸"，因其被使用得过于泛滥，其效果已经明显下降。受众认为广告人在蓄意影响自己的行为并从中受利，于是产生了警惕心理，建立起了批判和防卫机制，从而使广告难以达到说服的效果。新闻记者追求故事的准确、真实，广告代理商认为故事比广告更能获得信任，于是广告代理商又"通过新闻专栏为客户聚焦注意力"。[①]

广告如此努力，就是希望能够与消费者建立彼此信赖的联系。但是利用消费者信任的媒体和传播形式来传播广告消息，其方法偶尔用之会有效，长期使用后依然会失效，而且会引起消费者建立更强大的心理防卫机制和更强烈的抵制行为。所以广告若想长期有效，还是需要从广告的本业入手，利用群体心理，致力于建立与消费者进行公平公开的互动、娱乐等新的传播模式，也就是重回未来生活蓝图制造者的本位，反而能与消费者建立起更紧密也更长久的关系。

谢里夫曾做过一个实验，在黑暗环境中受试者面前出现一个光点，通常的受试者会产生它前后左右移动的错觉。单独测试时受试者告知的光点移动距离差距很大，而群体测试后共同告知感知的移动距离时，大家告知的距离则越来越集中，然后再单独测试时，群体测试时的距离数据依然影

---

① ［美］霍夫兰等. 传播与劝服：关于态度转变的心理学研究［M］. 张建中，等译. 北京：中国人民大学出版社，2015：23.

响他们之后的判断。这就是著名的谢里夫规范形成实验。

谢里夫实验的参与者坐在一个非常黑暗的屋子里，在对面45米处出现了一个小光点。起初，什么事情也没发生。过了几秒钟，这个光点不规则地动了起来，最后消失了。现在，要求你猜测光点移动了多长的距离。黑暗的屋子使你根本无法准确做出判断，因此，你不太确定地说，"15厘米"。实验者又重复了这个程序，这次是"25厘米"。随着重复次数的增加，试验者的估计会接近一个平均值，譬如说20厘米。

第二天你来参加实验时，另有两个人加入。在前一天他们与你有相同的经历。当第一次光点消失后，这两个人根据前一天的经验说出了最佳的估计。其中一个人说"25厘米"。另一个人说"5厘米"。轮到你了，你有些犹豫，还是回答"15厘米"。在接下来的两天里，你们不断地重复做这样的实验，你的反应会改变吗？实验发现，参加谢里夫实验的哥伦比亚大学学生明显地改变了他们的对光点移动距离的估计。很明显，群体规范就这样产生了。（这个规范是错误的。为什么？光点根本没有移动！谢里夫只不过利用了一种视错觉即似动现象。）①

谢里夫规范实验告诉我们群体新规范的建立并不像想象的那么难，只要形成合适的氛围，就可以成功建立新的行为模式。因此，广告人不要轻易相信人不会改变这样的结论，虽然对相当一部分人来说在某些问题上确实如此，但更多的人会轻易被改变，他们并不严重警惕承担新角色甚至欢迎新角色。好奇和尝试新鲜事物是很多人的乐事。关键是我们要"对一个群体规范有一个了解，观察别人自私的言行，这样有助于我们做出正确的判断和行为"，还要懂得看不见的群体规范，比如用餐礼仪等，"只有把看得见的和看不见的规范都弄明白，我们才能避免做出一些不受群体欢迎的事情"。②

这就要求我们广告人还是从观察生活、观察人生、观察社会入手，了解人们生活的多个方面，并不受一时一地偶然现象的蒙蔽，能够从宏观和

---

① ［美］迈尔斯. 看不见的影响力［M］. 乐国安, 侯玉波, 郑全全, 译. 北京: 人民邮电出版社, 2012: 18-20.

② 谷元音. 图解影响力心理学: 实验解读版［M］. 北京: 人民邮电出版社, 2015: 69.

整体入手，发现群体的心理倾向、文化、生活习惯等，从而制定正确的广告战略和创意策略。

（四）优雅：实现自我或文化重建的美梦

人们喜欢在人群中给自己贴标签，让自己与他人有些不一样，以此显示和确定自己的位置。个人需要与群体保持一定的距离，给自己一些隐私和独立的空间。但人与群体的距离又不能过大，过于独立的生活会让人感觉孤独，就像人迹罕至的地方的居民，反而特别喜欢客人，因为人渴望与人沟通，渴望融入社区生活。因此生活得过于特立独行反而容易出现精神问题，就像在社区生活中总是被异样的目光审视和社交区隔会让人感觉难受。

自我表露（self-presentation，也译作"自我表现"）是指我们想要向外在的观众（别人）和内在的观众（自己）展现一种受赞许的形象。我们致力于管理自己营造的形象。我们通过推诿、辩解和道歉等方式来支撑我们的自尊并检验我们的自我形象。正如我们要保护我们的自尊，也要确保不能过分夸大和冒不赞成他人的风险。社会交往是一种看上去很好又不过分的微妙的平衡。

在熟悉的环境里，自我表露不需要意识参与就能发生。而在不熟悉的环境里，例如我们想给宴会上的某个人留下印象或是在和异性聊天时，我们都能确切地意识到我们正在为自己营造印象，所以就不会像和熟识的老朋友在一起时那样谦逊了。当我们准备给自己拍照时，我们可能还会特意到镜子前试试各种不同的表情。即使主动的自我表露会耗尽能量，我们也会这样做，但这会导致效率降低，比如对一个无聊的实验任务的坚持，或做那些令人窒息的表情。①

广告表现的人物，也是一种自我表露，它不是展示丰富的形象，也不是展示独特的个性，它展示的是广告人设计好的吸引消费者的人性和形象。即使广告展示独特的个人形象时，也与日常生活有适当距离，让观众能清楚区分广告和生活的不同，广告信息和日常沟通也存在差异。这样观

---

① ［美］迈尔斯. 社会心理学［M］. 侯玉波, 等译. 北京: 北京: 人民邮电出版社, 2014: 72.

众既不会过于投入，甚至产生强烈的代入感，也不会理想化自我形象，不会出现个人形象超越广告人物形象的情况。当然观众和广告人物距离也不能过远，差距不能太大，不能让观众觉得人物完全陌生，情景完全无关，也不能让观众有强烈的情绪态度，而是引导观众跟着广告的叙事走，引导他们看完整部广告，受广告影响产生强烈的购买欲望。所以广告塑造的人物形象要保持在合适的范围内，让人觉得真实可信，然后就能安心享受广告给我们推荐的舒适、优雅的生活了。

上善若水，大地母土里最纯净的养分：一年一作，山高水长的地方实践，朱大哥用安农溪水种出饱满Q弹的高雄145，然后耐着性子静静烘出完美的白米。

"掌生谷粒"，来自土地的呼唤：请大家一边吃饭，一边支持为我们守护土地的农夫们，掌生谷粒——掌声鼓励！

神农后裔，做自信的米：百年前，这里曾经是客家人与原住民弓弩相向、争水争地的现场，百年后也是这两个族群共同守护的山城里的村落——德高。村人相约种田，一种就超过100年！

就像有人称赞的：

掌生谷粒——在地文化

在掌生谷粒之前，没有行销人会想：

一阵36℃的微风，一场悄悄潜入田间地头的夜雨，或是一声惊雷，会对三个月后收割的谷子产生什么影响？颗粒饱满一些，甜度更鲜明，谷子又会用什么样的方式把这个讯息告诉餐桌上的我们？

创始人程昀仪女士说，掌生谷粒贩卖"台湾人的生活风格"，在地是台湾生活风格的一部分。

因为敬天、惜物、爱人，所以一直保留着美好的手艺和心境，掌生谷粒深入农田，与农户维持亲密关系，采购价格由生产者来定，不议价。

……

掌生谷粒告诉农户："有机的栽作不是叉着腰站在田边指责你做得不好，而是伴随，出现困难一起承担。"

……

"我们卖的不是农产品，不是称斤论两，我们在讲华人的文化。象形文字是从记录农业、记录生活开始，米谷5000年的时间养活了黄种人，它有着厚厚的文化内涵，我们好好讲，可能一辈子都讲不完。"①

在多元文化环境中塑造独特的形象，这本身就是对文化秩序的挑战。因为文化会压迫个体束缚自己的天性，在畏惧成为异己被隔离、在从众心理的影响下，个体也会压抑自己的天性，成为群体中普通的一员。这样的文化塑造过程渗透人类成长的全过程。自然，挑战这种塑造模式的反抗行为也无处不在，并不是现代思想中的个体意识建立后才有的现象，只是现代社会中尊重个体的意识自觉、普遍，会让我们误以为这样的反抗是现代社会的特色，其实是人类历史中一直存在的现象。今天为了追求创新，对个体的尊重甚至达到了纵容的地步。因为在文化、教养成熟而且普及的今天，只有那些勇于打破规程、突破极限的人，才可能为人类找出新的发展方向。

寻找新的价值观，那在对抗社会塑造的过程中逐步确立的新的价值观，理解、接受它们并且使它们发扬光大，毕竟它们是符合大多数人利益和需要的新的精神意识。当它们日渐繁荣丰富、慢慢发展壮大起来时，就会形成丰富严密的新价值体系。

1831年法国作家亚托克维尔在访问美国之后创造了"个人主义"这个词。他认为个人主义是指不把"任何事情归功于任何人，也不期望从任何人那里得到些什么。他们形成了独立地反思自己的习惯，并认为命运掌握在自己手里"。一个半世纪以后，德国心理治疗师弗里茨·珀尔斯1972年在他的《格式塔的祈祷者》一书中概括了这种个人主义的基本特征：

我做我的事，你做你的事。

我的生活不必符合你的期望。

你的生活也不必符合我的期望。

美国著名的人本主义心理学家卡尔·罗杰斯对这种说法表示赞同："但要回答的问题只有一个，我真的能以极端满足自我和真正表现自我的

---

① 详见网页：http://www.toffaaccom/wenchuang/74html，《台湾掌生谷粒创意文案》。

方式来生活吗？"

但对于其他文化（包括亚洲）里的人来说，上述问题并非唯一重要的问题。在那里，人们赞美社区，接受从众。学龄儿童通常穿着校服以示其团结一致。人与人之间的依恋非常亲密。人们常抑制自己的冲突和不满以求融洽相处。[①]

从中我们可以发现两个问题：一是欧美国家和地区更关注自我发展，而亚洲地区更关注集体幸福；二是欧美国家和地区现在为了追求集体幸福，宁愿舍弃部分个人自由。因此在个人意识日益强大的今天，关注集体和个人发展间的摩擦和碰撞时，会发现强有力的个体借助传统的力量塑造群体中的自我，在集体中关注个体的自由和发展空间，在自我追求中借助传统中的集体力量展示个体的个性与魅力，使得个体形象既符合文化传统的规训，又具有新时代的特色，是时代的强者形象。从这样的发展逻辑反思掌生谷粒成功构建品牌形象的经验，可以发现二者有着同样的价值观，有着同样的构建自我形象的逻辑和流程。掌生谷粒的品牌建设和现代社会强有力个人形象的构建有着同样的科学进程。成功者背后的逻辑往往是相同的，关键看实践过程中方法的灵活多变和因地制宜。

品牌宣传中要关注品牌在市场群体中的个性，从而展示品牌的独特风采；又要在个性时代找到它与文化传统的内在联系，使得品牌具有历史的力量和现代的活力，让那些追求自我而迷失方向的人，在现实生活中徘徊、孤独、寂寞的灵魂，在品牌文化中感受到精神的抚慰，使得消费者在体验品牌文化时感受到传统与创新的双重洗礼。

（五）随性或摆脱社会束缚的快乐

焦虑是一种心理疾病，它以害羞为表象，"以过度关注自我和担心他人"为主要特征。无论是应聘工作、发表演讲，还是与人沟通，"这些事情几乎让每个人都颇感焦虑"。"但是，有些人几乎在所有感到自己被评价的社会情境中都会心生焦虑，甚至和同事共进午餐也是如此。对这些

---

① ［美］迈尔斯. 看不见的影响力［M］. 乐国安, 侯玉波, 郑全全, 译. 北京: 人民邮电出版社, 2012: 98.

人而言，焦虑更像是一种人格特质而非暂时状态"。焦虑是因为我们过于关注自我展示，过于"渴望用一种给别人留下美好印象的方式来展示自己"。于是有些人选择小心翼翼地少讲话保护自己，避开一些敏感话题保护自己，"言行谨慎，保持谦逊、友善和微笑"。①关于焦虑最好的解嘲是焦虑症患者对自己的控制能力有充分的认识，所以心理学有"抑郁更理性"的说法。

焦虑是一种病，抑郁当然也是。它们会破坏我们的内心平衡，让我们陷入精神过度紧张之中。而解决焦虑或抑郁的办法，卡夫卡时代是到疗养院泡温泉，靠与社会隔离排解压抑，恢复精神健康。现代人没有这样的时间和财力，而且也意识到隔离是无效的，于是大家更喜欢用偶尔逃离到文化作品赏析中、到自然风景胜地旅游、到人烟稀少的地方度假、参加极限运动、参加小团体集体活动等，摆脱社会束缚和工作压迫的生活状态，追求生命和生活的自由，以此摆脱精神的焦虑，恢复内心的平衡。

一些与衣食住行有关的广告作品，会利用人的这种逃离压力的内心需要，像陶渊明写作诗歌那样创作出一些优美的现代版的归去来风格的作品，赢得消费者的青睐和认可。

食养山房——深度体验

果腹、饕餮、宴飨是芸芸众生的层次，纵使热闹、丰盛，仍属口舌之欢；

深度体验是食养山房追求的层次。

没有菜单，选用当季食材；

没有华丽的餐具，随意搭配的食器充满禅机，细腻而不拘泥，低调而不张扬。

没有宣传，却让人趋之若鹜，食养山房把心灵的"深度体验"做到了极致，成为台湾文创不可不尝的一道文化名菜。创办人林炳辉先生是个深爱茶道、带着修行人气味的地道台湾人，他说他懒得照着菜谱做菜，于是随便混搭出无数菜，用修行人对生命境界的体悟，带领来到这里的人走进

---

① [美]戴维·迈尔斯，琼·特韦奇. 我是谁: 心理学实证研究社会思维[M]. 侯玉波，等译. 北京: 人民邮电出版社，2020: 199-200.

纯粹心灵的境界。

从台北市区到食养山房需要一个小时，刚好足够把都市的喧嚣丢在山路上。

食养有一种在美食中安驻下来的魅力，依山涧溪流而建，绿树围绕，花映其间，每个空间都通透澄明得几近于无，即使是带着纷乱的思绪而来，它们也会像梳理好的羽毛一样伏贴，何况还有潺潺的水声，抚慰着那些浮躁之心。

心念在能力之上，生命在事业之上。心灵的禅修，没有指路人将难以到达，而林炳辉先生和它的食养山房，一个是指路人，一个是修行的道场。[①]

（六）变革与新生：融入的快感

文化融合时每个地区的文化都希望展示自己热情有魅力的一面，这是自然的。心理学家指出，"一个热情的人，像一块充满能量的磁石，能让周围的人靠近他，喜欢他，接受他"。"美国西雅图有一家叫派克的鱼铺，和所有普通的鱼铺一样，虽有自己的名字，却没有多少人知道。但自从老约翰接手后，完全改变了它往日的面貌：鱼铺不仅开始盈利，而且变得非常出名。""老约翰首先改变了鱼铺的整体视觉效果，又将工作裙的颜色换成了明艳的大红色"，他还让营业员使用他发明的"呼叫销售法"，让员工一边"包装已经称好的鱼，一边清脆地叫道：'这条大鲑鱼要和这位漂亮的太太回家去啦！''这6只大螃蟹要装进这位先生的袋子里啦！'顾客多时，这样的语言此起彼伏"，"不少世界500强企业的CEO专程前往派克鱼铺，以探求这家小鱼铺是如何在30平方米大的地方，在10年间将利润提升了10多倍的"。心理学家凯利曾做过一个试验，在一个班上对不同的代理老师选取不同的简介资料，一个老师的个人简介关键词是"热情"，另一个是"冷漠"，两个教师的教学水平相当。第一组学生对被介绍为"热情"的代课老师普通有好感，倾向于积极评价，而对"冷漠"的代课老师，第二组学生普遍持负面评价。[②]

---

① 详见网页：https://www.toutiao.com/article/6512208634397590020/? wid=1658308318787，《短短10年版，台湾文创是如何崛起的？》。

② 谷元音. 图解影响力心理学：实验解读版［M］. 北京：人民邮电出版社，2015：20-22.

　　热情又是和自信紧密联系在一起的。一个内向害羞、打扮也邋遢的女同学，大家都开始称赞她"你真漂亮""你真能干""今天表现不错"，结果同学们真的开始认为她是一位聪明漂亮的女孩，争相向她献殷勤，请她看电影、吃饭、跳舞。一周之后，"这位姑娘不仅容光焕发，而且她的言行举止也与之前有了极大的不同，可以说是判若两人"。①

　　认可和尊重，不仅有助于个人发展提高，也有助于品牌的发展和强大。在今天国际化越来越高的时代，新品牌数量也越来越多，在庞大的品牌群体中能够脱颖而出也越来越困难，所有的品牌都在展示自己健康、热情、友好和品质值得信赖的一面，这使得消费者对品牌宣传产生了审美疲劳，这也不怪消费者，实在是品牌宣传太雷同了。如果品牌的原产地文化对消费者有强大的吸引力，使得消费者对品牌产生特殊情感，对宣传品牌和建立品牌与消费者强有力情感纽带有强大助力的话，那么这种品牌的原产地文化也会成为助力品牌宣传成功的有力武器。

　　品牌管理工作中一个非常重要的部分，是挖掘原产地文化和知名度对品牌宣传的帮助作用，一瓶来自法国的葡萄酒，大家会认为它是一瓶优质的葡萄酒；来自中国的产品，大家认为它是质优价廉的产品。这就是原产地印象导致的认知。对广告来说，展示原产地文化的热情，让消费者产生信任，给消费者留下良好印象，是事半功倍的工作。

　　FRANZ法蓝瓷——融入国际

　　FRANZ（法蓝瓷），一个将东西方艺术完美融合的瓷器品牌！

　　经典而不失时尚，富有创新而又韵味十足，既有欧洲新艺术的流线造型元素，又注入了浓浓的东方气息。

　　创立于2001年的台湾品牌法蓝瓷，是顶级礼品代工商陈立恒先生"为他人做了很久嫁衣"后创立的品牌，凭借着充满艺术创意的设计和巧夺天工的技艺，快速打入海内外政商名流圈。

　　法蓝瓷把生产基地设在中国景德镇，然而即使回到全世界陶瓷艺术的故乡，法蓝瓷作品同样绝不拘泥，结合东方美学思考与西方新艺术（Art

---

① 谷元音.图解影响力心理学：实验解读版［M］.北京：人民邮电出版社，2015：32.

Nouveau）的装饰风格，用浮雕与雕塑的立体造型和浪漫梦幻的丰富色彩，主动融入全球美学元素，用东方哲学与美学的包容性，打造深具国际审美的作品。

如今，"新瓷器时代"的佼佼者法蓝瓷在全球多个国家开设数千家门店，成为政商名流、精英阶层及瓷艺爱好者的上上之选。

融入国际不等同于抛离或弱化原本的基因，而是取决于品牌文化的建立之初，是否具有足够包容的哲学和市场视野。

一千多年来，陶瓷一直是"中国语言"，是全世界对东方文明的共同认知，法蓝瓷恰恰是在新的时代语境里，用流传已久的"瓷语"，跟世界进行新的对话。

在文化冲突和融合日益频繁的今天，一方面是悲观者对世界的前景报以悲观的态度，以科幻作品中地球毁灭人类被迫迁移到其他星球为代表，认为科技主导的发展前景必然是灾难性的；另一方面，盲目乐观的现象也日益增多。据研究者发现，盲目乐观的现象越来越多，以美国为例，2014年，2/3的美国高中毕业生预测他们成年后会成为"非常优秀"的工作者，"相当于给了自己五星评价"。48%的高中生相信他们能拿到研究生学位，实际上能拿到只有9%的人。同时相信自己"驾驶水平高于平均水平"的司机在驾驶考试中不及格或被评为"一般"的可能性，是那些谦虚司机的4倍。亚当·斯密认为这种"对自己好运的荒谬假设"来源于"绝大多数人对自身能力过高自信的幻想"。但我们应该客观地认识到，"这种乐观主义确实比悲观主义更能增强自我效能感、促进健康和提升幸福"。甚至他们遭遇不幸事故的概率也低于悲观者。这可能来源于乐天派有更大概率"克服困难并生存下来"。[①]

因此我们可以推知，乐观的广告能获得更大多数人的认可，乐观的广告和乐观基调的品牌有更大概率经过考验后在市场竞争中存活下来，因为乐观者的生存能力证明他们生命更长久，而他们喜欢的乐观的广告和乐观

---

① ［美］戴维·迈尔斯，琼·特韦奇. 我是谁：心理学实证研究社会思维［M］. 侯玉波，等译. 北京：人民邮电出版社，2020：80-81.

的品牌也更有机会和消费者一起留在市场上。乐观的广告和品牌对消费者的吸引力大于悲观或压抑基调的广告和品牌，乐观的作品更能打动客户和消费者，这是人类群体心理决定的事实，广告没有办法超越历史，只能顺应潮流。

（七）生活与冒险：广告词的精髓是快乐与挑战的杂糅

"存在"与"占有"的矛盾，让现代人追求消费，甚至强制自我消费，通过占有商品以证明自己的存在。"消费是一种占有形式，也许是今天'商品过剩的社会'中最重要的占有形式。消费具有双重含义。消费可以减轻恐惧心理，因为消费掉的东西不会被别人拿走，但是这迫使我越来越多地消费，因为一度消费了的东西不能永远满足我的要求。现代的消费可以用这样一个公式来表示：我所占有的和所消费的东西，即我的生存。"①人的存在感知与消费的关系日益密切，对广告来说，即使我们面临着各种质疑和指责，帮助消费者理性消费、快乐消费是我们的职业伦理，是我们存在的理由和证明。

消费者在消费时是自由的，在任何情境下消费都是他独立做出的决定。但促使他做决定的过程中，许多因素在影响着他的判断。一般来讲，品牌与广告的关系应该是正相关。做广告要花很多钱，那么有钱做广告的品牌应该是有钱的品牌，品牌的钱来自市场，说明它有巨大的体量和相当高的利润，这才使它有钱做广告，而有体量意味着占据着稳定的市场份额，有高利润则证明它是一个健康的品牌，不是新成立的，不是靠低价抢占市场或衰退期靠降价拼命维持市场占有率的品牌。受市场认可意味着受消费者认可，别人通过购买证明了产品的可靠。广告就是市场和消费者双重认可的标志，是让消费者看到该品牌市场地位的行为。因此广告就起到了替消费者做选择的作用。当然这里面也有一些意外，一些小品牌靠巨额的广告费短时间占领市场，比如当年的秦池，成为标王后不能保证酒的品质被曝光后迅速倒闭，成为广告替市场选择的反例。如果广告做得出色而品质没有保障，即使偶尔赢得消费者的认可，也无法维护消费者的持续的

---

① ［美］弗洛姆. 占有还是存在［M］. 李穆，等译. 北京：世界图书出版有限公司北京分公司，2018：33.

忠诚，最后依然难逃被市场淘汰的命运。但好的品牌，留在广告史上的足迹，证明它们有今天不是浪得虚名，是广告与品质两个战场都取得胜利的结果。

1. 宝马BMW

广告词：终极座驾（The Ultimate Driving Machine）

2. 耐克Nike

广告词：Just Do It

3. 美国运通American Express

广告词：没有它，别离家。（Don't Leave Home Without It）

4. 安飞士Avis

广告词：我们加倍努力。（We Try Harder）

5. 加州乳品加工协会

California Milk Processor Board

广告词：牛奶，你喝了吗？（Got Milk?）

6. 万事达卡Master Card

广告词：万事皆可达，唯有情无价。

（There Are Some Things Money Can't Buy For Everything Else，There's MasterCard）

7. 苹果公司Apple Inc

广告词：不同凡响（Think Different）

8. 美国海军陆战队US Marines

广告词：少数的人，自豪的人，海军陆战队。

（The Few，The Proud，The Marines）

9. 麦当劳McDonald's

广告词：今天你应得一日休息。

（You Deserve a Break Today）

10. 戴比尔斯DeBeers

广告词：钻石恒久远，一颗永流传。

（A Diamond is Forever）

　　广告宣传最终还会落实到控制权之争，到底是广告，还是消费者，控制了商品声誉的决定权？购买是对品牌形象的投票，购买理应具有决定社会发展的权力。

　　我们应该知道一个社会现象，即"趋均数回归"，这一原理来自统计学。大多数上一次考试得分很高的人下一次考试的分数将下降，"如果他们第一次的分数达到了最高值，那么第二次的分数就更可能下降（'回归'），趋向真均值而不是继续将最高值推向更高。这就是为什么平时成绩也很出色但从没考过第一的学生，有时候会在课程结束时在班上名列第一。反过来讲，在第一次考试中得分最低的学生在第一次考试后去老师那里寻求帮助，当其成绩提高时，即使老师的辅导实际上没有起到作用，老师也会认为自己的辅导是有效的"①。这一理论对我们广告界来说有两个作用，第一，我们的工作偶尔取得可喜的成绩，短时间内提高了销售量，但我们的工作并不能一直有这样优异的表现，而且很有可能会立即出现下滑；第二，消费者购物决策有时会受广告影响，但很多时候他们会选择按照自己的习惯选择商品，这样的心理对广告来说是一种挑战，但我们总以为消费者的购买决策与广告密切相关，销量上升我们就以为是广告有效，销量下降我们就以为是广告出了问题，其实很可能与广告没有太大关系，是消费者在购物时改变了自己的选择。我们本以为消费者会一直受广告的影响，但这次他的选择是按照他们的需求独立完成的。这就是社会惯性改变、热潮改变、趋势改变对我们广告人的煎熬。广告界总想着改变消费者的消费习惯，到头来我们会发现我们是被消费者的习惯牵着鼻子走，我们一直在迎合着消费者消费习惯的改变，最后逐渐忘记我们成为广告人的初衷：我们企望成为未来生活蓝图的创造者，但慢慢地我们变得被消费者群体选择牵着鼻子走，而且还特别像一头老黄牛，兢兢业业地埋头创作广告，还满怀希望我们的作品能改变消费者的消费习惯。这岂不是现代社会浪费精神和财富的双重徒劳无功？

---

① ［美］戴维·迈尔斯，琼·特韦奇. 我是谁：心理学实证研究社会思维［M］. 侯玉波，等译. 北京：人民邮电出版社，2020：144.

参考文献

[1]［美］杜森伯里. "洞"人心弦：一个广告人的洞见与事件［M］. 宋洁，译. 上海：上海远东出版社，2007.

[2]［美］布鲁斯·本丁格尔. 广告文案训练手册［M］. 谢千帆，译. 北京：中国传媒大学出版社，2007.

[3]［瑞］克朗普顿. 全球一流文案：32位世界顶尖广告人的创意之道［M］. 邹熙，译. 北京：中信出版社，2013.

[4]［美］苏立文. 文案发烧［M］. 徐凤兰，译. 北京：中国财政经济出版社，2004.

[5]杨黎鹤. 广告文案传真［M］. 汕头：汕头大学出版社，2002.

[6]［美］霍普金斯. 我的广告生涯和科学的广告［M］. 邱凯生，译. 北京：中国人民大学出版社，2007.

[7]［美］艾·里斯，杰克·特劳特. 定位［M］. 王恩冕，于少蔚，译. 北京：中国财政经济出版社，2002.

[8]［德］普瑞根. 广告创意完全手册：世界顶级广告的创意与技巧［M］. 初晓英，译. 北京：中国青年出版社，2005.

[9]［日］西尾忠久. 如何写好广告文案［M］. 黄文博，译. 台北：台湾出版社，1998.

[10]［美］盖布·兹彻曼，乔斯琳·林德. 游戏化革命：未来商业模式的驱动［M］. 应皓，译. 北京：中国人民大学出版社，2014.

[11]乐剑峰. 广告文案：文案人的自我修炼手册［M］. 北京：中信出版社，2016.

[12]［美］奥格威. 一个广告人的自白［M］. 林桦，译. 北京：中信出版社，2008.

[13]［英］西尔维·拉福雷. 现代品牌管理［M］. 周志民等，译. 北京：中国人民

大学出版社, 2012.

[14] [荷] 莱兹伯斯等. 品牌管理 [M]. 李家强, 译. 北京: 机械工业出版社, 2004.

[15] 北京新华信商业风险管理有限责任公司. 品牌管理 [M]. 北京新华信商业风险管理有限责任公司, 译校. 北京: 中国人民大学出版社, 2004.

[16] [美] 艾里希·弗洛姆. 爱的艺术 [M]. 刘福堂, 译. 上海: 上海译文出版社, 2018.

[17] [美] 戴维·迈尔斯. 从玫瑰到枪炮: 心理学实证研究社会关系 [M]. 侯玉波等, 译. 北京: 人民邮电出版社, 2020.

[18] [美] 霍夫兰等. 传播与劝服: 关于态度转变的心理学研究 [M]. 张建中等, 译. 北京: 中国人民大学出版社, 2015.

[19] [美] 弗洛姆. 占有还是存在 [M]. 李穆等, 译. 北京: 世界图书出版有限公司北京分公司, 2018.

[20] [美] 弗洛姆. 逃避自由 [M]. 刘林海, 译. 北京: 人民文学出版社, 2018.

[21] [美] 戴维·迈尔斯, 琼·特韦奇. 我是谁: 心理学实证研究社会思维 [M]. 侯玉波等, 译. 北京: 人民邮电出版社, 2020.

[22] 谷元音. 图解影响力心理学: 实验解读版 [M]. 北京: 人民邮电出版社, 2015.

[23] [美] 迈尔斯. 看不见的影响力 [M]. 乐国安, 侯玉波, 郑全全, 译. 北京: 人民邮电出版社, 2012.

[24] [美] 凯文·希姆勒, 罗宾·汉森. 脑中的大象 [M]. 王绍祥, 译. 北京: 中信出版社, 2020.

[25] [美] 迈尔斯. 社会心理学 [M]. 侯玉波, 等译. 北京: 人民邮电出版社, 2014.

[26] [瑞] Alstair Crompton. 创意之道: 32位全球顶尖广告人的创作之道·简体中文版 [M]. 英国设计与艺术指导协会, 1995.

[27] 沈虹. 广告文案创意教程 [M]. 北京: 北京大学出版社, 2008.

致 谢

　　本书是在授课的讲稿上深化扩展而成的，在讲课的过程中和上课的同学有过深入的对话，感谢2012—2022级广告专业学生的热情，是你们感染了我想把它写出来，也是你们的包容和支持让它能一点点变得更成熟一些，当然直到现在我知道它还是非常幼稚可笑的，所以希望你们能继续批评它，让它变得更优秀，也希望在再版时能把你们的批评意见加进来。在出版的过程中，吉林大学出版社的编辑黄国彬老师，责编赵雪君老师指出了我的许多错误，他们工作繁忙、时间有限，加上笔者能力有限，修改未能全部尽如人意，但对他们的敬业精神和专业能力要特表感谢。我的朋友曾经的编辑齐秀娟也帮助我修改了一部分错误，也提出了很多修改意见，我也一并感谢。我的家人，在成书的过程中也对部分观点提出了他们的看法，这里也要特别表示感谢的。

　　这本书之所以能够出版，是因为我的工作单位吉林财经大学提供了极大的资助，吉林财经大学科研处的同事给予了我很大的帮助，他们一直支持我写作和出版专著，也一并表示感谢。科研处组织的专家在审稿和筛选的过程中也对书稿提出了许多真知灼见，促使它能顺利地从讲稿变成书稿，在这里也特别表示感谢。

　　但我还要表示抱歉，因为我的能力有限，所以即便有那么多人帮助我，错误还是难免。我深知书稿肯定还有很多不足之处，敬请海内外专家提出宝贵意见，让我能继续学习提高。